エッセンシャル
教育心理学

今福 理博 / 鹿子木 康弘 [編著]
Imafuku Masahiro　　Kanakogi Yasuhiro

大学教育出版

エッセンシャル 教育心理学

目 次

序　章　教育心理学を学ぶにあたって……………………………………3

1. 心理学の始まりとさまざまな立場　*4*
   (1) 実験心理学　*4*
   (2) 行動主義と新行動主義　*5*
   (3) 認知心理学　*5*
   (4) 臨床心理学　*6*
   (5) まとめ　*7*
2. 教育心理学の研究法　*7*
   (1) 実験法　*7*
   (2) 観察法　*8*
   (3) 質問紙法　*8*
   (4) 検査法　*8*
   (5) 面接法　*9*
   (6) 横断的及び縦断的研究　*9*

第1章　発達の理解……………………………………………………*11*

1. 発達をとらえるための視点　*11*
2. 生まれも育ちも（Nature & Nurture）　*13*
   (1) 遺伝（成熟）説　*13*
   (2) 環境（経験）説　*14*
   (3) 遺伝と環境の相互作用　*15*
3. 生涯にわたる発達段階理論　*17*
   (1) 認知機能の発達段階　*17*
   (2) 心理社会性の発達段階　*18*
4. 発達における社会・文化的要因の役割　*19*
   (1) ヴィゴツキーの社会文化的理論　*19*
   (2) エコロジカルシステム理論　*20*
   (3) 文化による発達の多様性　*21*

第 2 章　乳幼児期・学童期 …………………………………… 26

1. 身体・運動の発達　*26*
    (1) 身体の発達　*26*
    (2) 運動の発達　*27*
2. 言語の発達　*28*
    (1) 話し言葉の発達　*28*
    (2) 書き言葉の発達　*30*
3. 愛着の発達　*31*
    (1) 愛着とその発達過程　*31*
    (2) 愛着の個人差と養育態度　*32*
4. 社会性の発達　*35*
    (1) 他者の心の理解の発達　*35*
    (2) 道徳概念の発達　*38*

第 3 章　思春期 …………………………………………………… 44

1. 思春期とは？　*44*
    (1) 心と身体の変化　*44*
    (2) 親との関係の変化　*45*
    (3) 自己感覚の変化　*46*
2. 思春期の脳の発達　*47*
    (1) 脳の機能の変化　*47*
    (2) 変化がもたらす思春期の特徴　*48*
3. 学校不適応や問題行動　*49*
    (1) 学校適応　*49*
    (2) 問題行動の発達　*49*
    (3) 思春期とネット利用の問題　*50*
4. 不登校といじめ　*51*
    (1) 不登校　*51*
    (2) いじめ　*52*
5. 学校移行　*53*

(1)　典型的な学校移行の問題　*53*

　　　(2)　中1ギャップ論への批判　*54*

　6.　友人関係　*55*

　　　(1)　友人関係の特徴と役割　*55*

　　　(2)　友人グループの特徴と役割　*56*

第4章　成人期・老年期 …………………………………… *63*

　1.　生涯発達心理学とは　*63*

　2.　前成人期の発達課題　*64*

　　　(1)　家族ライフサイクルと多様な家庭形態　*64*

　　　(2)　現代社会における多様なキャリア　*66*

　3.　成人期と老年期のあいだ　*67*

　　　(1)　成人期（中年期）の発達課題　*67*

　　　(2)　中年期の危機　*68*

　　　(3)　子育ての終焉　*69*

　4.　老年期　*70*

　　　(1)　超高齢化社会の到来　*70*

　　　(2)　老年期と死の受容　*71*

　　　(3)　サクセスフル・エイジングと生涯学習　*72*

　　　(4)　余暇とウェルビーイング　*72*

　　　(5)　老年期の適応　*73*

　　　(6)　老年的超越理論　*75*

　　　(7)　死の受容　*75*

第5章　学習理論の基礎と応用 …………………………………… *81*

　1.　学習理論　*81*

　　　(1)　学習　*81*

　　　(2)　非連合学習と連合学習　*82*

　　　(3)　S-R理論　*82*

　　　(4)　試行錯誤学習　*83*

　2.　行動の原理　*84*

(1) レスポンデント（古典的）条件づけ　*84*
(2) 恐怖条件づけ　*85*
(3) オペラント（道具的）条件づけ　*86*
(4) 強化と弱化　*87*
(5) 強化スケジュール　*88*
(6) 消去　*89*
(7) 般化　*90*

3. 行動の変容方法　*90*
(1) 系統的脱感作法　*90*
(2) プログラム学習　*91*
(3) シェイピング　*92*
(4) 応用行動分析学（Applied Behavior Analysis: ABA）　*92*
(5) オレ・アイヴァー・ロヴァース（Ole Ivar Lovaas）　*93*
(6) トークン・エコノミー　*93*
(7) ペアレントトレーニング　*94*

第6章　認知的な学習理論　………………………………*98*

1. 20世紀前半の認知的な学習理論　*98*
(1) ケーラーの洞察学習　*98*
(2) トールマンのサイン・ゲシュタルト説と潜在的学習　*99*
(3) レヴィンの場の理論　*101*

2. 社会的学習　*101*
(1) バンデューラのモデリング理論　*101*
(2) 社会的学習理論　*103*
(3) ナチュラル・ペダゴジー理論　*103*

3. 学習を促進するもの　*104*
(1) レディネス　*104*
(2) 学習曲線とプラトー（高原現象）　*104*
(3) 学習の転移　*105*
(4) 適性処遇交互作用　*106*

第7章　記憶の仕組み……………………………………………… 110

1. 記憶を測定する方法論　*110*
2. 時間的側面からみた記憶の正体　*112*
   - (1) 現在　*113*
   - (2) 過去　*115*
   - (3) 未来　*118*
3. 記憶力は向上するのか？　*119*
   - (1)「現在」を支える記憶力は向上しない　*119*
   - (2)「過去」と「未来」を支える記憶に頼ろう　*121*

第8章　動機づけ………………………………………………… 127

1. 動機づけとは　*127*
2. 欲求に関する動機づけ理論　*128*
   - (1) 生理的欲求と心理的欲求　*128*
   - (2) 自己決定理論　*130*
3. 認知・感情に関する動機づけ理論　*132*
   - (1) 期待と価値　*132*
   - (2) 期待に関わる認知 ── 学習性無力感と原因帰属　*133*
   - (3) 価値に関わる認知 ── 達成目標とマインドセット　*134*
4. 動機づけ理論から教育実践への示唆　*135*

第9章　教育評価………………………………………………… 142

1. 教育評価とは　*142*
   - (1) 教育評価の定義　*142*
   - (2) 適切な教育評価ができていない状況　*143*
2. 評価の基準　*144*
   - (1) 相対評価　*144*
   - (2) 絶対評価　*145*
3. マスタリーラーニングと教育評価の機能　*146*
4. テスト以外の評価方法　*148*

  5. 評価の質の検討方法　*150*
   （1）教育評価の妥当性　*150*
   （2）教育評価の信頼性　*152*

第10章　学習の指導と支援 ……………………… *156*

  1. 学業の重要性　*156*
   （1）学業が子どもたちの心身の健康に及ぼす影響　*156*
   （2）発達にともなって生じる学業的課題　*156*
   （3）自立的な学びを促す必要性　*157*
  2. 自立的な学びとは　*157*
   （1）学力の分類と学習過程　*157*
   （2）自己調整学習　*159*
  3. 自立的な学びに向けた指導・支援　*162*
   （1）個別的な関わり：認知カウンセリング　*162*
   （2）学習法講座　*163*
   （3）日々の授業や宿題における指導　*164*
   （4）指導と評価の一体化　*164*

第11章　知能 ……………………… *169*

  1. 知能の定義　*169*
  2. 知能の構造　*170*
   （1）スピアマンの2因子説　*171*
   （2）サーストンの多因子説　*171*
   （3）CHC理論（キャッテル・ホーン・キャロル理論）　*172*
  3. 代表的な知能検査　*174*
   （1）ビネー式知能検査　*174*
   （2）集団式知能検査　*176*
   （3）ウェクスラー式知能検査　*176*
  4. 知能研究への批判をめぐる論争と新たな展開　*177*

第12章　パーソナリティ……………………………………………………… 184

1. パーソナリティとは　*184*
   (1) はじめに　*184*
   (2) 類型論と特性論　*185*
2. 現代のパーソナリティ研究　*188*
   (1) ビッグファイブ　*188*
   (2) 非認知能力　*189*
   (3) パーソナリティ障害　*191*
   (4) よい性格はあるのか？　*192*
3. パーソナリティの測定　*193*
   (1) 質問紙法　*193*
   (2) 投影法　*194*
   (3) 作業法（内田・クレペリン精神作業検査）　*195*
4. おわりに　*195*

第13章　発達の多様性と支援……………………………………………… 199

1. 障害と環境　*200*
2. 発達障害のある子どもの理解と支援　*201*
   (1) 発達障害とは　*201*
   (2) 幼稚園や保育園、学校における発達障害のある子どもの特性と支援　*204*
3. 特別支援教育における子どもへの支援・配慮　*210*
4. インクルーシブ教育と今後の学校教育　*212*

第14章　精神医学による発達支援………………………………………… 218

1. アセスメント　*218*
2. 心理療法　*221*
3. 行動療法　*222*
4. 認知行動療法　*223*
5. ソーシャルスキルトレーニング（ロールプレイ、モデリング）　*224*

6. 薬物療法　*226*
7. 家族への心理教育　*227*
8. 教師へのコンサルテーション　*229*
9. スクールカウンセラー　*230*

第15章　身体・心理機能の疾患と支援 …………………… *234*

1. 精神疾患と心身症　*234*
   (1) 精神疾患について　*234*
   (2) 心身症について　*235*
2. 代表的な精神疾患と心身症　*237*
   (1) 代表的な精神疾患　*237*
   (2) 代表的な心身症　*243*
3. 身体・心理機能への支援　*246*
   (1) 精神医学的診断の重要性　*246*
   (2) 心理療法　*247*

第16章　子育てと児童虐待 …………………………………… *256*

1. 親性　*256*
   (1) 定義　*256*
   (2) 親性の獲得　*256*
2. 産後（周産期）うつ　*257*
   (1) 定義と診断基準　*257*
   (2) 原因　*258*
   (3) 影響　*258*
   (4) スクリーニングと治療法　*258*
3. 児童虐待　*259*
   (1) 児童虐待とは　*259*
   (2) リスク要因　*259*
   (3) 児童虐待の影響　*260*
4. 脳への影響　*260*

(1) 脳の発達と環境感受性　*260*
   (2) 脳への影響　*260*
5. 世代間連鎖　*261*
   (1) 虐待の世代間連鎖　*261*
   (2) メカニズム　*261*
   (3) 調整要因　*262*
6. 反応性愛着症、脱抑制型対人交流症　*262*
   (1) 愛着障害の定義　*262*
   (2) 反応性愛着症（RAD）　*262*
   (3) 脱抑制型対人交流症（DSED）　*263*
   (4) 影響と支援　*263*

執筆者紹介　*270*

エッセンシャル教育心理学

序章

教育心理学を学ぶにあたって

今福理博・鹿子木康弘

　教育心理学は、教育の場で起こる行動や心理的なプロセスを理解し、子どもたちが身体的・精神的・社会的により良い状態で生活できるように支えるための学問です。そのため、教育心理学の基礎的で広範なトピックを理解することは、教育者が効果的な教育方法を設計し、一人一人の学習の質を保障するために不可欠です。

　アメリカの教育心理学の創始者とされるエドワード・L・ソーンダイクは、1903年に「教育心理学」を刊行しました（Thorndike, 1903）。ソーンダイクによると、教育においても、人間の性質や思考、感情、行動、態度とそこに起こる変化について理解することが大切だとされています。彼は、学習の法則（効果の法則）や転移、知能の理論や測定、個人差、遺伝と環境の問題、教科領域の心理学（語彙や算数）、辞書の開発、教育への統計的方法の導入などといったさまざまなトピックを、教育心理学に含めることの重要性を論じています（ジマーマン・シャンク, 2018）。

　また、日本教育心理学会（2003）は、「教育心理学とは、『教育』という事象を理論的・実証的に明らかにし、教育の改善に資するための学問」と述べています。教育心理学の目的は、人間の性質を理解した上で、教育の質を向上させ、学習者が最適な環境で学べるようにし、そして教育者が効果的な指導、援助、支援の方法を開発することと考えられます。

　本書は、幼稚園、小学校、中学校、高等学校の先生を目指す大学生、心理学の初学者、子どもに関わる現場の先生・専門家にも理解しやすい教科書を目指しました。そのため、教育心理学をはじめ、発達心理学、社会心理学、神経

科学・脳科学、精神医学などの分野で活躍している先生方に、教員採用試験等で頻出するキーワードや最新の知見までを含めて、教職課程コアカリキュラムに準拠するように各章を執筆していただきました。

本書は全4部16章で構成されています。第Ⅰ部「人間の発達を知る」では、教育心理学を学ぶ基礎として理解する必要のある人間の発達に関するトピックを扱います。第1章から第4章で、発達の理解、乳幼児期・学童期、思春期・青年期、成人期・老年期、について解説します。第Ⅱ部「学習に関わる理論」では、第5章から第8章で、学習理論の基礎と応用、認知的な学習理論、記憶のしくみ、動機づけ、について解説します。第3部「教育評価と学習の個人差」では、第9章から第12章で、教育評価、学習の指導と支援、知能、パーソナリティについて解説します。第4部「発達の多様性を支える」では、第13章から第16章で、発達の多様性と支援、神経発達症と精神医学、身体・心理機能の疾患と支援、子育てと児童虐待、について解説します。

序章では、各章で教育心理学の重要なトピックを学ぶ前に、前提となる心理学の基礎的な知識を紹介します。心理学のさまざまな立場を取り上げ、教育心理学の研究を行う上でも重要となる主要な心理学的研究法について概説します。

1. 心理学の始まりとさまざまな立場

(1) 実験心理学

19世紀後半、ドイツの心理学者ヴィルヘルム・ヴントによって心理学に実験的な手法がはじめて導入されました。ヴントは1879年にライプツィヒ大学に最初の心理学実験室を設立し、これが実験心理学の誕生とされています。

彼は、人間の意識を科学的に理解するために、**内観法**（introspection）を用いました。内観法は、個人が自分の意識的経験を注意深く観察し、その内容を報告する方法です。ヴントは、この方法を通じて心の内容や過程を分析しようと試みました。

(2) 行動主義と新行動主義

　20世紀初頭、アメリカの心理学者ジョン・B・ワトソンは、心理学の研究対象を「観察可能な行動」とする行動主義を提唱しました。彼は、内観法の主観的な側面を批判し、より客観的に検証可能なデータとして行動を重視しました。**行動主義**は、人間の行動を環境刺激（Stimuli: S）に対する反応（Response: R）としてとらえ、S-Rという刺激（環境）と反応（行動）の関係性から学習過程を明らかにすることに焦点を当てました（第5章）。

　行動主義の限界が指摘される中、エドワード・C・トールマンやクラーク・L・ハルなどは**新行動主義**を提唱しました。彼らは、ワトソンの伝統的な行動主義に認知的要素を取り入れ、行動が単なる刺激と反応の連鎖で説明されるのではなく、内部的な認知過程である有機体（Organism）が影響を与えると考えました。つまり、行動をS-O-Rという刺激と有機体と反応の関係性からとらえます。これにより、行動主義はさらに発展し、より広範な行動と学習のメカニズムが探求されるようになりました。

(3) 認知心理学

　行動主義とは別の立場として、**ゲシュタルト心理学**が挙げられます。ゲシュタルト心理学は、19世紀末から20世紀初頭にかけてドイツで発展した心理学派です。ゲシュタルト心理学は、心理的な現象は部分ではなく全体としてとらえることを重視し、人間は物事を全体的なパターンや構造として知覚し、その知覚が行動や思考に大きな影響を与えると考えました。例えば、ヴォルフガング・ケーラーは、類人猿の問題解決に関する研究から洞察学習（第6章）を提唱しています。

　その後、人間行動の背景にある心的過程について研究する認知心理学の立場が現れました。**認知心理学**は新行動主義やゲシュタルト心理学の影響を受けて、心的過程を情報処理（情報がどのように処理されているのか、またそれがどう行動につながるのか）という観点から理解しようとします。

(4) 臨床心理学

　学校現場では、子ども達の心身を支えるために、臨床心理学の分野についても理解する必要があります。

　ジークムント・フロイトによって提唱された**精神分析学**は、無意識の存在とその影響を強調しました。フロイトは、人間の行動や精神的な問題の背後に無意識的な欲望や葛藤が存在すると考え、夢の分析や**自由連想法**（言葉からイメージする考えを連想し無意識を顕在化する手法）を用いてこれらの無意識的な過程を探求しました。精神分析学は、後の心理療法の分野に大きな影響を与えました。

　アンナ・フロイト（ジークムント・フロイトの娘）らは主に子どもに**遊戯療法**（プレイセラピー）を行い、内的世界を表現する手法として用いました。また、ローエンフェルトは**箱庭療法**を行い、砂の入った箱の中に、ミニチュア（人、動植物、建物など）を置くことで自由に内的世界を表現する手法を確立しました。これらは、子どもが自己や感情を理解することにつながると考えられます。

　カウンセリングと精神療法は、心の健康や行動の問題を改善するための専門的な介入方法として発展しました。ここでは、代表的な療法を紹介します。まず、**来談者中心療法**（Client-centered Therapy）は、カール・ロジャースによって提唱されました。この療法は、クライエント（来談者）の自己成長と自己実現を促すことを目的としています。ロジャースは、カウンセラーが無条件の肯定的配慮、共感、誠実さをもってクライエントに接することで、クライエントが自己理解を深め、問題解決に向かうと考えました。

　行動療法は、ある特定の行動を変えることを重視する技法です。その中で、**認知行動療法**（Cognitive Behavior Therapy: CBT）は、否定的な思考パターンを認識し、適応的な思考へと認知を修正することで、感情や行動を改善する技法といえます（第14章）。

　また、**家族療法**では家族をシステムとみなし、システムの安定性を目標に支援を行います。何か問題があった時に、個人ではなく「関係」の問題として問題を理解し、家族関係に介入することで問題を軽減していきます。**集団精神**

療法では個人ではなく集団に焦点を当て、対人相互作用の中で心理的問題の改善を目指します。悩みや問題を抱えるなど同じ経験をした個人が集まり、お互いのことを話す中で自己理解を深めます。

(5) まとめ

このように、心理学にはさまざまな立場があります。上記では、主要な心理学の立場を紹介しましたが、その他、教育心理学をはじめ、発達心理学、生理心理学、社会心理学、パーソナリティ心理学、スポーツ心理学、犯罪心理学、産業心理学など、各分野に特化した学問に発展しています。

2. 教育心理学の研究法

教育心理学では、教育と学習に関する事象を研究するために、さまざまな研究法が用いられます。以降では心理学で用いられる代表的な研究法を簡単に紹介します。

(1) 実験法

実験法は、実験者が操作する条件（**独立変数**）と、条件に影響を受ける視線・表情・言語などの行動指標データや脳活動・心拍などの生理指標データ（**従属変数**）の因果関係を調べます。例えば、授業形式（教師が一方的に話す講義形式vs子ども同士が学び合う協同学習形式）が、子どもの授業内容の理解度（テストの得点）に及ぼす影響を調べたとします。もし、協同学習形式の授業を受けた子どもが、講義形式の授業を受けた子どもよりテストの得点が高ければ、協同学習（第10章）は講義形式よりも授業内容の理解に効果的であると言えます。実験法のメリットは、因果関係を明確に特定できる点にあります。一方で、厳密な統制が必要となるため、教室などの現実の教育現場に適用することが難しい場合もあります。

(2) 観察法

　観察法は、子どもや先生の行動を自然な状況のまま観察し、分析する方法です。行動には、言語や非言語（アイコンタクト、表情、身振りなど）を含みます。観察法には、観察対象者のありのままの行動を観察する「自然観察法」と、観察者が観察対象者を意図的に操作した上で行動を観察する「実験観察法」があります。例えば、「自然観察法」では子どもの遊びの場面を観察します。「実験観察法」では一人で遊ぶ場面と集団で遊ぶ場面を観察者が設定し観察します。

　観察法は、実際の教育環境での行動など、観察対象者の普段の環境における行動を把握するために有効です。普段の生活状況や行動を反映している程度を生態学的妥当性と呼び、一般的に、観察法は実験法に比べて、生態学的妥当性が高いとされています。ただし、観察法は観察者の主観が結果に影響する可能性（観察者バイアス）があるため、慎重に用いる必要があります。

(3) 質問紙法

　質問紙法は、子どもや先生、養育者に対してアンケート形式の質問を行い、データを収集する方法です。質問紙は大量のデータを効率的に収集できるというメリットがある一方、回答者の自己報告に依存するため、回答者の主観の影響を受けるというデメリットがあります。例えば、質問項目に対して社会的により望ましい回答を選択する、社会的望ましさのバイアスにより、回答が変化することなどが挙げられます。安定して測定できているかという**信頼性**と、測定したいことを測れているかという**妥当性**が問題になってきます。

(4) 検査法

　検査法は、子どもの知能、性格（パーソナリティ）、発達などを測定するための方法です。知能検査（第11章）や性格検査（第12章）、発達検査など、個々の子どもの特性を明らかにし、個別指導の計画に役立てることができます。

(5) 面接法

　面接法は、子どもや先生と直接対話を行い、彼らの考えや感情を深く理解するための方法です。面接法には、事前に設定した質問のみを順番に行う「構造化面接」、事前に設定した質問を基にしながらも、柔軟に話を広げていく「半構造化面接」、事前に質問を設定しない「非構造化面接」があります。「構造化面接」は面接者が誰であっても対象者から一貫した回答が得られやすいというメリットがある一方、事前に決められたこと以外を聞くことができないというデメリットがあります。「半構造化面接」は対象者から一貫した回答を引き出しながら、事前に決められたこと以外も柔軟に聞くことができるというメリットがある一方、面接内容の質が面接者のスキルに依存するというデメリットがあります。「非構造化面接」は面接者の質問が柔軟であるために、対象者のさまざまな考えを聞くことができるというメリットがある一方、「半構造化面接」と同様に、面接者のスキルに依存するというデメリットがあります。

(6) 横断的及び縦断的研究

　横断的研究は、異なる年齢や学年の集団・個人を同時に調査し、年齢差や発達の違いを比較する方法です。一方、**縦断的研究**は、同じ集団・個人を長期間にわたって追跡調査し、時間の経過にともなう変化を分析します。横断研究は、比較的短期間に調査データの収集ができるというメリットと、異なる年齢や集団・個人を比較するため、おのおのの時代や文化的背景が影響する可能性があるというデメリットがあります。縦断研究は、長期間にわたる調査データにより、個人内の変化の過程や要因を検討できるというメリットがあります。しかし、長期的な観察にともなうコストが大きく、対象者が途中で参加をやめたり、調査中の社会情勢の変化などの影響を受けたりするといったデメリットがあります。

　ここまで、教育心理学を学ぶうえで前提的な知識となる心理学のさまざまな立場と研究法について説明しました。本書を通じて、読者の皆様が教育心理学を深く理解し、未来の教育者や研究者としての視点が深まることを願いま

す。この序章を踏まえ、次章以降で具体的なトピックを学んでください。

　最後にこの場を借りて、執筆者の皆さまと大学教育出版の佐藤宏計さんに心より感謝を申し上げます。

引用文献

日本教育心理学会.(2003).教育心理学ハンドブック.有斐閣.

Thorndike, E. L. (1903). Educational psychology. New York, Teachers college, Columbia university.

バリー・J.ジマーマン・デイル・H.シャンク.(2018).教育心理学者たちの世紀：ジェームズ、ヴィゴツキー、ブルーナー、バンデューラら16人の偉大な業績とその影響.福村出版.

第1章

発達の理解

新屋裕太

本章では学習や教育の土台となる「発達」について考えます。発達は生涯にわたり続くものであり、保育や教育だけでなく、私たちの成人期以降の学びやウェルビーイングにも関わる重要なテーマです。この章では、発達が単なる成長ではなく、適応や変化をともなう複雑な過程であることや、学びを支えるための発達理解の視点を学びます。

1. 発達をとらえるための視点

発達とは「個体の発生から死に至るまでの心身の変化と適応のプロセス」のことを意味します。**成長**は身体サイズや脳重量の増加など、主に量的な変化に焦点を当てた概念であるのに対し、発達は、量的な変化に加え、認知や感情、社会性といったより複雑で、質的な側面を含む概念です。

かつては、発達は幼少期から青年期、成人になるまでのプロセスだと見なされる傾向にありました。しかし現在では、発達は母胎内における受精に始まり、老年期を含む生涯を通じて継続するプロセスとしてとらえられるようになってきました。このような発達観は、**生涯発達**と呼ばれており、発達が加齢にともなう一方向的な成長だけでなく、生涯にわたるダイナミックな変化や適応の過程であることを意味しています。心理学者の**バルテス**（Baltes, P. B.）は、「成長」だけでなく「衰退」も発達の重要な側面だととらえ、成年期以降も個人は自身の能力や環境に応じた適応を続けていくと考えました（Baltes, 1987）。

生涯発達をとらえる重要な視点の一つが、発達の「普遍性と多様性」です。発達には、すべての個人が経験する普遍的なプロセスがある一方で、個々の**遺伝要因**と**環境要因**によって多様な発達のあり方が生まれます。この多様性には、定型的な発達パターンとは異なる特徴をもつ**非定型発達**も含まれ、とくに**神経発達症**の場合には、認知や言語、社会性、運動などの機能に発達の遅れや偏りがあり、それによって社会的生活に困難が生じることがあります（第13章参照）。学びや発達を支援する上でも、遺伝的要因と環境的要因がどのように発達の普遍性と多様性に寄与しているのかを理解しておく必要があります（第2節参照）。

　さらに、個々の発達プロセスを理解する上で「連続性と非連続性」という視点も重要です。前者に関わる**連続的発達観**は、発達が加齢や経験を通して、徐々に変化するととらえる視点であり、語彙数やワーキングメモリの増減などの変化がその例です。それに対し、後者に関わる**段階的発達観**は、発達は飛躍的に変化する時期と安定した時期を交互に繰り返しながら進行するような、非連続的で階段状の変化をたどるととらえる視点です（第3節参照）。このような二つの異なる発達観は、それぞれ発達の量的・質的な側面に着目した視点であり、どちらの視点も発達の異なる領域や側面に光を当てる手がかりとなります。

　また、生涯の発達を「発達の初期段階」から展望することも、子育てや保育、教育といった私たちの社会のあり方を考えていく上で重要な視点です。他の哺乳類と比べたとき、ヒトの乳児は非常に未熟な状態で生まれることが知られていますが、動物学者のポルトマン（Portmann, A）はこれを**生理的早産**と呼び、視覚や聴覚、言語などの発達には、発達初期からの適切な刺激が不可欠であることを指摘しました（ポルトマン, 1961）。とりわけ、発達の初期段階においては、ある機能の発達が、時間とともに別の領域の発達にも影響を与えることが知られており、こうした現象のことを**発達カスケード**と呼びます（コラム参照）。複数の領域が相互に影響を与え合いながら進行する点も、発達の大きな特徴の一つです。

　近年では、疫学的知見から**DOHaD説**（Developmental Origins of Health

and Disease Theory）が提唱され、胎児期から乳幼児期の環境が将来の心身の健康や機能に長期的な影響を与えることが示されつつあります（Monk, Lugo-Candelas, & Trumpff, 2019）。その環境要因には、栄養状態などの物理的環境だけでなく、乳幼児期の養育者のメンタルヘルスや親子関係などの社会的環境も含まれることが明らかになっています。その意味で、私たちの社会・文化的要因が発達に与える影響を理解することも、発達理解における重要な課題と言えるでしょう（第4節参照）。

2. 生まれも育ちも（Nature & Nurture）

私たちの発達を左右する要因として、かつては「生まれか育ちか（Nature vs Nurture）」といった二律背反の議論が行われてきました。しかし現在では、遺伝と環境は密接に関連しているものであり、両者が相互作用しながら発達が進むことが広く認識されるようになってきています。このような一連の議論は、発達の全体像を理解するための出発点としては重要であることから、本節では「生まれ」を強調する遺伝（成熟）説と「育ち」を強調する環境（経験）説を紹介した上で、遺伝と環境の相互作用に関する理論について紹介します。

（1）遺伝（成熟）説

成熟説は、発達が主に遺伝的要因に決定されるととらえる理論で、小児医学者・心理学者のゲゼル（Gesell, A）よって提唱されました。この理論では、発達は主に生物学的な成熟によって制御され、外部からの環境要因による影響は限定的であるとされています。ゲゼルは、発達には個々の遺伝要因によって決まる生物学的なタイムテーブルがあり、成長や行動の変化はこのような内的なプログラムに基づいて進行すると考えました。

この考えを裏づけているのが一卵性双生児を対象にした**階段登り実験**です（Gesell & Thompson, 1929）。双生児の片方にのみ階段を登る訓練を行ったところ、訓練を受けた子どもは当初階段を登るのが早くなったものの、訓練を受けていない子どももやがて自然に同じ能力を獲得しました。このことから、ゲ

ゼルは能力を獲得するためには、まず特定の内的な成熟段階に達していることが不可欠だと考えました。例えば、歩行を獲得するには、その前提として神経系や筋骨格系などの十分な発達が不可欠ということです。このような教育や学習が効果的に可能になるための発達的基礎のことを**レディネス**と呼びます。

さらにゲゼルは、年齢ごとの典型的な行動パターンを数多く観察・記録し、発達の客観的な評価を行うために基準となる**発達診断**を確立しています。この診断手法の一部は、今日においても発達検査や知能検査の基礎として広く活用され、子どもの発達が適切に進行しているかを判断するための指標となっています。

(2) 環境（経験）説

環境説は、発達は主に環境や経験によって決定されるととらえる理論です。その起源は、啓蒙時代（17 〜 18 世紀）に活躍したイギリスの哲学者**ロック**（John Locke, FRS）の**タブラ・ラサ**（白紙の状態）の概念にまで遡ります。ロックは、子どもが生まれた時点では何も観念をもっておらず、経験を通じて知識や人格が形成されると主張しました。この環境説を進展させたのが、**ワトソン**（Watson, J. B.）の**行動主義**で、ワトソンは、子どもの発達は環境と学習によって完全に決定されると主張しました。彼は、**恐怖条件づけの実験**などを通して、子どもにとって初めは恐怖の対象ではなかった刺激にも、経験を通して恐怖を感じるよう条件づけられることから、行動や感情は、基本的な反射と経験によって獲得されるものであると論じています（Watson & Rayner, 1920）（第5章参照）。

また、**野生児**の事例も、環境の重要性を示す証拠の一つです。中でも有名なのは、18 世紀末に南フランスで発見されたアヴェロンの野生児でしょう。幼少期を人間社会の外で過ごした少年ヴィクトールは、その後、専門家に教育を施されますが、言語や社会的スキルの獲得に大きな障害が見られたことが報告されています（イタール, 1978）。この事例は、ある能力が発達するには適切な時期に適切な環境経験が必要であることを示唆しています。このように、ある特定の時期を逃すと発達が困難になる時期のことを**敏感期**と呼びます。例

えば、言語獲得に関しては乳幼児期が一つの敏感期であり、その時期に適切な言語環境が提供される必要があると考えられます（Kuhl, 2004）。

（3）遺伝と環境の相互作用

　遺伝説と環境説について紹介してきましたが、現在では**遺伝要因**と**環境要因**は、単純な二項対立ではなく、互いに相互作用しながら発達が進行することが明らかになってきています。その初期の理論の一つが、シュテルン（Stern, W）とルクセンブルガー（Luxenburger, J. H.）により確立された**輻輳説**です。この説では、どのような機能の発達も遺伝と環境の両方が関与し、遺伝と環境が足し算的な関係にあると考えます。さらに、遺伝の影響を強く受ける機能と環境の影響を受ける機能があり、その相対的寄与率が機能によって異なる点が強調されています（図1-1）。

　一方、**環境閾値説**では、遺伝と環境は互いに影響して発達を規定しているととらえ、遺伝的に持って生まれた特性（素質）が現れるために必要な環境要因の程度が特性によって異なると考えます。この説によると、不適な環境であっても顕在化しやすい特性もあれば（身体的特徴など）、最適な環境が整わなければ、顕在化しにくい特性も存在すると考えられます（卓越した芸術的才能など）（図1-2）。ジェンセン（Jensen, A.R.）は、この理論を知能指数に適用し、豊かな教育環境が整っていない場合、その潜在能力が十分に発揮されない可能性を指摘しています（Jensen, 1998）。

　このような理論を基に発展してきたのが**行動遺伝学**です。行動遺伝学において、遺伝と環境の影響を理解するた

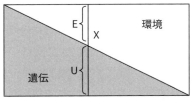

図1-1　ルクセンブルガーの図式

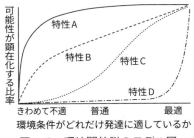

図1-2　環境閾値説のモデル図

めに用いられる代表的なアプローチが**双生児法**です。この手法は、同じ家庭環境で育つ一卵性双生児と二卵性双生児の心理・行動的特徴を比較することで、特定の機能の発達について、遺伝（多数の遺伝子の効果の総和）、共有環境（家族が共有する環境）、非共有環境（個人独自の環境）がそれぞれどの程度影響しているのかを示すことができます。また、双生児の横断・縦断データから、知能（第 11 章参照）をはじめとする多くの心理的特性について、遺伝や非共有環境の寄与率は年齢とともに増加するのに対し、共有環境の寄与率は低下する傾向にあることが示されています（Promin & Deary, 2015）。遺伝の影響力が強まる理由の一つに、ある遺伝的傾向が高い人は、ある特定の環境にさらされやすいという**遺伝・環境相関**が存在することが挙げられます。例えば、音楽的才能を持つ子どもの場合には、親にも音楽的才能があって音楽に親しむ環境が整いやすいこと（受動的相関）や、その才能を周囲に評価されて音楽を動機づけられやすいこと（喚起的相関）、また、自ら音楽的な環境を選ぶ傾向が高いこと（能動的相関）などが考えられます。このように、遺伝的特性を強化する環境を積極的に選ぶことをニッチピッキングと呼びます（Scarr & McCartney, 1983）。

　さらに、遺伝と環境の相互作用の例として、**後成的遺伝（エピジェネティクス）**も挙げられます。これは、遺伝子の配列そのものには変化がないものの、発生・発達過程において、環境要因が遺伝子発現を制御するメカニズムのことを指します。発達の初期段階（胎児期や幼少期）の栄養状態や、マルトリートメント（不適切な養育）などの環境要因が、遺伝子の発現に影響し、長期的な心身の発達に長期的な影響を与えることが明らかになりつつあります（Meaney, 2010）。こうしたメカニズムの存在は、先述の**DOHaD説**にも密接に関わっており、遺伝的要因が固定的ではなく環境要因の影響によって変化しうること、さらに、その傾向が発達早期ほど強いことを示唆しています。

3. 生涯にわたる発達段階理論

ここからは、個々の発達プロセスに共通する定型的なパターンに注目した理論のうち、本節では、明確な発達段階を想定する段階的発達観に関する代表的な理論について紹介します。

(1) 認知機能の発達段階

主に乳幼児期から児童期、青年期にかけて、認識と思考を獲得するプロセスに焦点を当てたのが、**ピアジェ**（Piaget, J）の**認知発達段階説**です（波多野, 1965）。ピアジェは、子どもたちを環境に能動的に働きかける主体ととらえ、子どもたちは周囲の環境と**相互作用**しながら、外界を理解するための思考の枠組みであるシェマを形成・発展させることで、認知機能が発達すると考えました。このシェマの変化には、新しい情報を既存のシェマに取り込む**同化**と、その情報に合わせてシェマを修正する**調節**のプロセスが含まれます。

さらにピアジェはシェマの変化に着目し、思考がどのように発達するかを分析しました。第一の段階が**感覚運動期**（0～2歳頃）です。この段階は、子どもが自身の感覚や運動を通じて、それらを協応させながら外界の事物を認識し、新しい場面に適応する段階であり、**対象の永続性**（物が見えなくなっても存在し続けるという理解）を獲得していきます。次の**前操作期**（2～7歳頃）という段階では、言語などを用いた表象的思考が可能になり、認識の対象や範囲を発展させます。この段階の思考は自身が知覚した情報に左右される段階で、まだ論理的思考は困難な時期です。さらに、**具体的操作期**（7～12歳頃）では、具体的な事物や行為を抽象的イメージとして内面化し、操作できるようになっていきます。それによって、論理的思考が可能になっていきますが、具体的な事物・場面から離れた思考がまだ困難な段階です。**形式的操作期**（12歳以降）は、成人と同様に抽象的な概念（速さ、愛など）を用いた思考ができるようになり、具体的な場面から離れ、仮説に基づく思考も可能になる段階です。

ピアジェの認知発達段階説は、認知発達の全体像を示した影響力のある理論の一つであり、保育・教育課程においてもその影響が随所にみられます。例えば、乳幼児期には、遊びを通した体験的な学習が重視され、抽象的思考が発達する初等教育の高学年以降では、より論理的な学習に移行するように設計されています。一方で、その後の実証研究から明らかになっている点として、ピアジェの想定より早期から特定の認知機能を発達させている点や、必ずしも明確な発達段階が見られない領域がある点には注意が必要です（森口, 2014）。

（2）心理社会性の発達段階

　ピアジェの理論では、成人と同様の認知機能に至るまでの発達プロセスに焦点が当てられていました。一方で、人が心理的および社会的な関係を築きながら自己を形成するプロセスは生涯にわたるものであり、その段階的なプロセスに焦点を当てた理論を紹介します。

　フロイト（Freud, S.）の**心理性的発達理論**では、無意識の欲求や性的エネルギーを**リビドー**と呼び、その対象や満たされ方が発達によって質的に変化すると考えます（フロイト, 2009）。また、その発達を5つの心理的な段階に分け、各段階での葛藤が成人期の行動や性格に影響を与えるとしました。例えば、生後すぐの口唇期においては、リビドーの源泉は口にあり、吸うことや食べることが満足感を得るための行動となります。この段階での欲求が十分に満たされないと、成人後に喫煙や過食などの行動が現れることがあります。

　エリクソン（Erikson, E. H.）の**心理社会的発達段階論**は、フロイトの理論を発展させ、青年期以降の発達や、より多様な社会的側面を含む**生涯発達**の理論へと拡張させたものです（エリクソン, 2001）。エリクソンは、ライフサイクルを通して個人が向き合うさまざまな課題と、それが次世代にどのように受け継がれるかに焦点を当てました。さらに、生涯発達を8つの段階に分け、各段階には解決すべき葛藤（**社会心理的危機**）が存在すると考えました（図1-3参照）。例えば、乳児期には「基本的信頼 対 基本的不信」の危機があり、ここで養育者との関わりを通して安心感や信頼感を育むことができれば、「希望」という心理的な活力が獲得されていきます。これが他者との関係を築く基

段階	時期	心理社会的危機	心理的活力
1	乳児期	基本的信頼 対 基本的不信	希望
2	幼児期前期	自律性 対 恥、疑惑	意志
3	幼児期後期（遊戯期）	自主性 対 罪悪感	目的
4	学童期	勤勉性 対 劣等感	適格
5	青年期	同一性の確立 対 同一性の拡散	忠誠
6	成人初期	親密 対 対立	愛
7	成人期	生殖性 対 停滞	世話
8	老年期	統合 対 絶望、嫌悪	英知

図1-3　エリクソンによる8つの発達段階と心理社会的危機

礎となり、次の発達段階である「自律性」への準備が整います。さらに**ハヴィガースト**（Hvighurst, R. J.）も、エリクソンの影響を受け、ライフステージごとに達成すべき課題として**発達課題**の概念を採用し、発達課題の達成が次のライフステージへの円滑な移行を促進すると考えました。また、彼は発達が社会の期待や文化的価値と密接に関連している点も強調しています（ハヴィガースト, 1997）。

4. 発達における社会・文化的要因の役割

前節で紹介した発達段階理論では、各発達段階特有の心理的変化や課題が存在すること、さらに、発達を促す要因は個人の内的な成熟だけでなく、それを取り巻く周囲の環境との相互作用が重要であることが示唆されています。本節では発達における社会・文化的要因の役割に焦点を移し、その代表的な理論を紹介します。

(1) ヴィゴツキーの社会文化的理論

発達における社会・文化の役割を強調した代表的な理論が、**ヴィゴツキー**（Vygotsky, L. S.）の**社会文化的理論**です。この理論では、子どもの概念形成や言語を用いた思考などを含むあらゆる認知機能は、まずは他者との相互作用

の中での機能（精神間機能）として発達し、その後、子ども自身の内部の機能（精神内機能）として内在化されると考えました。例えば、子どもが「リンゴ」という言葉を学ぶ場合、親が「これはリンゴだよ」と教えることで、子どもは親とのやり取りの中でその言葉を使用しますが、次第にその言葉の意味を学び、一人であっても「リンゴ」という言葉を使用できるようになっていきます。

　また、ヴィゴツキーは子どもが周囲の大人や仲間との関わりを通して学習・発達することの重要性を強調しました。彼が提唱したのが**発達の最近接領域**という概念で、子どもが単独で達成できる発達水準と、他者の関わりによって達成できる発達水準の差の領域を指します（ヴィゴツキー,2003）。　つまり、この領域にある課題は、その子ども一人で達成することが現時点では難しいものの、仲間との協働や教師の支援があれば達成できる課題といえます。ヴィゴツキーは、この領域にある課題を親や教師が把握し、子どもの学習を支援することで、子どもは新しい知識やスキルを効率よく獲得することができると考え、このような他者による一時的な支援である**足場かけ**（Scaffolding）の重要性を強調しました。

(2) エコロジカルシステム理論

　ブロンフェンブレンナー（Bronfenbrenner, U.）の**エコロジカル（生態学的）システム理論**は、発達を多層的な環境の影響としてとらえる理論です（ブロンフェンブレンナー,1996）。彼は、発達を理解するためには、人間を生活環境や文脈の中でダイナミックに発達する存在ととらえる必要があるとして、発達しつつある個人（子ども）を中心とした入れ子構造をもつエコロジカルシステムを考案しました。最も内側のシステムが、子どもが実際に関わる環境である**マイクロシステム**（家庭や学校、近隣など）であり、それをとりまくシステムとして、ミクロシステム間の相互関係である**メゾシステム**（家庭と学校、近隣のつながりなど）を想定しています。さらに、その外側のシステムとして、環境内の出来事に影響を与える**エクソシステム**（親や教員の職場環境や兄弟の学校、教育委員会の活動など）、最も外側のシステムとして、下位のシステムに一貫して関わる信念体系やイデオロギーなどの**マクロシステム**（文化、社会通

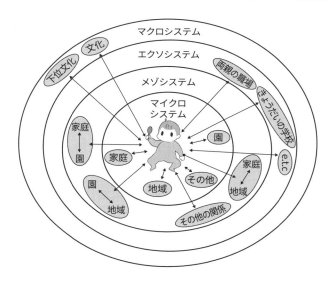

念、宗教など）を想定しました。発達は家庭環境だけでなく、それをとりまく複数のシステムの影響を受けている可能性があり、この多層的なアプローチは、発達を理解するために、個人とその周囲の環境との複雑な相互作用や、さらには環境間の相互作用をも考慮する必要があることを示しています。

（3）文化による発達の多様性

　実際、近年の**文化心理学**の研究からも、発達が社会・文化に深く根ざしていることが示されています。例えば、自己観については、文化によって異なる形を取ることが知られており、欧米などの個人主義的な文化では、自己を他者から独立した存在と見なし、自分の目標や感情を重視する傾向がある一方、東アジアなどの集団主義的な文化では、自己を社会的な役割や協調的な関係性の中に位置づける傾向があることが示されています（Markus & Kitayama, 1991）。

　その背景には、欧米の文化では、教育において個人の独立性や自己実現が重視され、自己表現や自己肯定が発達の目標とされていることが挙げられます。一方、東アジアの文化では、社会的調和や他者との関係性を重視し、自

己抑制や自己反省が重要視される傾向にあります（Trommsdorff, 2012）。このような教育環境の文化差が、子どもたちの認知スタイルや感情調整、社会的行動に影響を与える可能性も示されつつあります（e.g., Senzaki & Shimizu, 2022）。

　本章では、発達の基本的な概念と理論について詳述しました。発達は、生涯を通じて続く複雑で多層的なプロセスであり、遺伝と環境、社会・文化的要因が相互に影響し合いながら形作られていきます。教育心理学においては、このような発達理解の視点は重要であり、生涯にわたる心身の連続的・段階的な発達に応じた教育のあり方や、個々の発達のニーズに応じた柔軟な教育支援を考えていく必要があります。とくに、多文化社会においては、異なる文化的背景を尊重しながら子どもたちの発達を支援することが求められます。

〈コラム〉発達カスケード

発達の過程では、ある機能が一見するとまったく無関係にみえる機能へと影響が波及する現象がみられることがあります。例えば、乳児の歩行開始時期には個人差があることが知られていますが、同月齢の児であっても、歩行経験が多い児ほど理解・産出できる語彙が多いことが報告されています（Walle & Campos, 2014）。また、筆者らの研究からも、乳児期初期の時点で泣き声の抑揚が大きい児ほど、1歳半時点での語彙の発達が早いことがわかっていますが、その背景には、姿勢・移動や発声などの変化が親子のやり取りを質的に変容させ、言語学習を促進していると考えられます（新屋, 2024）。上記の例のように、小さな変化から次から次へと連鎖的な反応がさまざまな領域にわたって生じ、その結果として新たな能力の獲得や問題行動などが生じる、といった発達のとらえ方のことを「発達カスケード」と呼びます。この概念は一人一人の発達の多様性に応じた関わりや支援を行う上で、さまざまな領域を包括的・長期的に見ていく必要があることを示唆しています。

〈確認問題〉

①子どもが新しいスキルを学ぶためには、内的な成熟が重要であり、この準備状態を_____と呼びます。

②発達には、質的な変化に注目する_____という視点があり、発達は段階ごとに進行すると考えられます。

③遺伝と環境の相互作用を研究し、行動や心理的特徴にどのように影響するかを探る学問分野を_____と呼びます。この分野では、双生児研究などが多く用いられます。

④発達は、母胎から始まり、死に至るまで継続する_____としてとらえられています。

⑤エリクソンの発達理論では、各段階での発達課題において解決すべき問題が存在し、これを_____と呼びます。成功すると次の段階の発達に進むことができます。

⑥発達の中で、特定の能力が最も効果的に発達するために、適切な環境刺激が必要とされる時期のことを_____と呼びます。この時期を逃すと、能力の発達が難しくなる可能性があります。

⑦発達の初期において、ある機能の発達が他の領域の発達に次々と影響を及ぼす連鎖的な現象を_____と呼びます。例えば、運動機能の発達が言語の発達を促進することがあります。

⑧認知発達理論において、最初の段階は_____と呼ばれ、子どもが感覚と運動を通して外界を理解する段階です。

⑨胎児期から乳幼児期の環境が、将来の健康や機能に長期的な影響を与えるとする仮説を_____と呼びます。

⑩子どもの発達は、家庭や学校など複数の環境が複雑に絡み合う_____の視点から理解されます。

〈選択肢〉

生涯発達　段階的発達観　レディネス　敏感期　エコロジカルシステム理論
発達カスケード　DOHaD説　社会心理的危機　行動遺伝学　感覚運動期

引用文献

Baltes, P. B. (1987). Theoretical propositions of life-span developmental psychology: On the dynamics between growth and decline. *Developmental Psychology*, 23(5), 611-626.

ポルトマン, A. 高木正孝 (訳)(1961). 人間はどこまで動物か：新しい人間像のために 岩波書店

Monk, C., Lugo-Candelas, C., & Trumpff, C. (2019). Prenatal Developmental Origins of Future Psychopathology: Mechanisms and Pathways. *Annual Review of Clinical Psychology*, 15, 317-344.

Gesell, A., & Thompson, H. (1929). Learning and growth in identical infant twins. *Genetic Psychology Monographs*, 6, 1-123.

Watson, J. B., & Rayner, R. (1920). Conditioned emotional reactions. *Journal of Experimental Psychology*, 3(1), 1-14.

イタール, J. M. G. 中野善達・松田清 (訳) (1978). 新訳アヴェロンの野生児 — ヴィクトールの発達と教育 福村出版

Kuhl, P. K. (2004). Early language acquisition: cracking the speech code. *Nature Reviews. Neuroscience*, 5(11), 831-843.

Jensen, A. R. (1998). The g factor: The science of mental ability. Human Evolution, Behavior, and Intelligence., Praeger Publishers/Greenwood Publishing Group

Plomin, R., & Deary, I. J. (2015). Genetics and intelligence differences: five special findings. Molecular Psychiatry, 20(1), 98-108.

Meaney, M. J. (2010). Epigenetics and the biological definition of gene x environment interactions. Child Development, 81(1), 41-79.

波多野完治 (編) (1965). ピアジェの発達心理学 国土社

森口佑介 (2014). おさなごころを科学する：進化する乳幼児観 新曜社

フロイト, S. 渡邊俊之・越智和弘・草野シュワルツ美穂子・道旗泰三 (訳) (2009). フロイト全集 1901-06 症例「ドーラ」性理論三篇 岩波書店

エリクソン, E. H., エリクソン, J. M. 村瀬孝雄・近藤邦夫 (訳) (2001). ライフサイクル, その完結 増補版 みすず書房

ハヴィガースト, R. J. 児玉典弘・飯塚裕子 (訳) (1997). ハヴィガーストの発達課題と教育：生涯発達と人間形成 川島書店

ヴィゴツキー, L. S. 土井清三・神谷栄司 (訳) (2003).「発達の最近接領域」の理論：教授・学習過程における子どもの発達 三学出版

ブロンフェンブレンナー, U. 磯貝芳郎・福富護 (訳) (1996). 人間発達の生態学：発達心理学への挑戦 川島書店

Markus, H. R., & Kitayama, S. (1991). Culture and the self: Implications for cognition, emotion, and motivation. Psychological Review, 98(2), 224-253.

Trommsdorff, G. (2012). Development of "agentic" regulation in cultural context: The role of self and world views: Agentic regulation. Child Development Perspectives, 6(1), 19-26.

Senzaki, S., & Shimizu, Y. (2022). Different types of focus: Caregiver-child interaction and changes in preschool children's attention in two cultures. Child Development, 93(3), 348-356.

Walle, E. A., & Campos, J. J. (2014). Infant language development is related to the acquisition of walking. Developmental Psychology, 50(2), 336-348.

新屋裕太. (2024). 乳児の「泣き」から始まる発達カスケード：言語獲得への示唆. 発達心理学研究, 35(4), 1-14.

〈確認問題解答〉

①レディネス　②段階的発達観　③行動遺伝学　④生涯発達　⑤社会心理的危機　⑥敏感期　⑦発達カスケード　⑧感覚運動期　⑨DOHaD説　⑩エコロジカルシステム理論

第2章

乳幼児期・学童期

中道圭人

　子どもたちは、家庭や幼稚園・保育所などで過ごす乳幼児期の6年間を経て、小学校へ入学します。乳幼児期の子どもたちの発達は家庭での養育とともに**保育の質**の高さに支えられ（中道ら，2022）、そこで育まれた能力は就学以降の学びに影響しています（コラム参照）。この発達や学びの連続性を支えるために、現在の学校教育では、**幼保小の架け橋プログラム**をはじめとした**幼保小接続**を重要視しています。円滑な幼保小接続を実現するためには、保育者と小学校教諭の双方が、この時期の子どもたちの発達を包括的に理解することが必要です。そこで本章では、認知的な側面（第1章-3-(1)や第5-7章）以外の主要な側面（身体・運動、言語、愛着、社会性）について、乳幼児期から学童期にかけての発達過程を概観していきます。

1. 身体・運動の発達

(1) 身体の発達

　ヒトは身長50 cm・体重3 kgほどで誕生し、1歳頃までに身長は約1.5倍（約75 cm）、体重は約3倍（約9 kg）になります。その後、身体の成長は緩やかになるものの、幼児期・児童期を通して着実に成長します。例えば、3歳頃は約95 cm・約14 kgですが、就学前の6歳頃には約110 cm・約20 kgになります（厚生労働省, 2011）。さらに続く児童期の6年間で、平均的に身長は30 cm程度、体重は20 kg程度増加します（小学校6年生で、平均身長は約147 cm、平均体重は約40 kg：文部科学省, 2023）。

このような身体発達には、一定の法則があります。例えば、身体発達は**頭部から尾部へ**（頭部−尾部勾配：最初に頭が発達し、続いて首・胴体・四肢へと順に発達）、**中心部から周辺部へ**（中心−周辺勾配：体軸等の中心部から発達し、続いて手先・足先などの末梢部に向けて発達）といった方向性をもって進みます。しかし、すべての身体部位で、同じ時期に発達が進むわけではありません。例え

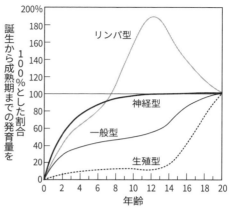

図2-1　身体発達に関するスキャモンの成長曲線
（Scammon, 1930）

ば、**スキャモン（Scammon, R. E.）**の発育曲線（図2-1）を見ると、リンパ腺などの分泌組織は10歳頃までに急激に増加し、その後に減少する一方で、睾丸や卵巣といった生殖器官は10歳頃までは変化が少なく、10歳過ぎ頃から急激に発達します（Scammon, 1930）。さらに、身体それぞれの発達は連続的ですが、一定のペースでは進みません。例えば、身長に関して、小学1-4年生の間は年間5-6 cm程度の増加を示し、その後の思春期スパートの時期に入ると、年間7-8 cm程度の急激な増加が起こります。

(2) 運動の発達

生後間もない乳児でも、原始反射等の**不随意運動**や**ジェネラルムーブメント**（3か月頃までの乳児が仰向けになった際に、手足等をランダムに動かす自発的な全身運動）と呼ばれる運動を行っています。**原始反射**とは、「胎児期から乳児期に見られる、脊髄などを反射中枢とする反射」の総称です。例えば、モロー反射・驚愕反射（大きな音や、急激な姿勢の変化に対して、両側上肢が伸展・外転した後、何かを抱えるように屈曲・内転する）、把握反射（掌や母趾球を圧迫すると、全指を曲げて握りしめる）、ルーティング反射・口唇探

索反射（頬に指などが触れると、その方向に口を持っていく）、吸啜反射（口唇に指などが触れると、口を開き、吸い込む動作をする）、歩行反射（足を床につけ起立した姿勢で前傾させると、歩くように足を動かす）があります。

　その後、身体の発達とともに、随意的な**粗大運動**（体全体を使った大きな動き）や**微細運動**（指先などを使った小さな動き）が発達します。例えば粗大運動に関して、子どもたちは1-2歳頃に独立歩行などの初歩的な運動形態を獲得した後、3-6歳頃には多様な基本的運動形態（走る・飛ぶなどの移動系、押す・回るなどの非移動系、投げる・蹴るなどの操作系）を発達させ、その後の児童期には各種のスポーツに関わる運動能力を発達させていきます（宮丸, 1998）。また微細運動に関して、最初は物体を手のひら全体でつかんでいたのが、1歳頃までに指先でつまめるようになり、その後、手指の巧緻性をさらに発達させ、ボタンを留める・鋏を使うなどの日常的な細かな活動が可能になっていきます。

2. 言語の発達

(1) 話し言葉の発達

　乳幼児期の話し言葉の発達の概観を表2-1に示します。子どもたちは出生後しばらくして**喃語**を発声し始めます。その後、基準喃語やジャーゴンを発声する期間を経て、1歳頃に**初語**を発するようになります。この時期には、特定の状況で特定の言葉を使いますが、1つの言葉に複数の意味がこめられていること（例：「お腹すいた」「水を飲みたい」のいずれも「マンマ」で表現）が多いため、この時期の1単語の発話は**一語文**と呼ばれます。

　この初語の表出からしばらくの間、獲得される語彙は幼児語（「ワンワン」などの幼児期独特の言葉）、名詞（例：食べ物、衣類、身体部位）、挨拶などの割合が高くなります。また、語彙獲得は、50語程度までは比較的ゆっくりですが、50語を越える頃から急激に速まります。この現象を**語彙の爆発的増加**と呼び、大体1歳半から2歳頃に生じます。

　この語彙の爆発的増加にともない、二語文（例：ママ、ダッコ）が出現しま

表 2-1　話し言葉の発達の概観

月齢・年齢	内容
出生〜1か月	「泣き」等による発声（叫喚音）。「クー、クー」といったクーイング（cooing）や、ゴロゴロと喉から出ているようなガーグリング（gurgling）の発声。
1か月以降	「アー、アー」等の母音と子音の区別がはっきりとしない喃語（babbling）の発声。
4か月前後	喃語の子音や母音が分化し始める。
6か月頃	「バ、バ、バ」等の母音・子音の構成がはっきりと聞き取れるような基準喃語（canonical babbling）の発声。
8か月〜1歳頃	音の組み合わせは不十分だが、イントネーション等が母語と類似している発話（ジャーゴン）の発声。
1歳頃〜1歳半	特定の状況と結びついた音声の使用。初語の出現。一語文の使用。
1歳半前後	「ボール　トッテ」等のように、2つの単語を合わせた二語文の出現。 「語彙の爆発的増加（word explosion）」が始まる。
2〜3歳頃	多語文の出現。助詞（「の」「は」「が」「も」等）の使用。丁寧語表現の出現。
3〜4歳頃	ある程度、一貫性のある話をできるようになる。 パターン化されたやり取りの中でなら会話の交替が可能になる。
4〜5歳頃	相手の発話を踏まえて発話を繋げる等、会話の交替がスムーズになる。 会話の始め方等のスキルを徐々に身につける。

（岩立・小椋，2002 に基づき作成）

す。そして、2歳過ぎ頃には三語文も話し、その後、徐々に長い文章を話せるようになります。それとともに、語用能力も上達し始めます。例えば、会話を始める際、2-3歳頃の子どもは自分の伝えたい事柄を突然話し始めたりしますが、5-6歳頃の子どもは相手に呼びかけたり、「○○知ってる？」のように話題のきっかけを作ってから会話を始めることができるようになります。

　このような乳幼児期の話し言葉は、他者との関わりの手段だけでなく、思考の手段としての性質も持っています。例えば、5歳頃の子どもでも、考えていることをそのまま表出するような独語を発します。ピアジェ（Piaget, 1923）

は、この独語を自己中心性の表れ（自己中心性言語）とみなし、7-8歳頃を境に独語が減少し、他者への伝達を目的とした言語（社会的言語）へと発達すると考えていました。これに対してヴィゴツキー（Vygotsky, 1934）は、言語は基本的に社会的なものであり、子どもの独語を、**外言**（他者に向かって用いる音声言語）と**内言**（思考の手段としての、音声をともなわない内省言語）が枝分かれする過渡期の表れであると考えていました。このような言葉の性質は、児童期以降にさらに洗練されていきます。

(2) 書き言葉の発達

　幼児期の後半には、基本的な読み書き能力（**リテラシー**）を獲得し始めます。例えば、国立国語研究所（1972）の調査では、ひらがな71文字（清音46文字、濁音・半濁音25文字）中の平均読字数は4歳児で33.5字、5歳児で53.0字、平均書字数は4歳児で10.8字、5歳児で26.0字でした。小学校就学前までに、ほとんどの子どもがひらがなを読み、自分の名前をひらがなで書くことができ、また半数の子どもがお話や手紙を書くといった活動を行っていました。

　また、このリテラシーの発達は、時代によって変化します。前述の国立国語研究所の調査の約20年後（1988年）に、同様の方法で調査したところ、平均読字数は4歳児で49.7字、5歳児で65.9字、平均書字数は4歳児で20.9字、5歳児で44.6字でした（島村・三神, 1994）。この調査での4歳児の読字・書字数は、20年前の5歳児と同程度で、リテラシー獲得が1年ほど早まっていました。ただ、その後の調査（太田ら, 2018）では、5歳児の平均読字数は64.9字、平均書字数は43.0字でした。今のところ、リテラシーの発達の前傾傾向は停滞しているようです。

　日本の幼児教育・保育に関する方針（幼稚園教育要領、保育所保育指針）では、読字・書字を直接的に指導することは記されていません。家庭での養育者等との自然な関わりや、幼稚園・保育所などでの「遊びを通した指導」や環境を通して、就学前の子どもたちはリテラシーを発達させていくのです。

3. 愛着の発達

(1) 愛着とその発達過程

　子どもたちは、養育者との日々のやり取りの積み重ねによって、養育者への**愛着（アタッチメント）** を形成します。**ボウルビィ（Bowlby, J.）** は、愛着を「人が特定の他者との間に築く緊密な情緒的絆（きずな）」としました（Bowlby, 1969/1982）。愛着は、恐れ・不安といったネガティブな情動を低減させたり、「安全である」という主観的感覚をもたらす機能を持っています。例えば、**ブリッジス（Bridges, 1932）** によれば、子どもの情動は生後3か月頃までに快・不快に分化し、発達にともない、快は喜びなどに、不快は怒り・恐れなどに分化していきます。愛着は、このような生後すぐから生じるネガティブな情動に子どもたちが対処する上で重要な役割を担っています。

　この愛着の概念は、ボウルビィ自身の児童精神科医としての臨床経験と、比較行動学の知見に端を発しています（遠藤, 2005）。1950年頃、ボウルビィは、乳児院等の施設入所児の死亡率が高いという**ホスピタリズム（施設病）** の知見や、社会情緒的不適応児や戦災孤児等に対する自分自身の臨床的介入や調査の結果に基づいて、「乳幼児期に適切な養育が欠如した場合に、子どもの発達にネガティブな影響が生じる」といった**母性的養育の剥奪（マターナル・ディプリベーション）** の問題を提議していました。これとともに、ボウルビィは、鳥類での**インプリンティング（刷り込み**：出生直後の雛が、動く物体を後追いする現象）などの知見から、人間の乳児にもこのような「特定の対象との近接関係を確立・維持する欲求」が生得的に備わっているのではないかと考えました。

　この考え方は、**ハーロウ（Harlow, H. F.）** のアカゲザルを対象とした**代理母実験**（Harlow, 1958）の結果とも一致するものでした。具体的に、ハーロウは、母ザルから引き離した子ザルを、母ザルの代理として「ミルクをくれる針金製の模型」「ミルクをくれないが、温かい毛布製の模型」がいる状況に置き、子ザルの様子を観察しました。すると、子ザルはミルクを飲むとき以外は針金

製の模型に近づかず、大半の時間を毛布製の模型のもとで過ごしました。つまり子ザルは、実際の母ザルに似た代理母模型と近接して過ごしていたのです。このような背景を基に、ボウルビィは愛着の理論を提唱したのです。

ボウルビィは、この**愛着の発達段階**として4段階を想定しています。まず、出生から生後8-12週頃【第1段階：人物の識別をともなわない定位と発信】では、子どもは関わりの多い人物（養育者）に限らず、近くの人物を追視したり、微笑する・手を伸ばす・つかむといった行動を示します。続く生後12週頃から6か月頃【第2段階：一人または数人の特定対象に対する定位と発信】では、第1段階と同様に、子どもは他者に対して親密な方法で行動するのですが、その行動が関わりの多い養育者に対してより顕著に見られるようになります。その後の生後6か月頃から2-3歳頃【第3段階：発信及び移動による特定対象への近接の維持】では、子どもは他者を識別して異なる反応を行います。例えば、養育者には接近する一方で、見知らぬ人物には警戒心を持ったり、関わりを避けたりします。また、運動発達にともない、反応の種類が増加します（例：養育者を後追いする、養育者がいる場面で探索行動を行う）。そして3歳前後から【第4段階：目標修正的な協調性形成】、養育者の行動や心的状態をある程度予測できるようになり、養育者が不在でも、子どもは安心して柔軟に行動できるようになっていきます。

また、この第4段階になると、「愛着を形成した他者は、自分を保護し、助けてくれる存在である」といったイメージが内在化されます。このイメージは**内的作業モデル**と呼ばれ、養育者といった特定の他者だけでなく、他者一般に対して私たちが心の中で抱く「安心感」や「困ったときに助けてもらえるという確信」につながると考えられています。つまり、乳幼児期に育まれた愛着は、幼稚園・保育所やその後の小学校において出会う教師・保育者や同年代の仲間と適応的な関係を築くための基盤となっています。

（2）愛着の個人差と養育態度

愛着は、ほぼすべての子どもと養育者の間に形成されますが、その性質には個人差があります。ボウルビィの共同研究者であった**エインズワース**

第 2 章　乳幼児期・学童期　33

実験者が母子を室内に案内。母親は子どもを抱いて入室。実験者は母親に子どもを降ろす位置を指示して退出。(30 秒)

母親は椅子に座り、子どもはおもちゃで遊んでいる。(3 分)

ストレンジャーが入室。母親とストレンジャーはそれぞれの椅子に座る。(3 分)

1 回目の母子分離。母親は退出。ストレンジャーは遊んでいる子どもにやや近づき、働きかける。(3 分以下)

1 回目の母子再会。母親が入室。ストレンジャーは退室。(3 分以上)

2 回目の母子分離。母親も退室。子どもは 1 人残される。(3 分以下)

ストレンジャーが入室。子どもを慰める。(3 分以下)

2 回目の母子再会。母親が入室しストレンジャーは退室。(3 分)

注：この実験では、子どもが強い泣きを示した場合はエピソードを短縮し、そして泣きやんだ後、十分に落ち着くまでエピソードを延長する。
出典：沼山・三浦. 2013. p.45

ストレンジ・シチュエーションの 8 場面

図 2-2　ストレンジ・シチュエーション法の手続き
（Ainsworth, 1978 に基づき作成）

(Ainsworth, M. D. S.) は、**ストレンジ・シチュエーション法**を考案し、この愛着の個人差を測定しました（Ainsworth et al., 1978）。ストレンジ・シチュエーション法（図2-2）は、子どもが養育者と分離/再会する場面や見知らぬ人物と2人だけになる場面を設定し、各場面での子どもの行動特徴を観察することで愛着の性質を測定するものです。その結果、愛着にはAタイプ（回避型）・Bタイプ（安定型）・Cタイプ（アンビバレント型）の3タイプがあることが示されました（表2-2・左側）。現在では、その後の研究（e.g., Main &

表2-2　各愛着タイプの行動特徴と養育者の関わり方

	子どもの行動の特徴	養育者の関わり方
Aタイプ（回避型）	養育者の存在の有無とは無関係に、主に玩具や環境と関わる。分離時にも苦痛や怒りを示さず、再会時に養育者に身体接触を求めたり、苦痛や怒りを示すことはない。	子どもが苦痛を示した際に子どもから離れる等、子どもに対して拒否的に振る舞うことが多く、身体接触や情緒的交流が乏しい。子どもの行動を統制する傾向もある。
Bタイプ（安定型）	養育者がいると安心して環境を探索し、遊ぶ。分離時には苦痛を示すが、再会時には積極的に養育者に接近し、身体接触を求める。再会後は容易に沈静化し、遊びに戻る。	子どもの欲求や変化に敏感で、応答的に振る舞う。子どもに過度な要求や無理な働きかけをせず、調和的で円滑な相互作用が多い。子どもとの関わりを楽しむ様子が見られる。
Cタイプ（アンビバレント型）	養育者に注意を向け、玩具や環境にはあまり注意を向けない。分離前から不安な様子で分離時には強い不安や混乱を示す。再会時は怒りを示しながら養育者に身体接触を求め、容易に鎮静化しない。	子どもの欲求や変化への敏感性が低く、応答的な関わりも見られるが、養育者の気分や都合に合わせた関わりが多い。子どもの行動に対する反応が一貫性を欠いたり、タイミングがずれることが多い。
Dタイプ（無秩序・無方向型）	本来は両立しない行動を同時に、あるいは経時的に示す（例：頭を背けながら、近づく）。また、タイミングのずれた場違いな行動を示したり、突然動かなくなったりする。養育者を恐れるようなそぶりを示すこともある。	子どもを怯えさせる言動（例：気分や表情が突然変わり、パニックに陥る）や、相互作用を回避する言動をとることがある。養育者自身が精神疾患や未解決な課題（例：非虐待経験）を抱えているケースがある。

（遠藤・田中，2005に基づき作成）

Solomon, 1986）で見いだされたDタイプ（無秩序・無方向型）を加え、愛着の性質を4タイプで表すことが多くなっています。

　このストレンジ・シチュエーション法における子どもの愛着タイプと、養育者の関わり方（**養育態度**）の間には一定の対応関係があります（表2-2・右側）。愛着に限らず、このように親の養育態度を類型化し、子どもの行動特徴との関連を検討した研究は多く行われています。例えば、**サイモンズ（Symonds, P. M.）**は養育態度を「支配-服従」「受容-拒否」の2軸でとらえ、かまいすぎ型・残忍型・甘やかし型・無視型の4類型を提案しています（Symonds, 1939）。この養育態度と子どもの行動特徴の関連をとらえる上では、「養育者⇔子ども」という双方向の作用を想定する必要があります。例えば、表2-2のAタイプ（回避型）で言えば、「養育者が拒否的に振る舞う→子どもが養育者に関わらない」だけでなく、「子どもが元々、他者への関心が低い→養育者は関わり方がわからず、拒否的に振る舞ってしまう」可能性があります。子どもの気質（第9章）等も踏まえながら、このような双方向の作用を想定することは、養育者と子どもの関係を適切に支えるためにも重要となります。

4. 社会性の発達

（1）他者の心の理解の発達

　初語を発する以前から、子どもたちは表情や動作を通して、他者と関わっています。例えば、生後間もない乳児でも微笑のような表情（自発的微笑）を示し、生後3か月頃までには養育者等の外部の対象に対して笑いかけるようになり（これを**社会的微笑**と呼ぶ）、他者からの働きかけを非言語的に誘発しています。この子どもと他者の非言語コミュニケーションは、生後9か月頃に共同注意が可能になることによって（e.g., Tomasello, 1995）、より複雑なものへと発展します。**共同注意**は「他者と同じ対象に注意を向ける（あるいは、自分が注意を向けた対象に他者の注意を向けさせる）」ことで、乳児が他者の視線を追ったり、他者に指さされた対象を見たり、乳児自身がある対象に向け

て指をさしたり、他者と対象を交互に注視するといった多様な行動として表れます。

　また、乳児は他者と注意を共有するだけでなく、他者が注意の対象をどのように評価するのかという情報を、自分の行動を決定するために利用します。例えば、乳児がお店で珍しい玩具を見つけたとします。乳児が玩具を触るのを躊躇して、後ろを振り返って養育者の様子をうかがっている時に、養育者が笑顔で「触ってごらん」と促すと、おずおずと人形に触れたりします。このような、新奇な事物や事象の意味を理解するために、信頼できる他者の情動情報を参照するプロセスは**社会的参照**と呼ばれ、生後10か月頃から見られます。この社会的参照は、途中で断崖があるかのように見せかけている（**視覚的断崖**）装置を使って実験的にも検討されており、乳児が断崖を渡るのを躊躇した際に、断崖の向こう側から母親に笑顔で励まされると断崖を渡るが、母親が恐怖の表情を示したときには断崖を渡らないことなどが示されています（e.g., Sorce et al., 1985）。このように、子どもたちは他者との関わりの中で、早期の段階から他者の心を理解する萌芽的な能力を示します。

　この他者の心を理解する能力は、その後の幼児期を通してさらに発達していきます。この点について1990年代以降に盛んに行われてきたのが、心の理論（素朴心理学）に関する研究です。**心の理論**とは「直接的には観察できない他者の意図・知識・信念といった心的状態に基づいて、他者の行動を予測する枠組みのこと」で、幼児期の心の理論の発達は主に他者の誤信念課題によって測定されます。例えば、代表的な誤信念課題の1つである**サリーとアン課題**（Baron-Cohen et al., 1985）では、幼児に「サリーが不在の間に、アンがサリーのビー玉を移動させる」（図2-3）といった物語を聞かせた後、「サリーが部屋に戻ってきたとき、サリーがビー玉を探すのは、どこか？」といった誤信念質問（正答＝かご）を尋ねます。幼児が誤信念質問に正答するためには、「アンがビー玉を動かした」という自分が知る事実を抑制し、サリーの誤信念について考えなければなりません。この課題に対して、多くの3歳児は自分の知る事実に基づいて質問に回答しますが、4歳頃から他者の誤信念に基づいて正答できるようになります（Wellman et al., 2001）。

図 2-3 サリーとアン課題
(Frith, 2003/2009, p.162 を参考に作図)

この乳幼児期に育まれた能力を基盤に、その後の児童期の子どもたちは、より複雑な心の状態（例：「Aさんは『Bさんが…を知っている』と思っている」のような入れ子構造になった他者の二次的信念）を理解することが可能になっていきます。他者の心を理解する能力は仲間関係の良好さとも関連し（Slaughter et al., 2015）、子どもたちが幼稚園・保育所や小学校で適応的に生活するためにも重要なものだと考えられています。

（2）道徳概念の発達

　子どもたちは周囲の大人や仲間との関わりの中で、「正しい行動や間違った行動が何であるか」などの道徳概念を徐々に発達させていきます。**ピアジェ (Piaget, J.)** は、道徳概念が「大人の拘束や一方的尊敬による他律的な道徳」から「他者との共同や相互的尊敬に基づく自律的な道徳」に発達すると考えました（Piaget, 1932）。例えば、「扉の向こう側の椅子の上にコップがあると知らずに、扉を開け、コップ15個を割った子」と「母親がいない間に勝手に戸棚からジャムを取ろうと思い、戸棚を開け、そばにあったコップ1個を割った子」がいた場合、年齢の低い子どもは「結果重視の判断（前者がより悪い）」をすることが多く、10歳頃を境に「動機重視の判断（後者がより悪い）」をするようになります。結果重視の判断は、大人から暗に伝わった規則（被害の大きい過失の方が、より強く叱責される）を守ろうとする他律的な道徳を表しているのに対し、動機による判断は、相手の意図などの心的状態を重視する自律的な道徳を表していると考えられます。

　また、**コールバーグ（Kohlberg, L.）**はピアジェの考え方を発展させ、**モラルジレンマ**課題を用いて、児童期以降の道徳概念の発達を検討しました（Kohlberg, 1969, 1971）。モラルジレンマ課題では、例えば「ある男性が病気で死にそうな妻のために、薬を手に入れようとした。しかし、薬屋は男性に法外な値段を請求した。男性は薬屋に事情を話し、値引きするか、後払いにしてくれるように頼んだ。しかし、薬屋は聞き入れなかった。結果として、男性は薬屋の店に薬を盗みに入った」といった、異なる価値が対立する道徳的葛藤を含んだ物語を聞かせ、その主人公の行動に対する判断やその理由を尋ねまし

表 2-3　道徳判断の発達段階

Ⅰ．前慣習的水準：行動によって生じる具体的な罰や報酬から判断する	
第1段階【罰と服従志向】	褒められることを「良い」、罰せられることを「悪い」と判断する。
第2段階【道具主義的な相対主義志向】	自分や他者の要求や利益を満たすことが「良い」と判断する。
Ⅱ．慣習的水準：他者や集団の期待や秩序から判断する	
第3段階【対人同調／良い子志向】	他者に承認されることを「良い」と判断する。
第4段階【法と秩序志向】	権威・規則・社会秩序を維持することを「良い」と判断する。
Ⅲ．脱慣習的水準：普遍的な道徳的価値や原理から判断する	
第5段階【社会契約的な法律志向】	法や秩序を守ることだけでなく、生命・自由といった個人の権利を尊重し、集団の合意による法・秩序の変更も含めて判断する。
第6段階【普遍的な倫理的原則志向】	他者との相互信頼や個人の尊厳性の尊重など、自らの正義・公正に関わる倫理原則に基づいて判断する。

（Kohlberg, 1969, 1971 に基づき作成）

た。そして、コールバーグはモラルジレンマ課題での理由づけに着目し、道徳判断の発達段階を提唱しました（表 2-3）。この発達段階では、善悪判断が具体的な罰や報酬に基づく前慣習的水準から始まり、その後、他者からの承認や規則・秩序に基づく慣習的水準、そして自分自身の道徳的な価値観に基づく脱慣習的水準へと道徳判断が変化すると想定しています。前慣習的水準の判断は主に児童期頃に、慣習的水準の判断は青年前期から成人期にわたって見られ、脱慣習的水準に達するのは少数であると考えられています。

　このコールバーグの発達段階は、非西洋的な価値観や女性の価値観を反映していないなどの問題も指摘されています。また、その後の研究では、コールバーグが想定したよりも早期から、道徳概念が発達することも示唆されています（e.g., 鹿子木, 2024）。しかし、コールバーグは、教師や仲間との対話の中で、道徳的葛藤や他者視点に立って考える経験が道徳概念の発達に寄与すると考えていました（Kohlberg, 1969）。この教育的示唆により、コールバーグの理論は今日でも道徳教育の実践に大きな貢献を果たしています。

〈コラム：幼児期の実行機能が就学以降の適応に及ぼす影響〉

実行機能は「ある目標を達成するために思考・行動を制御する能力」です。実行機能は、非認知的能力（Heckman, 2013）あるいは社会情動的スキル（OECD, 2015）の中核能力の1つで、幼児期だけでなく、その後の社会的な適応にも大きく影響します。Nakamichi et al.（2021）は、幼稚園時点での実行機能、心の理論（本章・第4節参照）、社会的情報処理（状況に適した対人的な行動を選択する能力）それぞれが、後の学業達成や仲間関係に及ぼす影響を検討しました。小学1年時点までの関連（図2-4）を見ると、幼児期の実行機能は心の理論や社会的情報処理を介して、同時期の仲間関係の適応（仲間からの受容）を予測するとともに、小学1年時点での学業成績を直接的に予測しました。また、幼児期の実行機能は小学6年時点の学業達成に間接的に影響しました（中道ら, 2023）。このように日本でも、幼児期の実行機能は後の適応に影響を及ぼしているのです。

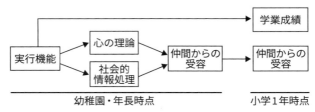

図2-4　幼少期の実行機能が小学1年時点の学校適応に及ぼす影響
（Nakamichi et al., 2021 に基づき作成）

〈確認問題〉

以下の各文章の①〜⑩に当てはまる語句を、選択肢の中から選びましょう。

1) 身体発達は「頭部から（①）へ」「中心部から周辺部へ」と進みます。
2) 「胎児期から乳児期に見られる、脊髄などを反射中枢とする反射の総称」を（②）と呼びます。
3) 生後1か月頃には、母音と子音がはっきりしない（③）を発します。
4) 「思考の手段としての、音声をともなわない内省言語」を（④）と呼びます。

5) （⑤）は愛着を「人が特定の他者との間に築く緊密な情緒的絆（きずな）」としました。
6) エインズワースが考案した愛着の測定法を（⑥）法と呼びます。
7) 「新奇な事物や事象の意味を理解するため、他者の情報を参照するプロセス」を（⑦）と呼びます。
8) 「他者と同じ対象に注意を向ける」ことを（⑧）と呼びます。
9) 幼児期の（⑨）は、サリーとアン課題などで測定されます。
10) （⑩）は、モラルジレンマ課題を用いて道徳判断の発達を検討しました。

〈選択肢〉
ストレンジ・シチュエーション　共同注意　心の理論　コールバーグ　ボウルヴィ　原始反射　尾部　内言　喃語　社会的参照

引用文献

Ainsworth, M. D. S., Blehar, M. C., Waters, E., & Wall, S. (1978). *Patterns of attachment: A psychological study of strange situation*. Erlbaum.

Baron-Cohen, S., Leslie, A. M., & Frith, U. (1985). Does the autistic child have a 'theory of mind'? *Cognition, 21,* 37-46.

Bowlby, J. (1969/1982). *Attachment and Loss. Vol. 1. Attachment*. Basic Books. （ボウルビィ, J. 黒田実郎・大羽蓁・岡田洋子・黒田聖一（訳）(1991). 母子関係の理論Ⅰ──愛着行動── 岩崎学術出版社）

Bridges, K. M. B. (1932). Emotional development in early infancy. *Child Development, 3,* 324-341.

遠藤利彦 (2005). アタッチメント理論の基本的枠組み　数井みゆき・遠藤利彦（編著）アタッチメント──生涯にわたる絆──（pp.1-31）ミネルヴァ書房

遠藤利彦・田中亜希子 (2005). アタッチメントの個人差とそれを規定する諸要因　数井みゆき・遠藤利彦（編著）アタッチメント──生涯にわたる絆──（pp.49-67）ミネルヴァ書房

Frith, U. (2003). *Autism: Explaining the enigma (Second edition)*. Blackwell. （フリス, U. 冨田真紀・清水康夫・鈴木玲子（訳）(2009). 新訂 自閉症の謎を解き明かす 東京書籍）

Harlow, H. F. (1958). The nature of love. *American Psychologist, 13,* 673-685.

Heckman, J. J. (2013). *Giving kids a fair chance*. The MIT Press. （ヘックマン, J. J. 古草秀子（訳）(2015). 幼児教育の経済学　東洋経済新報社）

岩立志津夫・小椋たみ子（編）(2002). 言語発達とその支援　ミネルヴァ書房

鹿子木康弘 (2024). 乳児期の社会的認知　長谷川真里・佐久間路子・林 創（編著）社会性の発達心理学 (pp. 11-26)　ナカニシヤ出版

Kohlberg, L. (1969). *Stage and sequence: The cognitive-developmental approach to socialization.* In D. Goslin (Ed.), *Handbook of socialization theory and research.* Rand McNally.（コールバーグ, L. 永野重史（監訳）(1987). 道徳性の形成 ― 認知発達的アプローチ ―　新曜社）

Kohlberg, L. (1971). Stages of moral development as a basis of moral education. In C. Beck & F. Sullivan (Eds.), *Moral education: Interdisciplinary approaches* (pp. 23-92). University of Toronto Press.

国立国語研究所 (1972). 幼児の読み書き能力 東京書籍

厚生労働省 (2011). 平成22年度乳幼児身体発達調査結果報告書　厚生労働省

Main, M., & Solomon, J. (1986). Discovery of an insecure-disorganized/disoriented attachment pattern. In T. B. Brazelton & M. Yogman (Eds.), *Affective development in infancy* (pp. 95-124). Ablex.

宮丸凱史 (1998). 運動能力の発達バランス　体育の科学, *48*, 699-705.

文部科学省 (2023). 令和4年度 学校保健統計調査　文部科学省

Nakamichi, K., Nakamichi, N., & Nakazawa, J. (2021). Preschool social-emotional competencies predict school adjustment in Grade 1. *Early Child Development and Care, 191*, 159-172.

中道圭人・髙橋実里・砂上史子・岩田美保 (2022). 保育所における「環境設定の質」が1-2歳児の社会情動的能力に及ぼす影響　保育学研究, *60*, 45-56.

中道直子・中道圭人・中澤 潤 (2023). 幼児期の実行機能が児童期の学業達成に及ぼす影響 ― 7年間の縦断研究 ―　保育学研究, *61*, 7-17.

OECD. (2015). *Skills for social progress: The power of social and emotional skills.* OECD Publishing.

太田静佳・宇野 彰・猪俣朋恵 (2018). 幼稚園年長児におけるひらがな読み書きの修得度　音声言語医学, *59*, 9-15

Piaget, J. (1923). *Le langage et la pensée chez l'enfant.*（大伴 茂（訳）(1954). ピアジェ臨床児童心理学Ⅰ 児童の自己中心性　同文書院）

Piaget, J. (1932). *Le jugement moral chez l'enfant.*（大伴 茂（訳）(1957). ピアジェ臨床児童心理学Ⅲ 児童の道徳判断の発達　同文書院）

Scammon, R, E. (1930). The measurement of the body in childhood. In J. A. Harris, C. M. Jackson, D. G. Paterson & R. E. Scammon, (Eds.), *The Measurement of Man.* Univ. of Minnesota Press.

島村直巳・三神廣子 (1994). 幼児のひらがな習得 ── 国立国語研究所の1967年の調査との比較を通して ── 教育心理学研究, *42*, 70-76.

Slaughter, V., Imuta, K., Peterson, C. C., & Henry, J. D. (2015). Meta-analysis of theory of mind and peer popularity in the preschool and early school years. *Child Development, 86,* 1159-1174.

Sorce, J. F., Emde, R. N., Campos, J., & Klinnert, M. D. (1985). Maternal emotional signaling: Its effect on the visual cliff behavior of 1-year-olds. *Developmental Psychology, 21,* 195-200.

Symonds, P. M., (1939). *The psychology of parent-child relationships.* Appleton-Century.

Tomasello, M. (1995). Understanding the self as social agent. In P. Rochat (Ed.), *The self in infancy: Theory and research* (pp.449-460). Elsevier Science Publishers.

Vygotsky, L. S. (1934). *Мышление и Речь.* （ヴィゴツキー, L. S. 柴田義松（訳）(1962). 思考と言語　明治図書）

Wellman, H. M., Cross, D., & Watson, J. (2001). Meta-analysis of theory-of-mind development: The truth about false belief. *Child Development, 72,* 655-684.

〈確認問題解答〉

①尾部　②原始反射　③喃語　④内言　⑤ボウルヴィ　⑥ストレンジ・シチュエーション　⑦社会的参照　⑧共同注意　⑨心の理論　⑩コールバーグ

第3章

思春期

鈴木修斗・水野君平

　皆さんが中学生くらいの頃を思い出してみてください。小学生の頃と比べるとどのような思い出がありますか？　脇毛が生えたり体つきが大きく変わって驚いた、自分らしさを考えるようになった、友達づきあいが小学校の頃とは違ってきた、仲の良い友人とたくさん遊んだ、親との関係が少し悪くなったなどなど、さまざまな変化が訪れたかと思います。中学生頃は思春期と呼ばれており、さまざまな変化が訪れる時期です。そんな思春期について学んでいきましょう。

1．思春期とは？

（1）心と身体の変化

　思春期は、人間が身体的・社会的に急激に変化する時期です。思春期の年齢時期はさまざまであり、定説があるとは言えないものの（都筑，2004）、10 ～ 20歳（笠井，2015）や10 ～ 24歳（Sawyer et al, 2018）、10 ～ 19歳[1]（**WHO**）を思春期とするなどの立場があります。この時期は第二次性徴がはじまり、男子は精通、女子は初潮を経験するなど身体的に成熟します。そして、この時期の人間はレヴィンによって子どもでも大人でもない存在である**境界人（マージナルマン）**や、性別に違いのある存在になるという意味でルソーによって**第二の誕生**と呼ばれています（寺崎，2016）。その一方で、この時期の子どもは、外見的な変化に限らず、ピアジェが指摘するように抽象的に物事をとらえられる段階（形式的操作期）に移行し（Piaget & Inhelder, 1996 波多野他訳 1969）、

これまでとは違う形で自己を認知していくようになります。例えば、この時期は、子どもが「**自我の発見**」を経験するとされています。自我の発見[2]とは、自分の存在を疑問に感じる、あるいは本当の自分は何かと考えるといった自己に対する問い[3]（渡辺・小松, 1999）を持つようになることです。つまり、自我の発見とは、自分という存在を第三者視点からとらえられるようになることで、自分とは何なのかといった疑問を持ってしまう経験と言えます。

(2) 親との関係の変化

また、思春期は、自己と社会の関係性が変化していくことでも知られています。例えば、思春期の自己と社会の関係に関する代表的な変化としては、心理的離乳が挙げられます。**心理的離乳**とは、12歳〜20歳のすべての人間には、家族の監督から離れて独立した人間になるという欲求があり、そのプロセスを指しています（Hollingworth, 1928）。具体的な心理的離乳の変化プロセスについては落合（1995）が、親子関係の心理的距離をもとに5段階仮説から説明しています。5段階仮説はそれぞれ、第1段階は「親が子を手の届く範囲に置いて、子どもを抱え込み養う親子関係」、第2段階は「親が子を目の届く範囲に置いて、子どもを危険から守る親子関係」、第3段階は「親が、自分の目の届かない遠くに行ってしまった子どもの成長を念じる親子関係」、第4段階は「親が子との距離を最も大きくとり、子どもと手を切る親子関係」、第5段階は「子は子でありながら親になり、親は親でありながら子になる親子関係」となっています。そして、思春期の親子関係については第2段階の「親が子を目の届く範囲に置いて、子どもを危険から守る親子関係」から第3段階の「親が、自分の目の届かない遠くに行ってしまった子どもの成長を念じる親子関係」への移行として位置づけられています。また、オーズベルも、**脱衛星化**（desatellization）という言葉を用いて、家庭からの自立と社会の中で自立した大人になる準備が発達において重要であることを指摘しています（Ausubel & Sullivan, 1958）。

さらに、そうした発達の中では、伝統的には**第二次反抗**と呼ばれるような大人との対立があります。第二次反抗は思春期の子どもが親から分離と自律を

するために生じるという説(分離モデル)と、子どもの自律の欲求の芽生えに家族システムが適切に対応できない場合に生じるという説(組み換えモデル)の両者の相互関係で理解するという視点があります(白井,1997)。ただし、第二次反抗は誰しもが経験するとは限らず、白井(1997)は、第二次反抗が見られない今日の子どもについて言及しており、その背景要因として、子どもにとって豊かな社会が当たり前となった現在、親の主張(例えば、受験勉強をする必要性)は昔よりも説得力を持ち始め、子どもが親の言うことに納得できるようになったことを挙げています。そして親子間の対立がある場合には親子関係のあり方を、ない場合には子どもの自立のあり方を問わなければいけないと指摘しています。

(3) 自己感覚の変化

一方で、上述したような思春期の変化は時として青年の危機ともなり得るものであり、それを乗り越えるためには、**アイデンティティ**の確立が重要となります。アイデンティティと言えば、一般的に自己が安定している状態といったイメージで自己に焦点化される概念としてとらえられていることが多いように思われます。しかし、実際、アイデンティティとは、エリクソンが「自分の内的満足」と「周囲から認められること」との二重性の出来事を表した言葉とされています(西平,2015)。つまり、アイデンティティは、他者から認められる体験を含有しており、一人では得ることができないものと言えます(西平,2015)。よって、アイデンティティ[4]は、自己に関係する概念の中でも、他者との関係が強調されており、思春期の人間をとらえる上で重要な視点と言えます。

以上のことから、思春期は、外見的な変化はもちろんのこと、内在的側面においても急激に変化する時期であり、自己のとらえ方や自己と社会の関係性が変化していく視点は欠かせないものと言えます。

2. 思春期の脳の発達

（1）脳の機能の変化

　思春期では上記のような心的機能が発達するということはそれを下支えする脳機能も大きく発達するということです。人間の脳は、友田（2017）によれば、生まれたときには大人のチンパンジーと同程度の大きさですが、5歳頃までに大人の90％ぐらいの大きさまでに成長し、その後も20歳くらいまで成長していきます。それにともなって、人間の脳は構造的にも大きく変化し、神経細胞（ニューロン）同士が活発につながり、大量のシナプスが形成されていきます。その一方で、こうした過剰なシナプス形成は、脳代射に負荷がかかるため、「刈り込み」により、不必要な神経細胞同士の接続を減少させていきます。この「刈り込み」は、脳部位によって進行が異なり、とくに感覚からの情報統合および論理的思考などに関連する**前頭前野**において発達が遅いと言われています（図3-1）[5]。その一方で思春期は、性行動や感情的行動に関わって

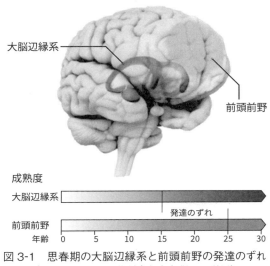

図 3-1　思春期の大脳辺縁系と前頭前野の発達のずれ
（Giedd, 2015 から英語表記を和訳して引用）

いる**大脳辺縁系**（例えば、扁桃体）が過剰に活発になります（Jensen & Nutt, 2015 野中訳 2023）。つまり、思春期の人間は、Jensen & Nutt（2015 野中訳 2023）が述べているように、神経科学の観点から見れば脳は未完成であり、大人になっているとは到底言えないのです。とくに、上記を踏まえれば、前頭前野においては思春期の人間はまだまだ発展途上の段階であることに留意する必要があります。

（2）変化がもたらす思春期の特徴

一方で、脳機能の発達は必ずしも肯定的な能力の獲得や行動の発達を生むわけではありません。思春期は、不登校や器物破損、自殺（文部科学省, 2023）などが問題となる時期です。一般的に見ても、思春期の人間は、後先考えずに、感情的に行動する場面が多い印象を持つ人は決して少なくないと思われます。こうした印象については、脳の発達の観点から見ても、合理的に説明ができます。先にも示したように、思春期は性行動や感情的行動に関わる大脳辺縁系が活発となります（Jensen & Nutt, 2015 野中訳 2023）。一方で、前頭前野の発達が未熟です（友田，2017）。すなわち、思春期の人間は、感情的機能に先に変化が見られるものの、その感情をコントロールする理性は遅れて発達します。そのため、思春期の感情的行動は、大脳辺縁系の活発化や前頭前野の未成熟というよりも、両者のアンバランス（**理性と感情のアンバランス**）から理解する必要があります（Casy et al, 2010; Giedd, 2015）。こうしたアンバランスは10年ほど続くだけでなく、思春期の早期化により、大脳辺縁系と前頭前野の発達差が拡大することも指摘されています（Giedd, 2015）。そのため、思春期の人間は、新奇探索行動をはじめ、衝動性や感情的行動が顕著になります（小池，2015）。

3. 学校不適応や問題行動

　思春期は小学校〜大学や専門学校などさまざまな学校に通う時期でもあり、学校にうまく適応しつつ、さまざまな問題に悩まされることなく、適切な教育を受け、楽しく有意義な学校生活を送る権利があります。

(1) 学校適応
　学校適応とはどのような状態でしょうか。実は学校適応をどうとらえるかについては大きく分けて2通りの考え方があります（岡田, 2015）。第1に友人関係、学業、対教師関係など学校生活に関わるさまざまな領域の加算によって学校適応をとらえるものです。第2に、学校適応を個人（児童生徒）と環境（学校）がマッチングしている調和的状態ととらえ（大久保, 2010）、それによって生じる「学校が楽しい」などの学校に対する認知を適応感としてとらえるものです。また、**学校不適応**は学校適応の低さと考えることもできますが、ストレスや体調不良など個人と環境の不調和から生じる一連の心身の感覚としてもとらえることができます（鈴木, 2021）。なお海外でも学校適応の定義に対する合意は不十分ですが、教室環境での順応、授業の協力的参加、学校に対する好意、学業達成というように多次元的な定義があります（Ladd & Burgess, 2001）。つまり学校不適応を理解するためには児童生徒の問題ととらえることもできますが、適応できない学校環境の問題としてもとらえられます。

(2) 問題行動の発達
　問題行動は**内在化問題行動**と**外在化問題行動**に二分して理解できます。内在化問題行動とは不安や抑うつをはじめとしたメンタルヘルスや、社会的引きこもりといった自己に向く問題行動です。それに対して外在化問題行動とは攻撃性、素行の悪さ、非行や反抗、多動や注意の問題といった自己の外側に対するものが含まれます（e.g., Willner et al., 2016）。4歳から18歳を追跡した研

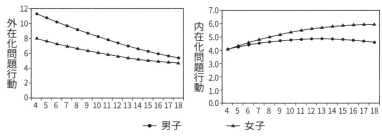

図 3-2　内在化問題行動と外在化問題行動の発達
（Bongers et al., 2003 より引用）
注）横軸は年齢、縦軸はCBCLのスコアを表す。

究によると、外在化問題行動は発達とともに減少する傾向ですが、男子の方が女子よりも問題行動は多いまま推移していきます。内在化問題行動は 4 歳時点で性差はありませんが全体的に発達とともに緩やかに増加していき、女子は男子よりも内在化問題行動が多くなっていきます（Bongers et al., 2003；図 3-2）。近年における学校での主要な問題行動は対教師暴力、学校の荒れ、少年の非行などの外在化問題行動よりもメンタルヘルスといった内在化問題行動に注目されることが多い印象があります。

(3) 思春期とネット利用の問題

　また、ネット利用問題も課題となっています。デジタル教科書やアプリを用いたICT教材や学校での 1 人 1 台端末と高速ネット環境の整備を意味するGIGAスクール構想により、約 98％の児童生徒はネットの利用経験があります（こども家庭庁, 2023）。またスマートフォンの普及により小学校高学年では 53％、中学生では 88％がSNSの利用経験があります（NTTドコモモバイル社会研究所, 2024）。日中学校で生活している児童生徒にとっては主に放課後に使用することになるため、これらの**デジタルメディア**を利用しすぎることは睡眠時間の減少など生活習慣への悪影響をもたらします（Otsuka et al.,2021）。加えて、中学生で認知件数が高いいじめの様態としてネットを介したいじめが 4 番目に多いことからも（文部科学省, 2024）、ネットでの誹謗中傷や見知らぬ他者との出会いといった無用なトラブルに巻き込まれることな

どの問題も存在するでしょう。その一方で、適度なネット利用は**ウェルビーイング**（幸福感や人生満足感など；Twenge & Campbell, 2019）やレジリエンスの増加（桂, 2018）、人間関係の広さや質を意味するソーシャルキャピタルの拡大に役立ちます（Ostic et al., 2021）。すなわち、漠然と使用するのではなく、問題を避けつつネットを「賢く使う」ことが重要あり、そのような使い方ができるような支援や指導が求められるでしょう。

4. 不登校といじめ

(1) 不登校

不登校とは「何らかの 心理的、情緒的、身体的あるいは社会的要因・背景により、登校しない、あるいは、したくともできない状況にあるために、年間30日以上欠席した者のうち病気や経済的な理由による者を除いたもの」と定義されています。年30日と聞けば多いように思いますが、例えば中学校の年間授業日は200日程度であり、授業日の約15％に相当します。平日5日あるうちの1日休むことが毎週続いた場合、不登校とされる日数を超過します。そう考えると定義上不登校となるハードルは意外にも低いことがわかるでしょう。最新の「児童生徒の問題行動・不登校等生徒指導上の諸課題に関する調査」（文部科学省, 2024）によれば不登校児童生徒数（小中学生）は2022年度から約5万人増加し、299,048人であることが示されました。なお、不登校は環境によってはどの児童生徒にも起こりうることから、2016年から不登校は問題行動として扱わないことが文部科学省から申し合わせられています。なお、不登校の主要な原因として文部科学省の調査では無気力や不安が挙げられることが多いですが、教師・児童生徒・保護者を対象にした比較調査から（子どもの発達科学研究所, 2024）、不登校の原因としていじめ被害、対教師関係の悪化や心身の不調は教師には認知されにくいというように、立場によって不登校原因のとらえられ方が違うこともわかっています。

また、不登校の原因と継続要因は分けて考える必要もあります。文部科学省が不登校児童生徒とその保護者を対象に行なった調査によれば（不登校児童

生徒の実態把握に関する調査企画分析会議, 2021)、不登校の原因として友人関係、教師関係など複数の理由が挙げられており、その他「自分でもわからない」という回答の割合も一定数あります。そして不登校の継続要因としては、学習への不安や生活リズムの悪化など不登校によって生活習慣や学習習慣が乱れたことによるものも一定数挙げられています。

(2) いじめ

いじめは日本の法令（いじめ対策防止基本法、など）で「児童等生徒に対して、当該児童生徒が在籍する学校に在籍している等、当該児童生徒と一定の人的関係のある他の児童生徒が行う心理的又は物理的な影響を与える行為（インターネットを通じて行われるものも含む）であって、当該行為の対象となった児童等が心身の苦痛を感じているもの」と定義されています。また、最新の「児童生徒の問題行動・不登校等生徒指導上の諸課題に関する調査」（文部科学省, 2024）によれば、児童生徒（小中学生）のいじめ認知件数は 2023 年度から約 5 万件弱増加した 711,633 件であることが示され増加の一途をたどっています。ただし、認知件数とは教師がいじめを発見して報告した件数であり、認知件数が増加したからといって必ずしもいじめが増加しているとも限りません。例えば、旭川市の市立小中学校における令和 4 年度の認知件数が 1,449 件に対し令和 5 年度は 6,147 件と激増しています（旭川市, 2024）。この背景には旭川市でいじめを積極的に認知するように方針が取られたことが起因していると考えられます。つまり、認知件数の多さはいじめを見逃さないように教師が児童生徒の様子を細かく把握したり、些細な嫌がらせやトラブルをいじめととらえ対応しているという解釈もできることに注意したいところです。

いじめに関する研究からは、被害者と加害者だけに着目するのではなく、個人と環境の関係

図 3-3　いじめの 4 層構造

性からとらえることが重要です。例えば、いじめに関わるさまざまな役割をとらえた「いじめの 4 層構造」（図 3-3）が示すように、いじめを理解し防ぐためには、いじめの被害者と加害者だけでなく、いじめをただ見ている傍観者などの周囲にも着目することが重要です（森田, 2010）。ほかには、進化の観点からいじめが加害者にとってどのような有益な機能を持ってしまうのかや（Volk et al., 2022）、自分はいじめをダメと思うけど周囲の人はそう思ってないだろうというような規範のズレ（多元的無知）から検討した研究（水野他, 2019）など、さまざまな観点から研究が行われています。

ところで、自分の嫌いな人がいじめられているのを目撃すると「いい気味だ」という感情になるでしょうか？「いい気味だ、ざまあみろ」というように、他者が不幸な状況になったことを知覚した際に生じる快い感情を**シャーデンフロイデ**（Schadenfreude）といい（e.g., 澤田, 2008）、実際にシャーデンフロイデを喚起すると報酬を司る脳部位（腹側線条体）が賦活することが知られています（Takahashi et al., 2009）。教育心理学分野においてシャーデンフロイデに関する知見は少ないため扱いが難しいですが、シャーデンフロイデはダークトライアドと呼ばれる反社会的な性格傾向と関連する一方（James et al., 2014）、2 者間で協力し合う信頼ゲームで第三者罰（ゲームを観察していたプレイヤーがゲームに参加しているプレイヤーに向けてペナルティを与える行為）をした対象への肯定的態度を予測する（Yam et al., 2023）ことが示されています。このことから、「良くない」性格はシャーデンフロイデを高めてしまう可能性がある一方で、シャーデンフロイデはいじめなどの不正義を正すことに役立つのかもしれません。

5. 学校移行

（1）典型的な学校移行の問題

子どもは幼稚園や保育園から小学校、小学校から中学校と複数の教育（福祉）施設を移行していき、移行にともなう問題も存在します。例えば、6 年生（小学校 6 年生に相当）は、7 年生や 9 年生（中学 1 年生と 3 年生に相当）と

比べてバーンアウトが高いことや（Engels et al., 2019）、学校移行のストレスを抱えるほど学校適応上の問題を抱えやすいことがあります（Goldstein et al., 2015）。

小1プロブレムとは、小学1年生が授業や学校生活になじめず、授業中に動き回ったり騒いだりしてしまう状態を指し（石井, 2006）、保育園や幼稚園と小学校との間の環境の違いや家庭のしつけによって起こると指摘されています（文部科学省, 2010）。文部科学省は5歳から小学1年生を架け橋期と位置づけ、小1ギャップを防止するために幼小連携を充実させることを目指しています。

中1ギャップとは小学校6年生から中学1年生に進級する際に新しい学校環境になじめず、不登校やいじめが急激に増加するという問題です。文部科学省は中1ギャップを防ぐため小中一貫教育などの小中連携を目指しています。ただし、2011年度から2023年度の調査にわたり不登校については一貫して小学校6年生より中学1年生の方が多いという傾向が見られる一方で、いじめ認知件数については2020年度以降の調査では中学1年生の方が少ないという結果があります。

（2）中1ギャップ論への批判

不登校について中1ギャップが指摘されていますが、小学校6年生が中学1年生に進級した小中一貫校の児童生徒と学校移行した公立小中学生を比較した研究によれば（侯他, 2020）、どちらも学校への楽しさは進級するとわずかに低下する一方で、この2校の間に統計的な違いが見られないことがわかりました。すなわち、小中一貫校かそうでないかによって中1ギャップに影響はないと考えられます。

加えて、中1ギャップについては国立教育政策研究所から批判がなされています（国立教育政策研究所生徒指導・進路指導研究センター, 2014）。2004年から2009年まで児童生徒にアンケートでいじめ被害を尋ねた追跡調査によると、小学校6年生から中学3年生にかけていじめが減少しており、教師による認知件数とは真逆のトレンドが見いだされています（図3-4）。不登校

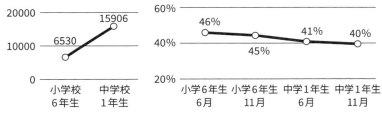

図 3-4　いじめ認知件数（左）と 1 回以上のいじめ被害割合（右）の違い
注）左図は平成 21 年度児童生徒の問題行動等生徒指導上の諸問題に関する調査（文部科学省，2009）[6] から作成。右図は国立教育政策研究所生徒指導・進路指導研究センター（2014）より抜粋して作成。縦軸はいじめ認知件数（左図）1 回以上のいじめ被害割合（右図）を表す。

については平成 13 年のデータを詳しく見ると、中学校 1 年生の不登校生徒数は小学校 6 年生と比べると約 3 倍です。しかし、小学校 4 年生から 6 年生のうちに不登校を経験した生徒の割合は約半数であり、中学校 1 年生になって突然不登校になるのは不登校生のうち 25％（人数比で 1.3 倍）程度で、「中 1 ギャップ」と喧伝（けんでん）されるほど大きな増加は見られないことが示されています。

6. 友人関係

(1) 友人関係の特徴と役割

　これまで養育者が主なアタッチメント対象だったのに対し、思春期には友人がアタッチメント対象として挙げられることが多くなってくることからも（e.g., 村上・櫻井，2014）、思春期の子どもにとって友人関係は重要になってきます。友人関係があることはウェルビーイングを高め、抑うつや孤独感を低下させることが知られており（Alsarrani et al., 2022）、思春期の子どもの健康に重要な役割を果たします。ただし、友人関係が必ずしも良い影響をもたらすとは限りません。例えば、親しい友人を独り占めしたい、他の友人と遊んでほしくないという排他性があげられます。排他性は親しい友人に対するいじめ加害を予測することや（三島，2003）、独占的な友人関係を持つことは親しい友人からのいじめ被害を予測します（三島，2008）。

(2) 友人グループの特徴と役割

　友人関係は1対1（ダイアド）の関係もあれば、時として複数人からなるインフォーマルな仲間集団（グループ）でも構成されます。仲間集団の様相は発達とともに質的な変化があることを保坂（2000）は指摘しています。小学校高学年ごろは**ギャング・グループ**という特徴があります。これは同一行動による一体感を重視する仲間集団が形成され、同一の遊びをするものを仲間と考え、時としてやってはいけない悪いことを仲間と一緒に楽しむことも特徴とされています。中学生頃は**チャム・グループ**と呼ばれる特徴があります。これは同じ趣味や関心など共通の価値観を基盤とした友人関係を重視するもので、共通性や類似性をよく確かめ合い、仲間内でしか通じない言葉（隠語や合図など）を用いることも特徴として挙げています。高校生以降になると**ピア・グループ**という特徴が現れます。これまでの共通性や類似性ではなく、異質性を認め合い、自立した個人同士の関係性を築くとされています。

　また、仲間集団間の関係性も「**スクールカースト**」という言葉で問題にされています。「スクールカースト」は2000年代ごろから世に出てきた言葉であり、教室内の仲間集団（友人グループ）の間に存在する地位格差として理解されています（鈴木, 2012）。概して、地位の低い友人グループに所属している生徒ほど学校が楽しくなくなることや（e.g., 水野・柳岡, 2019）、授業の集団討議の際に批判的議論がしにくくなる（亀山他, 2021）ということが示されており、集団構造によって個人の学校適応だけでなく、学業達成まで影響する可能性があるようです。しかし、ヒトを含めさまざまな生き物は社会的な階層関係を構築していることから（e.g., Redhead & Power, 2022）、友人グループ間に地位格差が生じることはある程度仕方ないことなのかもしれません。重要なのは大人社会の都合で生じた構造によって生徒のウェルビーイングや学校生活を享受する権利を不当に妨げないように工夫し対策することでしょう。

脚注
1) WHOは15～24歳を青年（youth）、若者（young people）は10～24歳と定義している。詳しくは、以下のURL（https://www.who.int/southeastasia/health-topics/adolescent-health）

を参考にしたい。
2) 詳細は、Spranger（1924 土井訳 1937）を参考にしたい。
3) 渡辺・小松（1999）は、自我体験を自我の発見を体験的にとらえているものとして取り上げ、検討している。
4) 詳細は西平（1993）を参考にしたい。
5) ここまでの脳の発達に関する説明は友田（2017）をまとめたものである。より詳細な情報は、友田（2017）やGiedd（2015）についても参考にしたい。
6) https://www.e-stat.go.jp/stat-search/files?page=7&sort=year_month%20asc&layout=dataset&toukei=00400304&kikan=00400&stat_infid=000024452614&metadata=1&data=1 のデータから作成した。

コラム　ゲームをすることは悪いことなのか？

　私が小中学生だった頃はNintendo64やゲームボーイアドバンスというテレビゲームが発売されており、かなりの人気でした。友だちと遊ぶ際には、公園で走り回って遊ぶこともしましたが、誰かの家で対戦ゲームをして遊ぶということもしました。今の小中学生をみてもゲーム機種や内容は違うものの友達とテレビゲームをして遊ぶことも多いようです。ネット対戦をすることが普通になって誰かの家で集まらなくてもゲームで遊べるのは羨ましいなとも思います。

　さて、ゲームといえば何時間まで遊ぶことがいいのでしょうか。高橋名人（この本の執筆者の先生方の世代なら知らない人はいないでしょう！）という有名なゲーム開発者が「ゲームは1日1時間」とキャッチコピーを考えたことや、香川県がゲームやスマートフォンの使用時間を取り決めた悪名高い条例、かつて流行した「ゲーム脳」という言葉のように、ゲームで遊ぶことは良くない印象があるのかもしれません。果たしてそうなのでしょうか。

　コロナ禍の外出自粛によってゲーム機が不足したためゲーム機の抽選販売が行われた社会的状況をうまく利用し、2020年〜2022年に日本の10〜69歳を対象とした大規模な自然実験的な研究が行われました（Egami et al., 2024）。この結果によるとゲーム機の所有やプレイ時間はある程度、生活満足感を向上させ心理的ストレスを低下させることがわかりました。ただし、3時間以上のプレイ時間ではその効果が弱まることが示されているので、「ゲー

ムは１日３時間まで」というのが正確なのかもしれません。

Egami, H., Rahman, M. S., Yamamoto, T., Egami, C., & Wakabayashi, T.(2024). Causal effect of video gaming on mental well-being in Japan 2020-2022. Nature human behaviour, 8(10), 1943-1956.

〈確認問題〉

思春期の特徴として以下の説明に合う単語を考えてみましょう。当てはまらない選択肢についてもその意味を考えてみましょう。

男子は精通、女子は初潮を経験するなどの身体的な変化	
自分の存在を疑問に感じること	
子どもや大人でも、どちらでもない存在のこと	
家族の監督から離れて独立した存在になること	
自己の確立や他者からの承認	
経済的・健康的理由以外での年間30日以上の欠席	
一定の人間関係がある者から受け被害者が苦痛と感じる行為	
抑うつやメンタルヘルスなどの問題行動	
粗暴さや非行などの問題行動	
他者の不幸を見聞きして感じる喜びの感情	

〈選択肢〉

思春期　第二次性徴　ウェルビーイング　自我の発見　脱衛生化　自己価値の随伴性　境界人（マージナルマン）　自律　心理的離乳　アンデンティティ　アタッチメント　不登校　いじめ　校内暴力　第二次反抗　内在化問題行動　メンタルヘルス　外在化問題行動　理性と感情のアンバランス　スクールカースト　ジャーデンフロイデ

参考文献

旭川市 (2024). 旭川市における令和5年度いじめ対応実績等　Retrieved February 13, 2025, from https://www.city.asahikawa.hokkaido.jp/kurashi/218/280/d080126_d/fil/gidai1-siryou.pdf

Ausubel, D, P., & Sullivan, E ,V. (1958). Theory and Problems of Child Development (2th ed.). Grune & Stratton.

Azpiazu, L., Antonio-Aguirre, I., Izar-de-la-Funte, I., & Fernández-Lasarte, O. (2024). School adjustment in adolescence explained by social support, resilience and positive affect. European Journal of Psychology of Education. Advance online publication. https://doi.org/10.1007/s10212-023-00785-3

Bongers, I. L., Koot, H. M., van der Ende, J., & Verhulst, F. C. (2003). The normative development of child and adolescent problem behavior. Journal of Abnormal Psychology, 112(2), 179-192.

Casey, B. J., Duhoux, S., & Cohen, M. M. (2010). Adolescence: what do transmission, transition, and translation have to do with it?. Neuron, 67(5), 749-760.https://doi.org/10.1016/j.neuron.2010.08.033.

Engels, M. C., Pakarinen, E., Lerkkanen, M. K., & Verschueren, K. (2019). Students' academic and emotional adjustment during the transition from primary to secondary school: A cross-lagged study. Journal of school psychology, 76, 140-158.

Giedd, J. N. (2015). The amazing teen brain. Scientific American, 312(6), 32-37. https://doi.org/10.1038/scientificamerican0615-32.

Goldstein, S. E., Boxer, P., & Rudolph, E. (2015). Middle school transition stress: Links with academic performance, motivation, and school experiences. Contemporary School Psychology, 19(1), 21-29.

侯玥江・太田正義・加藤弘通 (2020). 小中移行期における学校享受感の変化様態および教師・親との縦断影響プロセス ── 一貫校と非一貫校を比較して ──. 教育心理学研究, 68(4), 360-372.

Hollingworth, S, L. (1928). The Psychology of the adolescent. New York D. Appleton-Centry Company.

保坂 亨 (2000). 子どもの心理発達と学校臨床　近藤邦夫・岡村達也・保坂 亨（編）子どもの成長 教師の成長　東京大学出版会（pp.333-354）

不登校児童生徒の実態把握に関する調査企画分析会議 (2021). 不登校児童生徒の実態把握に関する調査報告書　Retrieved February 13, 2025, from https://www.mext.go.jp/content/20211006-mxt_jidou02-000018318_03.pdf

James, S., Kavanagh, P. S., Jonason, P. K., Chonody, J. M., & Scrutton, H. E. (2014). The Dark Triad, schadenfreude, and sensational interests: Dark personalities, dark emotions, and dark behaviors. Personality and Individual Differences, 68, 211-216.

Jensen, F., & Nutt, A ,E. (2015). THE TEENAGE BRAIN. Harper Collins Publishers.(ジェンセン・F＆A・E・ナット. 野中 香方子（訳）(2023). 10代の脳 ── 反抗期と思春期の子ども

にどう対処するか── 文春文庫）
亀山晃和・原田勇希・草場実(2021).学級内の社会的地位と実験グループに対する心理的安全性が理科授業における批判的議論とストレス反応に及ぼす影響.理科教育学研究, 62(1), 229-245.
桂 瑠以(2018). LINE の使用が社会関係資本及びレジリエンスに及ぼす影響の検討　情報メディア研究, 16(1), 32-40.
笠井 清登(2015).　総合人間科学としての思春期学 長谷川 寿一（監修）思春期学(pp.1-17) 東京大学出版会
こども家庭庁 (2023). 令和5年度「青少年のインターネット利用環境実態調査」報告書　Retrieved February 13, 2025, from https://www.cfa.go.jp/policies/youth-kankyou/internet_research/results-etc/r05
子どもの発達科学研究所(2024). 文部科学省委託事業 不登校の要因分析に関する調査研究　Retrieved February 13, 2025, from https://kohatsu.org/pdf/futoukouyouin_202408_a6.pdf
小池 進介(2015).　脳の思春期発達 長谷川 寿一（監修）思春期学(pp.131-144) 東京大学出版会
国立教育政策研究所生徒指導・進路指導研究センター (2014).「中1ギャップ」の真実 生徒指導リーフ, 15 Retrieved February 13, 2025, from https://www.nier.go.jp/shido/leaf/leaf15.pdf
Ladd, G. W., & Burgess, K. B. (2001). Do relational risks and protective factors moderate the linkages between childhood aggression and early psychological and school adjustment? Child development, 72(5), 1579-1601.
水野君平・柳岡開地(2020). 中高生の「スクールカースト」と学校適応，顕在的・潜在的自尊心，仮想的有能感との関連の検討　パーソナリティ研究, 29(2), 97-108.
水野君平・太田正義・加藤弘通 (2018). 道徳教育による規範意識の涵養といじめ問題の関連: 小中学生を対象とした自己/他者の罪悪感といじめ調査からの一考察　心理科学, 39(2), 1-8.
三島浩路 (2008). 小学校高学年で親しい友人から受けた「いじめ」の長期的な影響── 高校生を対象にした調査結果から──　実験社会心理学研究, 47(2), 91-104.
三島浩路 (2003). 親しい友人間にみられる小学生の「いじめ」に関する研究　社会心理学研究, 19(1), 41-50.
文部科学省 (2023). 令和4年度児童生徒の問題行動・不登校等生徒指導上の諸課題に関する調査結果　Retrieved February 13, 2025, from https://www.mext.go.jp/content/20231004-mxt_jidou01-100002753_1.pdf
森田洋司 (2010). いじめとは何か 教室の問題、社会の問題　中央公論新社
文部科学省（2024）.　令和5年度「児童生徒の問題行動・不登校等生徒指導上の諸課題に関する調査結果」について　Retrieved February 13, 2025, from https://www.mext.go.jp/content/20241031-mxt_jidou02-100002753_1_2.pdf

村上達也・櫻井茂男 (2014). 児童期中・後期におけるアタッチメント・ネットワークを構成する成員の検討 ─ 児童用アタッチメント機能尺度を作成して ─　教育心理学研究, 62(1), 24-37.

西平 直 (1993). エリクソンの人間学　東京大学出版会

西平 直 (2015). 思春期のアイデンティティ形成　長谷川 寿一(監修) 思春期学(pp.65-74)　東京大学出版会

NTTドコモモバイル社会研究所 (2024). モバイル社会白書2023年版　Retrieved February 13, 2025, from https://www.moba-ken.jp/whitepaper/wp23/pdf/wp23_all.pdf

落合 良行 (1995). 心理的離乳への5段階過程仮説　筑波大学心理学研究, 17, 51-59.

岡田有司 (2015). 中学生の学校適応 ─ 適応の支えの理解　ナカニシヤ出版

大久保智生 (2010). 青年の学校適応に関する研究：関係論的アプローチによる検討　ナカニシヤ出版

Ostic, D., Qalati, S. A., Barbosa, B., Shah, S. M. M., Galvan Vela, E., Herzallah, A. M., & Liu, F. (2021). Effects of Social Media Use on Psychological Well-Being: A Mediated Model. Frontiers in psychology, 12, 678766.

Otsuka, Y., Kaneita, Y., Itani, O., Matsumoto, Y., Jike, M., Higuchi, S., Kanda, H., Kuwabara, Y., Kinjo, A., & Osaki, Y. (2021). The association between Internet usage and sleep problems among Japanese adolescents: three repeated cross-sectional studies. Sleep, 44(12), zsab175. https://doi.org/10.1093/sleep/zsab175

Piaget, J., & Inhelder, B. (1966). La psychologie de l'enfant. Paris: Presses Universitaires de France.（ピアジェ、J.・イネルデ、B. 波多野完治・須賀哲夫・周郷博（訳）(1969). 新しい児童心理学　白水社）

Redhead, D., & Power, E. A. (2022). Social hierarchies and social networks in humans. *Philosophical transactions of the Royal Society of London. Series B, Biological sciences, 377*(1845), 20200440.

Sawyer, S. M., Azzopardi, P. S., Wickremarathne, D., & Patton, G. C. (2018). The age of adolescence. The lancet child & adolescent health, 2(3), 223-228. https://doi.org/10.1016/S2352-4642(18)30022-1.

白井利明 (1997). 青年心理学の観点からみた「第二反抗期」(〈特集〉若者のこころに迫る：今, 第二反抗期は?)　心理科学, 19(1), 9-24.

Spranger (1924). Psychologie des Jugendalters. Heidelberg: Quelle & Meyer Verlag.（シュプランガー. 土井 竹治(訳)(1937). 青年の心理　刀江書院刊）

鈴木美樹江 (2021). 学校不適応感の心理学 ─ プロセスから捉えた予防的支援の構築のために　ナカニシヤ出版

鈴木翔 (2012). 教室内カースト　光文社

Takahashi, H., Kato, M., Matsuura, M., Mobbs, D., Suhara, T., & Okubo, Y. (2009). When your gain is my pain and your pain is my gain: Neural correlates of envy and schadenfreude. Science, 323, 937-939.

寺崎 恵子(2016). 第二の誕生と教育 聖学院大学論叢, 29(1), 1-16.

友田 明美(2017). 脳科学・神経科学と少年非行 犯罪心理学研究, 42, 11-18.

都筑学(2004). 思春期の子どもの生活現実と彼らが抱えている発達的困難さ — 小学校から中学校への移行期について 心理科学, 24(2), 14-30.

Twenge, J. M., & Campbell, W. K. (2019). Media use is linked to lower psychological well-being: Evidence from three datasets. Psychiatric Quarterly, 90, 311-331.

Volk, A. A., Dane, A. V., & Al-Jbouri, E. (2022). Is adolescent bullying an evolutionary adaptation? A 10-year review. Educational Psychology Review, 34(4), 2351-2378.

渡辺 恒夫・小松 栄一(1999). 自我体験:自己意識発達研究の新たなる地平 発達心理学研究, 10(1), 11-22.

WHO(世界保健機関)(n.d.). Adolescent health. Retrieved February 13, 2025, from https://www.who.int/southeastasia/health-topics/adolescent-health

Willner, C. J., Gatzke-Kopp, L. M., & Bray, B. C. (2016). The dynamics of internalizing and externalizing comorbidity across the early school years. Development and Psychopathology, 28(4pt1), 1033-1052. doi:10.1017/S0954579416000687

Yam, P. P. C., Huang, F., Luo, X., & Parkinson, B. (2023). Aligning with the agent of justice: Schadenfreude following punishment of trust violators. Motivation and Emotion, 47(6), 1095-1115.

〈確認問題解答〉(上から順に)

第二次性徴　自我の発見　境界人（マージナルマン）　自律　アンデンティティ　不登校　いじめ　内在化問題行動　外在化問題行動　ジャーデンフロイデ

第4章

成人期・老年期

芝崎文子

　本章では、成人期から老年期に至る人間の発達について、心理学的な視点から考察します。生涯発達心理学の枠組みを通じて、成長や変化が一生涯にわたって続くという考え方を示し、各ライフステージにおける発達課題を解説します。成人期では、自分らしい生き方を模索しながら、親密な人間関係や仕事、家庭といった多様な役割を果たしていく重要性を考えます。成人期後期（中年期）には、これまでの人生を振り返りながら、新たな目標や価値観を見つめ直す機会が訪れることに触れます。老年期においては、自己の経験を統合し、豊かな人生を受け入れることの意義や、加齢に伴う心理的・社会的適応について取り上げます。本章を通じて、人間が生涯を通じてどのように成長し、変化に向き合うのかを多角的に学ぶことを目指します。

1. 生涯発達心理学とは

　1980年代に、生涯発達心理学という新しい視点が生まれました（Neugarten, 1979; やまだ, 2011）。かつては、人間の発達は成人期に達すると「完成」するものと考えられていましたが、この新しい理論では、人間の発達は一生続くものとされました。つまり、成人期や老年期も発達の一環であり、成長や適応が続くことが前提とされています。

　この視点は、**エイジング**（加齢）に対する理解にも影響を与えています。エイジングは単なる衰退の過程や老化といった否定的な意味でとらえられるのではなく、むしろ質的な変化や成熟のプロセスとしてとらえられるべきだとされ

るようになりました。加齢にともなう体験の質的な面に目を向けることで、人間の成熟の過程をより深く理解できるようになるでしょう。

2. 前成人期の発達課題

　成人期は、20歳代半ばから始まり、老年期に入る65歳前後までの40年余りの期間です。この時期の前半を前成人期と呼ぶこともあり、自己を確立し、親密な人間関係を築くことが求められる重要な時期です。エリクソンの発達段階理論（第1章）によると、前成人期では「**親密性**」と「**孤独**」の葛藤が発生します。この時期に親密な関係を築けるかどうかが、今後の人生に大きな影響を与えるとされています。親密な関係を築くことで、自己の存在を他者との関係の中で確立し、孤独感から解放されると考えられます。逆に、この親密な関係の構築がうまくいかない場合、孤独感が増し、個人の心理的な発達にネガティブな影響を与える可能性があります。

（1）家族ライフサイクルと多様な家庭形態
　成人期においては、個人のライフサイクルだけでなく、**家族ライフサイクル**の進行が個人の発達に大きな影響を与えます（中釜・野末・布柴・無藤,2008）。具体的には、結婚、子供の誕生、子供の成長、自立、そして老年期に向けた準備など、家族ライフサイクルの各段階で新たな課題が生じ、これらの課題への適応が求められます（表4-1）。家族ライフサイクルの中で個人がどのように役割を果たし、適応するかが、成人期の満足度や幸福感に大きく影響を及ぼします。

　近年、家族形態の多様化が進む中で、家族ライフサイクルも変化を遂げています。例えば、**ひとり親家庭**では、親が家庭内で多くの役割を一手に担わなければならず、その結果として経済的・精神的な負担が増加することがあります（神原,2007）。親の再婚によって構築される**ステップファミリー**においては、「子どもの最善の利益」を最優先とし、家族間のコミュニケーションや信頼関係を築くための継続的介入が求められています（野沢,2021）。

表 4-1　家族のライフサイクル

段階	心理的課題	家族システムの変化
第1段階 未婚の若い成人期	親との分離の受け入れ	- 出生家族からの自己分化 - 親密な仲間関係の発展 - 職業的自立
第2段階 新婚期	新しい家族システムへのコミットメント	- 夫婦システムの形成 - 拡大家族・友人との関係再編成
第3段階 幼児期の子育て期	新しい家族メンバー（子ども）の受け入れ	- 子どもの誕生による夫婦システムの調整 - 親役割の取得 - 拡大家族との関係再編成
第4段階 青年期の子育て期	子どもの独立を進め、柔軟な家族境界を形成	- 青年の自立支援による親子関係の変化 - 中年夫婦の関係・職業の再焦点化 - 老後への準備
第5段階 子どもの巣立ち期	家族の出入り増加の受け入れ	- 夫婦関係の再調整 - 親子関係を成人間の関係へ発展 - 拡大家族（孫・配偶者親など）との関係再編成 - 老化や死への対応
第6段階 老年期	世代的な役割変化の受け入れ	- 生理的老化への対応と新たな役割選択 - 中年世代の支援 - 経験を通じた若い世代支援（過剰介入を避ける） - 自身や配偶者の死への準備

中釜・野末・布柴・無藤, 2008 を参考に作成。

　さらに、近年では外国につながりのある**多文化家族**の増加傾向が顕著です。多文化共生の実現には、言語や文化的背景の違いを尊重し、理解するための教育が重要です。とくに、ルーツを尊重するための多文化教育が必要とされており、これにより異なる文化を持つ家族が円滑に共生できる環境が整えられることが期待されています（松尾, 2012）。このように、家族ライフサイクルは単に個人の成長の場ではなく、社会全体における多様性の理解と受容を促進する重要な要素となっています。

(2) 現代社会における多様なキャリア

成人期の課題は、親密性と対立に加えて、仕事や家庭生活における役割の重要性があります。人はこの時期に、**キャリア**を築き、職場での責任を負うようになります。**キャリア**は、古くは昇進などの地位の上昇、特定の専門的職業・役割や地位などの経歴などの意味で使われてきました（Hall, 1976）。**ワーク・キャリア**とは、自身の職業経験の積み重ねとその意味づけに限定した狭義のキャリアのことです。**ライフ・キャリア**は、職業に限定せず、人生全体を見通す広義のキャリアのことを指します。

従来のキャリアは、ジェンダーの影響が色濃く、男性の視点が中心的でしたが、女性のキャリアパスに着目した研究も見られるようになりました。岡本（1994）によると、**専業主婦コース**では、結婚や出産の機会に退職し、その後は仕事を持たない生活を送ります。**再就職コース**は、結婚や出産後に一度退職するものの、子育て後に再び職場に復帰するパターンです。両立コースは、結婚や出産後も仕事を続ける形です。加えて、**DINKSコース**（Double Income No Kids）は、結婚はするものの子どもを持たずに仕事を続けるケースであり、**非婚就業コース**は、結婚せずに一生仕事を続けるパターンを指します。

このように、女性のキャリアパスにはさまざまな選択肢があり、個々の価値観やライフスタイルによって異なる道を選ぶことができます。仕事や家庭における複数の役割を持つことを**多重役割**と言い、例えば子育てをしながら働くことがこれに当たります。最近では、仕事と家庭の役割を調和的に両立させる**ワーク・ライフ・バランス**の重要性が強調されています（Kalliath & Brough, 2008）。一方で、仕事の役割での状況が家庭の役割に、またその逆にも影響を与えることを**スピルオーバー**と言い、個人の心理的健康や夫婦関係の満足度にも影響を与えます。各役割からの要求や義務が増えすぎると、ストレスの増加につながるリスクもあります。福丸（2000）は、職業を持つ母親が仕事と家庭の両立に肉体的・精神的な負担を感じる一方で、生活満足感や育児の拘束感が比較的低いことを示唆しています。この時期、親は仕事と家庭という二重の役割を調和させながら、新たな自己を発見し、自分自身の成長を追求することが求められます。結婚した夫婦における関係満足度の推移では、結婚当初は夫

婦中心の生活が営まれますが、子どもの誕生と成長にともない、親としての役割負担が増加し、それにともなって夫婦間での葛藤が生じやすくなります（小野寺, 2005）。

さらに、キャリア設計においては、計画通りに進まないことも多々あります。予想しなかった転機や偶然の出来事が新たなキャリアの道を切り開くこともあり、これを「**計画された偶発性**」（Krumboltz & Levin, 1999）と呼びます。キャリアを計画的にデザインすることは重要ですが、一方で、計画に縛られすぎず、予期しないチャンスに対して柔軟に対応できる準備をすることも必要です。

現代社会は「**VUCA（Volatility・Uncertainty・Complexity・Ambiguity）**」（変動性、不確実性、複雑性、曖昧さ）が特徴とされ、先の見えない不確実な時代を迎えています（Taskan, Junça-Silva, & Caetano, 2022）。多様な価値観や宗教が入り混じり、絶対的な基準が曖昧になっている状況においては、視野を広げ、偶然のチャンスを受け入れる柔軟な姿勢がますます求められるでしょう。

3. 成人期と老年期のあいだ

(1) 成人期（中年期）の発達課題

前成人期が終わり、40代から60代半ばにかけての**成人期**は、一般的には、**中年期**と呼ばれる時期です。中年期の中心的な発達課題は「**生殖性（世代性）**」と「**停滞**」の間での葛藤です。エリクソンによると、生殖性とは、次の世代を育て、社会に貢献することで自分の存在が社会に役立っているという実感を得ることを意味します。生殖性には、職業を通じて社会に貢献することや、家族を形成し子供を育てることが含まれます。社会的に見れば、家族や職業を通じて社会に貢献することが、自己実現や充足感をもたらすとされています。

しかし、この生殖性を達成できない場合、個人は停滞を感じ、自己の成長や発展が止まってしまったように感じることがあります。とくに、社会的な役割や家族関係で上手くいかない場合、停滞感が強まりやすいです。その一方

で、**アイデンティティ**の模索の中ではあきらめきれなかった理想に折り合いをつけ、現実の自己を肯定する態度が獲得されます。現実と向き合い、あるがままの自己を見つめる成人期は、青年期に比べ、**自尊感情**（self esteem）が高まるという側面もあります（Orth, Robins, & Widaman, 2012）。

レビンソンの**ライフサイクル論**では、成人前期から中年期にかけての人生の過渡期を「人生の四季」として重点を置いています。この理論は、米国の中年男性40人のインタビュー調査に基づいており、中年期を「人生半ばの転換期」ととらえました（Levinson, 1986）。40歳前後を「人生の正午」とし、それまで受け入れ難かった自分の一面を自覚し、それを取り入れようとする動きが見られる時期と考えることもあります。

（2）中年期の危機

中年期は大きな転換期であり、個人のアイデンティティにかかわる危険をともなう危機を経験することもあります。成人期の中盤に訪れる**中年期の危機**（Midlife crisis）は、多くの人が経験する転機とされています（図4-1）。

この時期には、キャリアや家族に対する満足度、これまでの人生の達成感などを見直すことが多く、自分の存在価値や役割に疑問を抱くことがありま

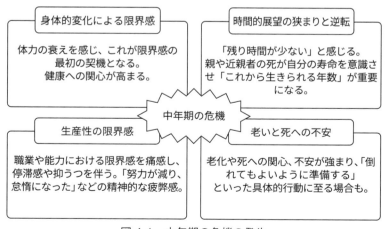

図4-1　中年期の危機の発生

す。中年期危機は、個人にとってアイデンティティの再編成を求める時期でもあり、人生の目標や優先順位が大きく変わることがあります。

中年期には、自分の役割や存在意義に疑問を抱くこともあります。このような危機は、職場でのキャリアの停滞や、家庭での変化、例えば子どもが独立するなどの出来事をきっかけに引き起こされやすいです。こうした中で自分の目標や価値観を再評価することが必要になります。中年期においては、「**平穏説**」と「**危機説**」の二つの立場があります。平穏説では、中年期は精神的に安定している時期とされ、役割の喪失も予測可能なものであると考えます。一方で、危機説は、中年期をストレスの多い時期とし、青年期に確立したアイデンティティの問い直しが求められることを強調しています。中年期に危機を経験する人は、他の人生の時期でも危機を経験している可能性が高いとされています。

湯沢（1991）は中年期の危機的心性について、身体的な衰えの自覚、青年期に選択した道に対する疑念や後悔、そして時間が迫っている感覚や自分の死が近づいているという認識が、この時期に強まることを指摘しています。さらに、現実から逃れたいという内的な衝動も経験されることがあります。

中年期における発達課題は、ただネガティブなものではなく、個人の成長を促す機会でもあります。岡本（1985）は、中年期における否定的な変化として、身体感覚の衰えや、時間の展望が狭まること、生産性における限界感、そして老いや死への不安を挙げています。一方で、自己確立感や安定感が増すといった肯定的な側面も指摘しています。

(3) 子育ての終焉

中年期は、子育てが一段落する時期であると同時に、親自身の発達にも大きな影響を与える段階です。中年期に経験される「**空の巣症候群**」は、この時期の親にとって特徴的な現象です。子どもが独立することで、親が人生の目的や生きがいを一時的に失ってしまう状態を指します。このような感情は珍しくありませんが、この「空の巣」状態を乗り越えることで、再び新たな目標を見つけ、人生に充実感を取り戻す可能性もあります。このように、中年期は子育

ての終焉（しゅうえん）と新たな自己発見が交差する重要なライフステージであると言えるでしょう。

4. 老年期

(1) 超高齢化社会の到来

　日本は、超高齢化社会の進行が著しい国の一つです。65歳以上の人口が全人口の7％を超えると「高齢化社会」、14％を超えると「高齢社会」、21％を超えると「超高齢社会」と定義されます。2024年時点で、日本では65歳以上の人口が全体の約29.3％を占めており、明確に超高齢社会に突入しています。

　この急速な高齢化の背景にはいくつかの要因が考えられます。まず、医療技術の進展による平均寿命の延伸が挙げられます。これにより、65歳以上の人口が増加しており、延命治療や尊厳死といった医療・倫理的な問題も浮上しています。また、少子化の進行が深刻化しており、若年人口が減少しています。2010年には出生数が死亡数を下回り、総人口も減少し始めました。人口に占める65歳以上の割合は2018年に28.1％に達し、2065年には38.4％に達すると予測されています。つまり、国民の2.6人に1人が65歳以上となり、さらなる高齢化が見込まれています。一方で、2043年をピークに高齢者人口そのものは減少に転じると予想されていますが、総人口の減少に伴い高齢化率は引き続き上昇する見通しで、国民の3.9人に1人が75歳以上となるとされています（内閣府, 2024）。

　このような急速な高齢化の進行は、**エイジズム**と呼ばれる高齢者に対する偏見や差別を引き起こしやすくなります。エイジズムとは、老化が人びとをより非魅力的、非生産的にするといった固定観念に基づいた偏見です（Butler, 1969）。医療や介護の現場では、高齢者が「無力で依存的な存在」と見なされるケースが存在します。具体的なエイジズムの例として、「高齢者は頑固だ」といったステレオタイプや、失敗や物忘れを年齢のせいにすることが挙げられます。これらの態度は、高齢者の尊厳や自立心を損ない、社会的排除を助長する危険性があります。

- 知識を使って問題を解く力
- 言葉や知識を覚えている力
- 経験を活かす力
- 具体的な事実や情報を思い出す力
- 学んだ知識を応用する力

- 新しい問題を解く力
- パターンを見つける力
- 情報を素早く処理する力
- 頭の中で情報を整理する力
- 想像力や柔軟な考え方

図 4-2　結晶性知能と流動性知能

　老年期の発達は、低下の一途をたどるというわけではなく、能力の種類によって異なる変化があります。例えば、知能については、過去に関する記憶力は一定レベルを維持することができます。知能は、**流動性知能**と**結晶性知能**の二種類に分けて考えられます（Horn, & Cattell, 1967）。流動性知能は、情報処理の速度や新しい環境に適応する能力で、青年期以降は徐々に低下していきます。一方、結晶性知能は、語彙力や理解力などの経験や学習によって得られる知識で、老年期まで比較的安定して成長を続けることが知られています。例えば、従来から積み上げてきた生活の知恵を活用することや、確立された知の継承などがあげられます。このように、すべての知的能力が加齢によって一様に低下するわけではなく、年齢を重ねることで得られる知識や洞察力も存在します。

（2）老年期と死の受容

　成人期の終わりには老年期が訪れます。老年期においては、エリクソンが示したように、「**統合性**」と「**絶望**」の葛藤が重要なテーマとなります。統合性とは、人生のすべてを受け入れ、過去の経験を肯定的に統合する能力です。

一方で、人生を後悔し、自己を受け入れられない場合には、絶望感が強まります。この絶望感は、老年期のうつ状態や心理的な不安定さにつながることがあり、社会的なサポートが重要となります。

(3) サクセスフル・エイジングと生涯学習

近ごろ、「サクセスフル・エイジング（成功した老い）」という概念が注目されています（Rowe & Kahn, 1997）。これは、老年期においても健康的かつ充実した生活を送り、社会的な役割を果たし続けることを目指す考え方です。サクセスフル・エイジングを実現するためには、身体的・心理的な健康を維持するだけでなく、社会的なつながりを持ち続けることが重要です。例えば生涯学習は、この過程において非常に有効であると言えるでしょう。**生涯学習**は、個人が生涯にわたって学び続けることを意味します（Faure, 1972）。成人期においても、学びを通じて新しいスキルや知識を習得し、社会での役割を維持したり、新たな役割を見つけたりすることができます。とくに、リタイア後に生涯学習に取り組むことで、社会的なつながりを保ち、精神的な充実感を得ることができると言われています。

(4) 余暇とウェルビーイング

余暇が人間の発達において中心的な役割を果たすことは重要であり、余暇活動は単なる人生の「食べ残し」（Kelly, 1983）のような、残り物としての時間の使い方ではなく、生活満足度を高める要素とされています。とくに老年期においては、余暇を仕事の代替としてではなく、ライフコース全体にわたる一貫した活動としてとらえることが、人生の充実感や幸福感、つまりウェルビーイングの維持に寄与します。

ウェルビーイング（well-being） とは、人生や生活に対する肯定的な感情や自己評価を指し、一般的には「人生満足感」や「幸福感」として表現されます。目標に向かって努力し、その達成が肯定的な感情をもたらす要因である一方で、老年期においては身体的・認知的な機能の低下が進むため、若年期と同様の目標を追求することが難しくなることがあります。このような加齢にとも

なう変化にどう対処し、ウェルビーイングを維持するかが重要な課題となります（Steptoe, Deaton & Stone, 2015）。

(5) 老年期の適応

バルテスが提唱した**補償を伴う選択的最適化**（selective optimization with compensation：SOC）**理論**は、老年期を含む人生全体を通じた発達における適応行動を説明する理論です（Batles, 1997）。この理論は、加齢にともなう身体的・認知的な変化や能力の低下に直面する中で、個人がどのようにして成功した老いを迎えるかに焦点を当てています（図4-3）。

1）選択（Selection）

選択は、人生のさまざまな段階で個人が達成したい目標を選び、それに集中するプロセスです。若年期から中年期にかけては、多くの目標を同時に追求することが可能ですが、加齢とともに身体的・認知的な制約が増えるため、限られた目標にリソースを集中させる必要が出てきます。老年期の目標にはキャリアや家庭生活よりも、健康維持や趣味、ボランティア活動などに注力するようになるかもしれません。

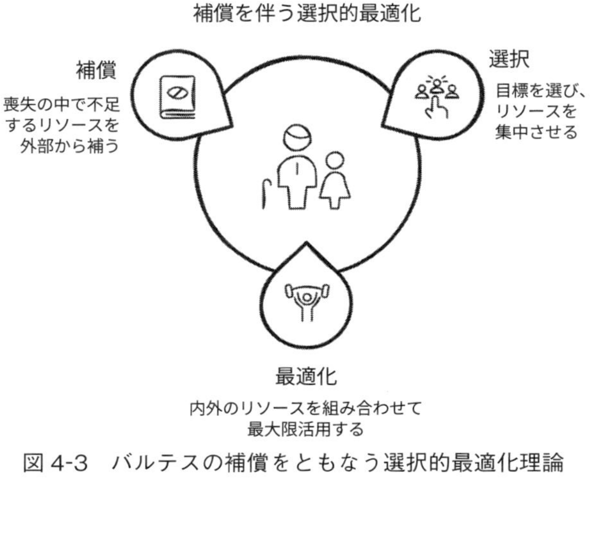

図 4-3　バルテスの補償をともなう選択的最適化理論

2）最適化（Optimization）

最適化は、選んだ目標を達成するために、自分の強みやリソースを最大限に活かすプロセスです。努力や練習、技術の向上、外部リソースの活用によって目標達成が可能になります。たとえば、趣味の活動に時間を費やしたり、健康維持のために運動を続けたりすることは、最適化の一環です。

3）補償（Compensation）

補償は、加齢による能力低下を補うための戦略です。例えば、視力が低下した場合、眼鏡や拡大鏡を使って読書を続けることができるように、補償によって以前のような活動が可能となります。ストレスを軽減するために、他者から得られる情報やサポートである、**ソーシャルサポート**（Cobb, 1976）を活用することも補償の一例です。

これらのプロセスを通じて、老年期においても個人は自立した生活を維持し、充実した人生を送ることが可能です。とはいえ、限られた資源を活用して目標に向かって働きかけることには限界があるかもしれません。例えば「おじいちゃん／おばあちゃんになりたい」と望み、子どもに結婚を催促したとしても、子どもは結婚を望んでおらず、働きかけすぎることによって、子どもとの関係性に亀裂が生じてしまうもしれません。あるいは、自分の低下していく体力に合わせて仕事がしたいと思っても、役職に就いてしまった以上、仕事の量を調整できないという状況が生まれたりもします。このように、どうにもならない複雑な状況の中で、折り合いをつけなければならないこともあるでしょう。とくに個人の選択肢が限られていたり、選択した目標の達成が困難である場合には、内面的な制御（二次的制御）が良好な発達を維持することにつながります。ヘックハウゼンとシュルツの**制御理論**（Control Theory）では、個人がどのように自己の環境や状況をコントロールするかに注目しました（Heckhausen & Schulz, 1995）。制御理論では、発達過程は一次的制御（直接的な環境の操作）と二次的制御（内的な適応）に分けられます。一次的制御は環境に対して積極的に影響を与える行動を指し、二次的制御は環境が変えられないときに自己の認知や感情を調整することを意味します。老年期というリソースが限られてくる時期には、リソースを選択しながら適応する方略のみな

らず、環境を変えられないときであってもいかに心理的に適応するかという視点も重要です（佐藤・髙山・増本, 2014）。

（6）老年的超越理論

スウェーデンの社会学者トーンスタム（Tornstam）が提唱した**老年的超越理論**では、老年期において個人が物質主義的・合理的な世界観から、より宇宙的・超越的な視点へと移行することが示されています（増井, 2016）。

老年期においては、自己の存在や命が過去から未来へと連なる大きな流れの一部であることを認識し、過去や未来の世代とのつながりを強く感じるようになります。この視点の変化は、老年期における身体的機能の低下や社会的役割の喪失を受容する助けとなり、死への恐怖を和らげる要因ともなります。老年期の個人は、過去の社会的役割や地位に対するこだわりが薄れ、対人関係も広がりから深まりへと変化していくことが一般的です。このような心理的変化は、まだ想像することしかできませんが、老年期にどんな発達が待ち受けているのか、楽しみに歳を重ねられるのではないでしょうか。

（7）死の受容

老年期においては、死の受容というテーマも避けられません。人はいつか死を迎えることを受け入れる必要がありますが、これには個人差があります。死の受容がスムーズに進む場合、老年期における心理的な安定感が増し、平穏な生活を送ることができると言われています。一方で、死の恐怖や後悔が強い場合、老年期は苦痛に満ちたものとなる可能性があります。

エリザベス・キューブラー＝ロスは、約200人の末期患者を対象にした調査をもとに、人が死を受け入れる過程を「**否認ー怒りー取引（とりひき）ー抑うつー受容**」という5段階モデルで説明しました。

死の受容プロセスの5段階
 1. 否認（Denial）
    最初の段階では、死に直面する人びとは事実を受け入れられず、大切な人との別れや苦しみへの恐怖に対して一時的に現実を否定します。

これは防衛機制としての役割を果たし、心を守るための反応です。
2. **怒り（Anger）**
「なぜ自分が？」という不公平感が強まり、怒りを感じる段階です。この怒りは、しばしば看護師や家族など周囲の人びとに向けられることがあります。
3. **取り引き（Bargaining）**
この段階では、患者は死を避けたり先延ばししたりできないかと願います。奇跡が起こることを期待し、神や運命と「取り引き」しようと試みることもあります。
4. **抑うつ（Depression）**
死が避けられないものであることを理解し、深い悲しみや絶望に囚われる段階です。患者は未来をあきらめ、失望感や無力感を感じることが増えます。
5. **受容（Acceptance）**
最終段階では、患者は死を避けられない現実として受け入れ、落ち着いた心で人生の終わりに向き合うようになります。この段階に到達すると、死を自然なプロセスとして受け入れることができるようになります。

このモデルは、必ずしもすべての人が順序通りに進むわけではなく、時には「否認」に戻ったり、「抑うつ」に再び陥ることもあります。一方で、この研究は末期患者を対象にしているため、一般の人びとにも適用するには限界があると指摘されています。

キューブラー＝ロスが活動を始めた当時、医療現場では、医師が末期患者に死について語ることはタブーとされていました。病院側は、死を宣告することで患者の生きる意欲が失われ、死期が早まると考えていたのです。その結果、患者の死への心の準備やケアがなおざりにされることが多く、死に対する恐れや不安が十分に解消されないまま過ごすことが多かったといいます。しかし、キューブラー＝ロスは、患者がむしろ自ら死について話したがっていると主張しました。そして、彼女は独自のセミナーを通じて、医療関係者にこの事

実を知らせ、末期患者との対話を促進しました。このセミナーでは、マジックミラー越しに医師や看護師が観察する中、末期患者に直接インタビューを行い、その内容を議論しました。この理論は、人が死を目前にした際にどのように心理的な反応を示すかを示唆しており、死生学の発展に大きく寄与しました。

〈コラム〉

　レジリエンスという言葉を耳にしたことがあるでしょうか。マスティンら（Masten, Best, & Garmezy, 1990）によると、レジリエンスは、困難あるいは脅威的な状況にも関わらず、うまく適応するプロセス、能力、あるいは結果のことと広く定義されています。レジリエンスは、個人の発達段階や状況を超え、生涯に渡り変動するダイナミックな現象としてとらえられています（Tusaie & Dyer, 2004）。芝崎（2023）は、成人期のADHDを自認する者を対象にインタビューを行い、友人や仕事のパートナーやADHDに関する情報、電子ツールといった外的リソースによって個人の能力を補償しながら、自分が納得できる環境を選択するというレジリエンスのプロセスを示しました。

　学校の成績や仕事の成果は、他者と比較した上での相対的評価に基づくものですが、レジリエンスという視点から、個人の発達を見つめると、その人だけの独自の強みや適応方法を見いだすことができるかもしれません。

〈確認問題〉
(1) エリクソンの発達段階理論によれば、前成人期には、＿＿＿と＿＿＿の葛藤が発生します。
　1. 自立、依存　2. 親密性、孤独　3. 誠実さ、疑念　4. 生殖性（世代性）、停滞
(2) エリクソンの発達段階理論によると、中年期の中心的な発達課題は＿＿＿と＿＿＿です。
　1. 親密性、孤独　2. 自立、依存　3. 生殖性（世代性）、停滞　4. 誠実さ、疑念

（3）次のうち、家族が発展し、変化していく過程を説明する概念として最も適切なものは＿＿＿です。

1. 家族ライフサイクル　2. 家族アイデンティティ　3. 家族コース　4. 家族システム

（4）40代から60代半ばにかけての時期、多くの人びとは＿＿＿＿＿に直面し、アイデンティティのゆらぎや、心理的なストレスや不安を感じることがあります。

1. 更年期　2. 喪失体験　3. クライシス　4. 中年期の危機

（5）職業に限らず、生涯にわたる広い意味でのキャリアのことを＿＿＿＿＿と呼びます。

1. ロング・コース　2. ライフ・キャリア　3. キャリア・デザイン　4. キャリア・コース

（6）老年期における発達課題は＿＿＿と＿＿＿です。

1. 統合性、絶望　2. 親密性、孤独　3. 自立、依存　4. 生殖性（世代性）、停滞

（7）結晶性知能に最も関連が深いのは、＿＿＿＿＿能力です。

1. 新しい状況で問題を解決する
2. 素早く情報を処理し、答えを導き出す
3. 空間的なパターンや形を認識する
4. 長年の経験や知識をもとに判断する

（8）以下のうち、バルテスの老年期の適応理論の中に含まれていないものは＿＿＿＿です。

1. 受容　2. 選択　3. 最適化　4. 補償

（9）加齢において、個人の生活の質や満足感を評価するための概念として、＿＿＿＿＿＿は身体的、精神的、社会的な健康を含む幅広い観点からの幸福感を指します。

1. レジリエンス　2. ワーク・ライフ・バランス　3. ウェルビーイング　4. サクセスフル・エイジング

（10）エリザベス・キューブラー＝ロスの「死の受容過程」における5つのス

テージに含まれないものはどれでしょうか？
1．拒否　2．怒り　3．許し　4．抑うつ

参考文献

Baltes, P. B. (1997). On the incomplete architecture of human ontogeny: Selection, optimization, and compensation as foundation of developmental theory. *American psychologist, 52*(4), 366.
Butler, R. N. (1969). Age-ism: Another form of bigotry. *The gerontologist, 9*(4_Part_1), 243-246.
Cobb, S. (1976). Social support as a moderator of life stress. *Psychosomatic medicine.*
Erikson, E.H. (1959). Identity and the Life Cycle. New York: W. W. Norton.（エリクソン, E. H. 西平 直・中島 由恵（訳）（2011）．アイデンティティとライフサイクル　誠信書房）
エリザベス・キューブラー・ロス：鈴木　晶（訳）：死の瞬間－死とその過程について．中央公論社, 2001
Faure, E. (1972). *Learning to be: The world of education today and tomorrow.* Unesco.
Hall, D. T. (1976). Careers in organizations. *Scott, Foresman.*
Heckhausen, J., & Schulz, R. (1995). A life-span theory of control. *Psychological review, 102*(2), 284.
Horn, J. L., & Cattell, R. B. (1967). Age differences in fluid and crystallized intelligence. *Acta psychologica, 26*, 107-129.
福丸由佳．(2000)．共働き世帯の夫婦における多重役割と抑うつ度との関連．家族心理学研究, 14(2), 151-162.
Kelly, J. R. (1983). *Leisure identities and interactions.* Routledge.
Kalliath, T., & Brough, P. (2008). Work-life balance: A review of the meaning of the balance construct. *Journal of Management & Organization,* 14(3), 323-327.
神原文子．(2007)．ひとり親家族と社会的排除．家族社会学研究, 18(2), 11-24.
Levinson, D. J. (1986). A conception of adult development. American psychologist, 41(1), 3.
内閣府(2024)．　令和6年版高齢社会白書（全体版）（PDF版）chrome-extension://efaidnbmnnnibpcajpcglclefindmkaj/https://www8.cao.go.jp/kourei/whitepaper/w-2024/zenbun/pdf/1s1s_01.pdf（2024年11月1日取得）
中釜洋子・野末武義・布柴靖枝・無藤清子(2008)．家族心理学──家族システムの発達と臨床的援助．(P27-29)．東京, 有斐閣
増井幸恵．(2016)．老年的超越．日本老年医学会雑誌, 53, 210-214.
Masten, A. S., Best, K. M., & Garmezy, N. (1990). Resilience and development: Contributions from the study of children who overcome adversity. *Development and psychopathology, 2*(4), 425-444.

松尾知明. (2012). 日本における多文化教育の構築 教育のユニバーサルデザインに向けて. 社会科教育研究, 2012(116), 45-56.

Mitchell, K. E., Al Levin, S., & Krumboltz, J. D. (1999). Planned happenstance: Constructing unexpected career opportunities. *Journal of counseling & Development, 77*(2), 115-124.

野沢慎司. (2021). ステップファミリーと「多様な家族」の限界 子どもの視点から壁を超える. 家族関係学, 40, 13-23.

岡本祐子. (1985). 中年期の自我同一性に関する研究. 教育心理学研究, 33(4), 295-306.

岡本祐子（1994）成人期における自我同一性の発達過程とその要因に関する研究. 風間書房, 東京

小野寺敦子. (2005). 親になることにともなう夫婦関係の変化. 発達心理学研究, 16(1), 15-25.

Orth, U., Robins, R. W., & Widaman, K. F. (2012). Life-span development of self-esteem and its effects on important life outcomes. *Journal of personality and social psychology, 102*(6), 1271.

Rowe, J. W., & Kahn, R. L. (1997). Successful aging. *The gerontologist, 37*(4), 433-440.

佐藤眞一, 髙山緑, & 増本康平. (2014). 老いのこころ ― 加齢と成熟の発達心理学. 有斐閣.

芝崎文子. (2023). ADHD を自認する成人のレジリエンスのプロセス 外的リソースの獲得・活用に着目して. 質的心理学研究, 22(1), 276-295.

Steptoe, A., Deaton, A., & Stone, A. A. (2015). Subjective wellbeing, health, and ageing. The lancet, 385(9968), 640-648.

高橋, 裕子 (2016). 老年心理学 (改訂版). 現代心理学シリーズ 14. 誠信書房.

Taskan, B., Junça-Silva, A., & Caetano, A. (2022). Clarifying the conceptual map of VUCA: a systematic review. *International Journal of Organizational Analysis, 30*(7), 196-217.

Tornstam, L. (1989). Gero-transcendcncc: A reformulation of the disengagement theory. *Aging Clinical and Experimental Research, 1*, 55-63.

Tusaie, K., & Dyer, J. (2004). Resilience: A historical review of the construct. *Holistic nursing practice, 18*(1), 3-10.

やまだようこ(2011)「『発達』と『発達段階』を問う：生涯発達とナラティヴ論の視点から」, 発達心理学研究, 22(4) 418-427

〈確認問題解答〉

(1) 2. 親密性、孤独　(2) 3. 生殖性（世代性）、停滞　(3) 1. 家族ライフサイクル　(4) 4. 中年期の危機　(5) 2. ライフ・キャリア　(6) 1. 統合性、絶望　(7) 1. 受容　(8) 4. 長年の経験や知識をもとに判断する　(9) 3. ウェルビーイング　(10) 3. 許し

第5章

学習理論の基礎と応用

松﨑敦子

　学習理論は、個体がどのようにして行動や知識を学び、環境に適応するかを体系的に説明する枠組みです。学習の基本メカニズムには、経験を通じた行動の変化、知識の獲得と応用が含まれ、これらは人間や動物にとって重要な適応手段となります。学習理論は、教育、行動療法、さまざまなトレーニングプログラムなどで広く応用され、個人のスキル向上や行動変容を促進するための基盤を提供しています。本章では、レスポンデント（古典的）条件づけとオペラント（道具的）条件づけを中心に、学習理論の基礎とその実践的な応用について詳しく解説します。

1. 学習理論

(1) 学習

　学習とは個体が経験を通じて行動や知識を変化させる過程であり、心理学において極めて重要なテーマです。学習の結果として得られた知識や行動の変化は、比較的長期間にわたり持続するのが特徴です。このプロセスは、人間や動物が環境に適応し、問題を解決し、新しいスキルを習得するための基本的なメカニズムであり、認知、行動、情動など多様な側面に影響を与えます。こうした学習の過程を体系的に説明し、生物がどのように新しい情報を習得し、それを適用するかについて理論的に枠組み化した**学習理論**は、教育、行動療法、社会的スキル訓練など、幅広い応用分野で活用されています。なお、学習を必要としない、遺伝的に決まっている本能的な行動（例えば反射や逃避など）の

ことを、生得的行動と言います。

(2) 非連合学習と連合学習

　非連合学習とは、単一の刺激に対して生じる学習の一形態であり、他の刺激との関連や結びつきをともなわない学習プロセスを指します。このプロセスでは、特定の刺激が繰り返し提示されることで、その刺激に対する個体の反応が変化します。

　この学習形態には、刺激に対する反応が減少する馴化(じゅんか)と、反応が増加する鋭敏化が含まれます。**馴化**とは、反復される刺激に対して個体の反応が次第に減少する現象です。例えば、背景音が最初は気になるものの、時間が経つにつれて慣れて気にならなくなる現象がこれに該当します。これは、生物が重要でない繰り返しの刺激を無視する能力を持つことを可能にします。一方、**鋭敏化**は、強い刺激を受けることで、その後に同じ刺激や類似の刺激に対する反応が過剰になる現象です。例えば、大きな音を一度聞いた後に、普段は気にならない小さな音に対しても過剰に反応する場合がこれに該当します。この現象は、危険や脅威を避けるための適応的な反応として機能します。

　連合学習とは、ある刺激と別の刺激または反応との間に結びつき（連合）が形成される**学習プロセス**を指します。この学習には、主に**S-R理論、レスポンデント（古典的）条件づけ、オペラント（道具的）条件づけ**が含まれます（詳細は後述）。

(3) S-R理論

　S-R理論とは学習理論の一つであり、環境からの刺激（Stimulus: S）に対して生物が特定の反応（Response: R）をする、というシンプルなモデルを説明しています。この理論は、主にジョン・B・ワトソンやエドワード・ソーンダイク、後にB.F.スキナーなどの行動主義心理学者によって発展しました。

　S-R理論は、生物の行動が内的な思考や感情ではなく、外的な環境からの刺激に対する反応によって決まると考えます。つまり、行動は刺激に対する直接的な反応であり、学習や行動の変化は刺激と反応の間に生じる連合によって成

立します。

　しかし、S-R理論は刺激と反応の関係に限定されているため、複雑な認知プロセスや内的な動機を説明するには不十分であると批判もされました。この点に関して、後にS-O-R理論（刺激－有機体－反応理論）などのモデルが提案され、内的な認知や感情も行動に影響を与えるという考えが取り入れられました。

（4）試行錯誤学習

　アメリカの心理学者**エドワード・ソーンダイク**は、動物行動の研究を通じて**試行錯誤学習**という概念を提唱しました（Thorndike, 1898）。これは、問題解決や学習がさまざまな行動を試みるプロセスを通じて行われるという理論です。とくに有名な実験に**パズルボックス実験**（Puzzle Box Experiment）があり、箱の中の猫がレバーを操作して脱出し、餌を得るまでの過程を観察するものでした。この実験を通じて、ソーンダイクは動物が最初は無作為にさまざまな行動を試し、その中で偶然に成功した行動を繰り返すことで学習が進行することを発見しました。

　ソーンダイクの学習理論の中心にあるのは**効果の法則**です。これは、ある行動が成功や報酬をもたらすと、その行動が強化され、将来的にも同じ状況で繰り返されるというものです。一方で、成功をもたらさない行動は、時間とともに排除されていきます。試行錯誤学習は、目的を持って意図的に行動するのではなく、行動の結果によって次に取るべき行動が自然に選ばれるという点で、認知的な学習（第4章）とは異なります。ソーンダイクは、学習が漸進的であり、試行を繰り返しながら徐々に進展すると考えました。この理論は、動物の学習だけでなく人間の行動にも応用され、教育や訓練の分野にも重要な影響を与えました。

　なお、B.F.スキナーはソーンダイクの理論を発展させ、行動とその結果の関係をより体系的に説明しました。これらの理論は、ともに行動がその結果に基づいて変化することを説明していますが、ソーンダイクは偶発的な学習過程（試行錯誤）に焦点を当て、スキナーは意図的に行動を操作できるプロセス（強

化と弱化）に焦点を当てている点で異なっています。

2. 行動の原理

(1) レスポンデント（古典的）条件づけ

　ロシアの生理学者イワン・パブロフが、犬の唾液分泌に関する実験を通じて発見した理論です（Pavlov, 1904）。この理論は、無条件刺激と中性刺激を結びつけることにより、行動がどのように変化するかを説明しています（図5-1）。**無条件刺激**（Unconditioned Stimulus：US）とは、学習をともなわずに自然に反応を引き起こす刺激のことで、パブロフの実験では、犬にとっての餌がこれに該当し、犬は餌を見るだけで唾液を分泌します。この反応を**無条件反応**（Unconditioned Response：UR）と呼びます。

　次に、学習の過程で使われる**中性刺激**（Neutral Stimulus：NS）とは、最初は何の反応も引き起こさない刺激を指します。パブロフの実験では、ベルの音が中性刺激に当たり、初めて聞いた時には犬は反応を示しませんでした。しかし、無条件刺激である餌と中性刺激であるベルの音を何度も対提示することで、犬は餌がなくてもベルの音だけで唾液を分泌するようになりました。この段階で、中性刺激は**条件刺激**（Conditioned Stimulus：CS）へと変化します。

図 5-1　レスポンデント条件づけ

つまり、もともと反応を引き起こさなかった刺激が、学習によって特定の反応を引き起こすようになるのです。そして、ベルの音に対して犬が唾液を分泌することを**条件反応**（Conditioned Response：CR）と呼びます。

この理論は、動物や人間の行動がどのように環境と結びつき、刺激に対する反応が条件づけされるかを示しています。レスポンデント条件づけは、恐怖反応や喜びなどの情動反応、さらには広告などでのブランドに対する感情的な反応の学習にも応用されています。

(2) 恐怖条件づけ

アメリカの心理学者ジョン・B・ワトソンらが行った**アルバート坊やの実験**は、パブロフのレスポンデント条件づけ理論を応用し、恐怖がどのように学習されるかを示した有名な実験です（Watson & Rayner, 1920）。実験では、生後9か月のアルバートに対し、中性刺激である白いネズミを提示しました。最初は、アルバートはネズミに対して恐怖を感じていませんでしたが、ネズミが提示されるたびに大きな音（無条件刺激）を鳴らすことで、アルバートに驚きと恐怖を感じさせました。こうして、白いネズミが提示されるだけで恐怖反応（条件反応）が引き起こされるようになったのです。

この実験は、恐怖が特定の刺激と結びつくことで学習されることを示しています。また、アルバートは白いネズミだけでなく、白いウサギや毛皮のコート、さらにはサンタクロースのひげなど、似たような刺激に対しても同様の恐怖反応を示すようになりました。この現象は**般化**と呼ばれ、条件づけられた恐怖が類似の刺激にも広がることを意味します。

ワトソンの恐怖条件づけの実験は、恐怖や不安がどのように学習されるかを理解する上で重要な知見をもたらし、後の行動療法や心理療法にも大きな影響を与えました。しかし、子どもに意図的に恐怖を与えたことから、倫理的な問題が指摘され、この実験は**実験倫理の重要性**を考えるきっかけともなりました。

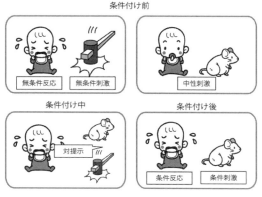

図 5-2　恐怖条件づけ

（3）オペラント（道具的）条件づけ

　アメリカの心理学者B.F.スキナーが提唱したオペラント条件づけは、**行動**がその**結果**によって制御されるプロセスを説明しています（Skinner, 2019）。この理論の中心には、**三項随伴性**（three-term contingency）というフレームワークがあります。これは、先行刺激（Antecedent: A）、行動（Behavior: B）、後続刺激（Consequence: C）の3つの要素から構成されます。

　先行刺激は、行動が発生する前に存在する出来事や状況を指し、行動が起こる際のきっかけや条件となるものです。例えば、信号が青になると歩行者が横断歩道を渡るように、先行刺激が行動の引き金となります。次に、**行動**とは、個体が先行刺激に対して行う特定のアクションを指します。

　最後に、**後続刺激**（結果）は、行動の後に続く出来事や状況を指し、この結果によって将来の行動の発生頻度が増減します。スキナーの理論は、行動の学習や修正を理解するための重要な枠組みとなっており、教育や行動療法などさまざまな分野で応用されています。

　刺激性制御とは、特定の行動が、特定の刺激の存在下で一貫して生じるようになることを指します。この刺激性制御は、行動が特定の刺激の下で強化（詳細は後述）され、別の刺激の下では強化されないことを繰り返すことで確立されます。一方、行動随伴性は、行動とその後に続く後続刺激（結果）との

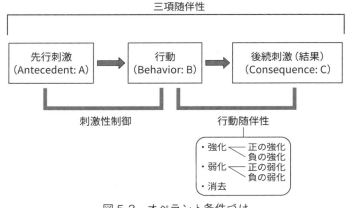

図 5-3　オペラント条件づけ

関係を示し、行動が特定の結果を引き起こすと、その結果が行動の頻度や強度に影響を与え、将来的にその行動が増大したり減少したりするというものです。

(4) 強化と弱化

オペラント条件づけは、行動がその結果（後続刺激）によってどのように変化し、特に行動の頻度や強度にどのような影響を与えるかを理解するための重要な概念です。この理論の中核的な要素には、正の強化、負の強化、正の弱化、負の弱化があります。

正の強化とは、特定の結果を提示・付加することによって、特定の行動の生起確率が増大するプロセスです。そして、この機能をもつ結果を**強化子**と呼びます。例えば、子どもが宿題を終えた後に褒められ、次に宿題が出されたときにより多くの宿題をするのであれば、「宿題をする」という行動が「褒められる」という結果（強化子）によって強化された、ということになります。**負の強化**とは、特定の結果を除去・減弱することによって、特定の行動の生起確率が増大するプロセスです。例えば、車のシートベルトを装着しないと警告音が鳴り続ける車がある場合、警告音を止めるためにシートベルトを装着するという行動が増大します。この場合、「シートベルトをする」という行動が「警

告音が止まる」という結果によって強化されたことになります。

　正の弱化とは、特定の結果を提示・付加することによって、特定の行動の生起確率が減少するプロセスです。この機能をもつ結果を**弱化子**と呼びます。例えば、犬が家具を噛(か)んだときに叱られると、その後、家具を噛む行動が減るかもしれません。この場合、「噛む」という行動が「叱られる」という結果（弱化子）によって弱化されたことになります。**負の弱化**とは、特定の結果を除去・減弱することによって、特定の行動の生起確率が減少するプロセスです。例えば、子どもがルールを破ったためにおもちゃを取り上げられると、今後はルールを守って（ルールを破らずに）遊ぶようになります。この場合、子どもの「ルールを破る」という行動が「おもちゃを取り上げられる」という結果によって弱化されたことになります。

(5) 強化スケジュール

　強化スケジュールとは、特定の行動に対して強化子を提示するタイミングや頻度を決定する規則のことを指します。このスケジュールによって、行動の学習速度や持続性が異なるため、適切な強化スケジュールを選ぶことが重要です。

1) **連続強化スケジュール**は、行動が行われるたびに強化子が与えられるスケジュールです。例えば、犬が「お手」をするたびに餌（強化子）を与えるケースがこれに該当します。この方法は、新しい行動を速やかに学習させる効果があります。しかし、このスケジュールには、強化が突然止まるとその行動が消失しやすいという特徴があります。

2) **間欠強化スケジュール**は、行動が毎回強化されるのではなく、特定のパターンに従って強化されます。以下のような種類があります。

　①**固定比率強化スケジュール**（fixed-ratio: FR）は、一定回数の行動が行われた後に強化子が与えられるスケジュールです。例えば、100枚の封筒を折るごとに報酬が支払われる仕事がこれに該当します。行動が比較的速く強化されますが、強化後には「強化後休止」という一時的な休止が見られることがあります。

②**変動比率強化スケジュール**（variable-ratio: VR）は、行動の回数が一定ではなく、平均的に数回ごとに強化子が与えられるスケジュールです。たとえば、スロットマシンの仕組みがこれに当たります。プレイヤーが何度操作するかに関わらず、一定の確率で報酬が与えられ、結果として平均的に一定の回数で強化されるというものです。このスケジュールは、強化を得るためにどれくらいの行動が必要かがわからないため、行動が非常に高頻度で安定しやすく、強化が止められた後でも行動が持続しやすい消去抵抗が強いのが特徴です。

③**固定時隔強化スケジュール**（fixed-interval: FI）は、一定の時間が経過すると強化子が与えられるスケジュールです。例えば、毎月の給料の支払いがこの例です。時間が経過するごとに報酬を得られ、強化の時間が近づくと行動の頻度が上昇する傾向があります。

④**変動時隔強化スケジュール**（variable-interval: VI）は、不定の時間間隔で強化子が与えられるスケジュールです。例えば、釣りにおいて魚が釣れるタイミングは予測できませんが、釣り続けることで不定期に魚が釣れ、その行動が強化されます。強化がいつ起こるか予測しにくいため、行動が一定のペースで持続しやすい特徴があります。

(6) 消去

学習理論における概念で、レスポンデント条件づけやオペラント条件づけにおいて、生起していた行動が、対提示または強化されなくなることで次第に弱まり、最終的に消失するプロセスを指します。

レスポンデント条件づけでは、条件刺激（CS）に対して条件反応（CR）が起こりますが、条件刺激が無条件刺激（UCS）と結びつかなくなると、条件反応が徐々に弱まります。例えば、パブロフの犬の実験では、ベルの音（CS）が鳴っても餌（UCS）が与えられなくなると、犬は次第にベルの音に対して唾液を分泌しなくなります。これが「消去」のプロセスです。

オペラント条件づけでは、行動に対する強化子が提示されなくなると、その行動の頻度が減少します。例えば、「ラットがレバーを押すと餌が出てくる」

という強化が止まると、ラットは次第にレバーを押さなくなります。このように、強化が行われないと行動は弱まり、最終的に消失します。ただし、この**消去手続き**が開始されると、一時的に行動が増加する場合があり、これを**消去バースト**と呼びます。例えば、いつもおもちゃを買ってもらえていた子どもが買ってもらえなくなると、一時的に泣き声やわがままが増えますが、最終的にはその行動が消失するのです。消去は、望ましくない行動を減らすための重要な手法であり、行動療法や教育現場でも応用されています。

(7) 般化

学習された反応や行動が、特定の刺激だけでなく、それに似た他の刺激にも広がる現象を**般化**といいます。これは、ある刺激に対して学習された反応が、その刺激に似た別の刺激にも同様に発生することで起こります。例えば、レスポンデント条件づけにおいて、犬がベルの音に反応して唾液を分泌することを学習した場合、異なる周波数のベルの音にも唾液を分泌することがあります。これが刺激の般化です。

オペラント条件づけにおいても、特定の状況下で学習された行動が、類似した環境や状況においても繰り返されることがあります。例えば、子どもが特定の教師の指導のもとで学んだ行動が、別の教師や異なる教室の環境でも発揮される場合です。このように、般化は学習を広く応用するための重要なプロセスであり、環境の変化に適応するための柔軟性を示しています。

3. 行動の変容方法

(1) 系統的脱感作法

南アフリカ出身の心理学者ジョセフ・ウォルピによって1950年代に開発された行動療法の技法で、不安症や恐怖症の治療に用いられます（Wolpe, 1961）。この手法の基本的な考え方は、レスポンデント条件づけの原理を利用して、恐怖や不安を引き起こす刺激に徐々に慣らしていくことで、不安反応を減少させるというものです。

表 5-1　不安階層リストの例（犬恐怖症：犬に対する過度の恐怖や不安反応）

	場面	SUD
1	犬を時々撫でながら 5 分間一緒に過ごす	100
2	犬の背中や頭を手で触る	90
3	飼い主の手を通して犬を軽く撫でる	80
4	犬の名前を呼ぶ	70
5	犬の顔を正面から見る	60
6	リードにつながれた犬の近く（2 m 以内）で 3 分間過ごす	50
7	だっこされている犬の近く（2 m 以内）で 1 分間過ごす	40
8	3 m 離れたところから犬を見る	30
9	公園で犬を遠くから見る	20
10	犬の写真や動画を見る	10

＊ Subjective Unit of Disturbance（SUD）は、日本語で「主観的苦痛度」と訳され、個人が感じる不安や苦痛の程度を、0 から 10 などのスケールで主観的に評価する指標です。

　系統的脱感作法の治療プロセスは、大きく 3 つの段階に分けられます。まず、患者は**リラクゼーション技法**（筋弛緩法や呼吸法など）を学びます。次に、患者が恐怖や不安を感じる状況を軽度から重度までの階層に分けた**不安階層リスト**（表5-1）を作成します。そして、患者は最も軽度の不安から順に、リラクゼーション状態を保ちながら不安の原因となる状況を体験し、段階的に恐怖や不安にさらされます。このプロセスを通じて、患者はリラックスした状態で恐怖刺激に対する慣れを形成し、最終的には強い恐怖刺激にも適切に対処できるようになることが期待されます。

(2) プログラム学習

　1950 年代にアメリカの心理学者**B.F. スキナー**が提唱したこの学習方法は、オペラント条件づけの理論に基づいて設計されており、学習者が自分のペースで段階的に学習を進められる、体系的なアプローチです。プログラム学習では、教材が一連の小さなステップに分けられており、学習者は各ステップで正しい解答や反応を行うことで、次のステップに進むことができます。さらに、誤答が発生した場合、その場でフィードバックが提供されるため、学習者は間

違いを修正し、再度学習する機会が与えられます。

　プログラム学習はとくに、自動化された教材やコンピュータを使用する教育に適しており、個別学習を可能にします。また、この方法は反復と強化を通じて学習効果を高めることを目指しており、学習者が自らの理解度を確認しながら次の段階へ進むことで、効率的な学習が実現されます。

(3) シェイピング

　シェイピングとは、標的とする行動が達成されるまで、その行動に徐々に近づく一連の行動を分化強化していく方法です。**分化強化**とは、特定の状況下で目標とする行動のみを強化し、それ以外の行動は強化しない手続きです。シェイピングを行う際には、まず現在の行動の中から標的行動に最も近い行動を見つけ、その行動を強化します。この強化によって、対象者はその行動をより頻繁に示すようになります。

　次に、その行動の強化をやめることで**消去バースト**が起き、新たな行動が現れます。この時、標的行動にさらに近い新しい行動を強化します。このプロセスを繰り返すことで、対象者は徐々に標的行動に近づく行動を示すようになります。例えば、犬に輪をくぐる行動を教える場合、最初は輪に近づく行動を強化し、次に頭を輪に入れる動作、最終的に輪を完全に通り抜ける行動に至るまで、各ステップで分化強化を行うことで、複雑な行動を習得させることが可能になります。

(4) 応用行動分析学（Applied Behavior Analysis: ABA）

　応用行動分析学（ABA）とは、人間や動物の行動を観察し、その行動の発生頻度や強度などを変化させるために科学的手法を用いる学問です。ABAの基本的なプロセスは、行動を観察し、その行動を引き起こす環境要因や随伴性を分析することです。これにより、行動変容を目指した具体的な介入プログラムを作成し、先行刺激や後続刺激を操作することで、望ましい行動を増加させ、問題行動を減少させることができます。

　ABAは教育現場や企業の従業員教育、パフォーマンス管理、ヘルスケア、

リハビリテーションなど幅広い分野で活用されていますが、とくに自閉スペクトラム症や行動障害の治療においてその効果が示されています。例えば、子どもに特定のスキルを教えるためにシェイピングや強化スケジュールといった技術を使用し、段階的に目標行動に到達させる方法があります。また、消去やタイムアウト（望ましくない行動をした際に、その行動を減少させるために一時的にその人を特定の環境から隔離する手法）などの方法は、問題行動の減少に効果的です。

ABAの効果は科学的に立証されており、個々のニーズに合わせた介入が可能です。行動の変化がデータによって客観的に評価されるため、成果を確実に測定できる点もABAの特徴です。

(5) オレ・アイヴァー・ロヴァース（Ole Ivar Lovaas）

ロヴァースはアメリカの心理学者で、カリフォルニア州立大学ロサンゼルス校（UCLA）の教授を務め、**自閉スペクトラム症**（ASD）の子どもに対する介入研究の先駆者として知られています。ロヴァースは応用行動分析学（ABA）を基盤にした支援方法を開発し、**早期集中行動介入**（Early Intensive Behavioral Intervention: EIBI）の重要性を強調しました。この方法は、幼少期に集中的な療育を行うことで、ASD児の知的能力、言語発達、および社会的スキルの向上に大きな効果があるとされています。

彼の研究でとくに有名なのが、1960年代から70年代にかけて行われたロヴァース法です（Lovaas, 1987）。この方法は、1対1の個別指導を通じてASD児に言語や社会的行動を教え、段階的に行動を強化していくものでした。具体的には、望ましい行動を促進するために正の強化を用い、学習過程を細かく分けて指導する手法を取りました。このようなアプローチは、現在でも多くの療育プログラムの基盤として活用されています。

(6) トークン・エコノミー

行動療法や教育現場で用いられる強化システムで、頻度の低い望ましい行動を増やし、望ましくない行動を減らすことを目的としています。対象者が望

ましい行動を行うと、直後に**トークン**（例えば、スタンプやシール）が与えられ、これを後で**バックアップ強化子**（例えば、おもちゃや食べ物、活動）と交換することができます。バックアップ強化子とは、実際の報酬で、トークンと交換することで得られるものです。このトークンは、バックアップ強化子と結びついた**条件性強化子**であり、それ自体は強化効果を持たなくても、他の強化子と関連づけられることで強化子として機能する役割を果たします。トークンは、望ましい行動を行ったときにのみ獲得でき、バックアップ強化子はトークンとの引き換えでのみ得られます。これにより、対象者は望ましい行動を促進し、望ましくない行動を抑制するための動機づけを得られます。また、即時のトークン提供が行動のフィードバックとなり、長期的な報酬（バックアップ強化子）と結びつくことでモチベーションが維持されやすくなります。

この手法は、具体的で明確な行動目標を設定しやすく、行動の改善が目に見える形で確認できるという利点があります。また、個々のニーズに合わせてバックアップ強化子をカスタマイズできるため、さまざまな場面で柔軟に適用することが可能です。

(7) ペアレントトレーニング

ペアレントトレーニングとは、障害や問題行動を持つ子どもの保護者が、子どもに対する適切な関わり方を学ぶための教育プログラムです。このトレーニングの基本的なアプローチは、多くの場合、応用行動分析学（ABA）に基づいています。保護者は、正の強化を用いる方法や、問題行動に対して一貫した対応を取るテクニックを学びます。具体的には、褒めることや強化子を与えること、問題行動を消去し、タイムアウトを活用するなどの手法が用いられます。保護者がこれらの知識や技術を日常生活で効果的に活用することで、子どもの行動の改善が期待されます。

また、ペアレントトレーニングでは、保護者自身のストレス管理や、育児に対する自信を高めるためのサポートも行われます。保護者が適切な対応法を身につけることで、子どもとのコミュニケーションが円滑になり、親子関係の改善にもつながることが期待されています。

〈コラム：応用行動分析学に基づく早期発達支援〉

　自閉スペクトラム症（ASD）の有病率は年々増加しており、米国疾病管理予防センター（CDC）の報告によれば、2020年には2.76％に達しています（Maenner et al., 2023）。ASD児の発達を促進するための支援方法は多くの研究で検討されており、中でもペアレントトレーニングの実施が、子どもの認知機能や言語、社会性の向上に効果があることが示されています。しかし、日本においては、専門機関への受診予約に半年ほどかかることが多く、その間に早期介入のタイミングを逃すリスクがあります。また、トレーニングを実施する施設が限られていることや、費用負担が大きいことなどから、参加を希望する保護者が断念せざるを得ないといった問題も存在しています。

　このような問題に対応するため、著者らはASD児の保護者向けにデジタル技術を活用した「アプリを用いたペアレントトレーニング」を開発し、その効果を異なる集団や条件下で検証してきました。近年では、生後10か月から始めるASDリスク児向けの介入プログラムや、在胎週数32週未満の早産児に対する予防的介入プログラムも開発し、その有効性を多角的に検討しています（松﨑ら，2024）。

〈確認問題〉
1）学習は何によって変化するプロセスですか。
2）非連合学習に含まれる2つのプロセスはどれですか。
3）ソーンダイクの「効果の法則」に基づく学習では、何が強化されますか。
4）パブロフの実験において、餌は何として機能しますか。
5）系統的脱感作法で患者が最初に習得するものは何ですか。
6）行動随伴性とは何と何との関係を示しますか？
7）S-R理論で「R」は何を指しますか。
8）パブロフのレスポンデント条件づけにおいて、中性刺激は何に変化しますか。
9）スキナーのオペラント条件づけでは、行動は何によって制御されますか。
10）シェイピングの目的は何ですか。

〈選択肢〉

経験　本能　遺伝　馴化　条件づけ　鋭敏化　反射　反応　行動　成功した行動　無条件刺激　条件刺激　中性刺激　無条件反応　条件反応　先行刺激　結果　後続刺激（結果）　リラクゼーション技法　不安階層　強化スケジュール　望ましい行動を形成すること　条件反応を形成すること

引用文献

Lovaas, O. I. (1987). Behavioral treatment and normal educational and intellectual functioning in young autistic children. *Journal of consulting and clinical psychology, 55*(1), 3-9.

Maenner, M. J., Warren, Z., Williams, A. R., Amoakohene, E., Bakian, A. V., Bilder, D. A., Durkin, M. S., Fitzgerald, R. T., Furnier, S. M., Hughes, M. M., Ladd-Acosta, C. M., McArthur, D., Pas, E. T., Salinas, A., Vehorn, A., Williams, S., Esler, A., Grzybowski, A., Hall-Lande, J., Nguyen, R. H. N., ... Shaw, K. A. (2023). Prevalence and characteristics of autism spectrum disorder among children aged 8 years - Autism and Developmental Disabilities Monitoring Network, 11 Sites, United States, 2020. *Morbidity and mortality weekly report. Surveillance summaries (Washington, D.C. : 2002), 72*(2), 1-14.

松崎敦子・中村晃子・西田佳史・井上健・出口貴美子 (2024). 自閉スペクトラム症疑い児の発達的特徴〜生後10ヶ月および18ヶ月時の経時的調査からわかること. 日本発達心理学会第35回大会. 大阪.

Pavlov, I. (1904). Physiology of digestion. In *Nobel lectures: Physiology or medicine* (pp. 141-155). Elsevier.

Skinner, B. F. (2019). *The behavior of organisms: An experimental analysis*. BF Skinner Foundation.

Thorndike, E. L. (1898). Animal intelligence: An experimental study of the associative processes in animals. *The Psychological Review: Monograph Supplements, 2*(4), i-109.

Watson, J. B., & Rayner, R. (1920). Conditioned emotional reactions. *Journal of experimental psychology, 3*(1), 1-14.

Wolpe, J. (1961). The systematic desensitization treatment of neuroses. *The Journal of nervous and mental disease, 132*(3), 189-203.

〈確認問題解答〉

1) 経験　2) 馴化、鋭敏化　3) 成功した行動　4) 無条件刺激　5) リラクゼーション技法　6) 行動、後続刺激（結果）　7) 反応　8) 条件刺激　9)

結果　10）望ましい行動を形成すること

第6章

認知的な学習理論

麻生良太

　第5章でも述べられてきたように、20世紀前半は、主に学習とは行動の変容であり、それは刺激と刺激あるいは刺激と反応の連合であるととらえ、研究が進められてきました。一方、この考えだけでは学習を説明できないと考える研究者も多く存在していました。この章では、現在の認知的な学習理論に影響を与えた考えをとりあげていきます。また、後半では学習を促進する条件についてもとりあげます。

1. 20世紀前半の認知的な学習理論

(1) ケーラーの洞察学習

　ケーラー（Köhler, 1917）は、チンパンジーの問題解決に関する研究から、**洞察**によって行動を獲得していることを見いだしました。例えば、高いところにあるバナナを取るために、チンパンジーは突然、箱をいくつか重ねたり、棒を道具として使ったりできることが観察されました（図6-1）。

　この高いところにあるバナナをとるまでの過程において、チンパンジーの学習は、試行錯誤によって刺激と反応の結合が少しずつ強まることによって成立したのではありません。また、一度成功すると同様の場面では確実に同じ行動を起こすことから、

図6-1　ケーラーの実験の様子
(kohler, 1917 宮沢 1962)

ケーラーはチンパンジーにとってその場面全体が見通され、その中にあるもの（例えば箱や棒）が目的との機能的関連を持ったためと考えました。つまり、洞察によって場面の再構造化がなされたと考えたのです。このような学習の過程を**洞察学習**と呼びます。

(2) トールマンのサイン・ゲシュタルト説と潜在的学習

　トールマン（Tolman）も20世紀前半に認知的な側面を重視し、その後の認知心理学の誕生・発展に大きな影響を与えています。トールマンは学習を環境の認知の変化としてとらえる立場をとり、**サイン・ゲシュタルト説**を提唱しています。

　サイン・ゲシュタルト説は、トールマンと共同研究者のホンジク（Tolman & Honzik, 1930）の**迷路学習**の実験を通じて明らかにされました。彼らはネズミの迷路学習において、分岐点が14か所あるT迷路を用意しました（図6-2）。そしてネズミを①迷路のゴールに到達すると報酬を与えられるグループ

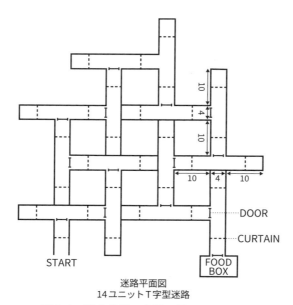

図6-2　潜在学習の実験に用いられた迷路

(HR（空腹－報酬あり）群)、②ゴールに到達しても報酬を与えられないグループ（HNR（空腹－報酬なし）群）、そして③10日目までゴールに到達しても報酬がなく、11目からゴールに到達すると報酬を与えられるグループ（HNR-R（空腹－報酬なし後報酬あり）群）に分け、報酬の効果、つまり報酬によってどのように誤反応数やゴールまでの所要時間が変化するかを検討しました。

　実験の結果、HNR-R群は報酬を与えられると、急激に誤反応数が減ることがわかりました（図6-3）。この結果からトールマンとホンジクは、ネズミは報酬を与えられていない間も、まったく学習をしていないわけではなく、迷路の構造に関する地図（**認知地図**）を内的に構成していると考えました。そして、報酬を与えられることにより、ゴールに到達するという手段と報酬を得るという目的が結びつき、潜在的であった学習（認知地図）が顕在化してゴールを目指すようになったのだと解釈し、このような学習を**潜在学習**と呼びました。

　つまり、サイン・ゲシュタルト説を踏まえると、学習とは刺激と反応の単なる結びつきではなく、手段や刺激（sign）と生体にとって意味のある目的や目標対象（significate）が一体的に結びつく過程だという考えになります。

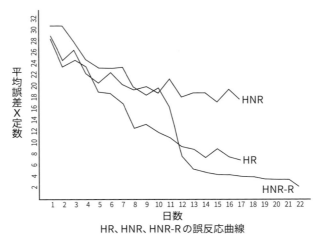

HR、HNR、HNR-Rの誤反応曲線

図6-3　潜在学習の実験結果

(3) レヴィンの場の理論

レヴィン（Lewin）は、人の行動をB=f（P・E）で表されるとしました（Lewin, 1935）。ここでBは行動（Behavior）、fは関数（Function）、Pは人格・個性（Personality）、Eは環境（Environment）です。人の行動はPだけでなく、Eすなわち周囲の状況や集団の規制、人間関係、そして風土などの環境の影響も受けると考え、**場の理論**を提唱しました。レヴィンの場の理論は、組織等の集団内での人の行動を説明する際に用いられることが多いです。

2. 社会的学習

第3章で取り上げられている条件づけや前節の学習理論は、学習者が**直接経験**することで学習が起こるという前提があります。しかし、現実には他者の体験を見聞きする、いわゆる**間接体験**や、他の生活体（他者）との相互作用の中で行われる学習の形態もあります。また、学習内容も具体的な行動だけでなく、社会規範や態度、価値観などの学習もあります。こうした学習のやり方や内容を他者と介して行われる学習を**社会的学習**と呼びます。

社会的学習には他者（モデル）の行動（**モデリング**）を観察するだけで新しい行動が学習される**観察学習**と、モデルの行動を観察し、その行動を繰り返すことで学習される**模倣学習**があります。

(1) バンデューラのモデリング理論

バンデューラ（Bandura）は、社会的学習とは、直接的な報酬や罰がなくても、またモデルの行動を繰り返さなくても、モデルの行動（モデリング）を観察するだけで新しい行動が学習されることであると考え、「**ボボ人形実験**」を行いました（Bandura, 1965）。

この実験では、まず、幼児期の子どもたちにモデルの大人がボボ人形を攻撃するビデオを見せます。次に、子どもたちを3つのグループに分け、それぞれ異なる結末が訪れるビデオ（①モデルが別の大人から褒められる【代理報酬群】②モデルが別の大人から叱られる【代理罰群】③モデルが褒められも叱

られもしない【統制群】）を見せます。そして最後にすべてのグループの子どもを遊戯室へ連れて行き、自由に遊んでいいと言われ（無誘因条件）、ビデオと同じ攻撃行動がどの程度現れるかを観察します。

　また、自由遊びの後、子どもたちは、ご褒美をあげるのでモデルの攻撃行動を積極的にまねするよう促されました（正誘因条件）。これは自由に遊ぶよう言われた子どもがモデルの攻撃行動を実行しなかったのは、観察学習が成立していなかったからなのかを検討するためです。

　その結果（図6-4）、モデルの攻撃行動を見た後の子どもの攻撃行動は、自由に遊ぶよう言われた場合は、代理罰群で攻撃行動が抑制されることがわかりました。また、この代理罰群に限らず、どの群もモデルの攻撃行動をするよう積極的に促してみると、正しく実行できました。つまり、どの群も観察学習は成立していたことがわかりました。

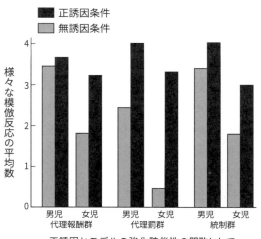

図6-4　観察学習における代理報酬、代理罰および誘因の効果

(2) 社会的学習理論

上記の実験などから、バンデューラは観察学習を説明するための理論である**社会的学習理論**を提唱しました（Bandura, 1971）。

社会的学習理論によると、観察学習が成立するためには、4つの過程があるといいます（図6-5）。

まずは**注意過程**です。観察学習が成立するためには、学習者はモデルの行動に注意を向け、観察しなければなりません。次に**保持過程**です。モデルの行動をまねるためには、その情報を記憶に保持しなければ、後に実行することはできません。3つめの過程は**運動再生過程**です。モデルの行動に注意を向け、情報を記憶し保持したとしても、それを再生するための運動技能がなければ、まねすることはできません。そして最後は**動機づけ過程**です。モデルの行動を潜在的に学習していても、実行するか否かは学習者の動機が影響します。ボボ人形実験においても、代理罰群の子どもたちはご褒美をあげるのでモデルの攻撃行動を実行するよう促されると実行することができました。

この4つの過程は学習における認知過程を重視していると言えるでしょう。

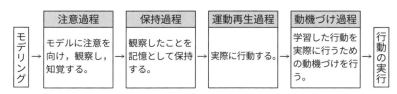

図6-5　社会的学習理論における観察学習の成立過程

(3) ナチュラル・ペダゴジー理論

2000年代に入り、乳幼児の社会的学習として、チブラとガーガリが提唱している**ナチュラル・ペダゴジー理論**が注目されています。チブラとガーガリ（Csibra & Gergely, 2009）によると、他者（主に養育者）とコミュニケーションを取ることと、他者から学習することは密接に関係していると言います。養育者と子どものコミュニケーションでは、話し手である養育者が目線を合わせるなどの意図明示的手がかりを発し、次に行う行動の伝達意図を子どもに伝えます。子どももまたこの手がかりに対して敏感に反応します。つまり、乳幼児

は意図明示的手がかりが含まれる他者の行動を、自分に学習すべきことを伝えようとしていると解釈しているのです（Csibra, 2010）。

　チブラとガーガリは、言語を含めた文化的知識や技能などは、ナチュラル・ペダゴジー理論において主張しているように、他者とのコミュニケーションを通じて学習していると述べています。

3. 学習を促進するもの

この節では、学習を促進するさまざまな考えについて述べていきます。

(1) レディネス

レディネスとは、ソーンダイクが提唱した概念です。ソーンダイクは学習が効率的に成立するためには、学習者の成熟や経験、新たな学習をする前の学習状況などの準備が整っている必要があるとし、それをレディネスと呼びました。

(2) 学習曲線とプラトー（高原現象）

　学習が成立するだけでなく、学習の習熟・熟達、とくに、感覚系と運動系との協応の習熟を目指した技能学習においては練習の繰り返しは必要不可欠です。ピーターソン（Peterson, 1917）は、学生にボールをキャッチする技能学習を200回行わせ、その失敗数と連続でキャッチした数を記録しました。すると、最初は失敗数が圧倒的に多かったのですが、初期の段階で失敗数は急激に減少しました。また、連続でキャッチした数は回数を重ねるごとに増加しました。このように技能学習の回数にともなう成績の変化を示すグラフを**学習曲線**といいます。

　学習曲線にはもう1つ面白い現象があります。回数を重ねていくと、途中で成績が変化しない時期が必ず出てくるのです。この学習の習熟が停滞する部分をプラトー（高原現象）と言います。いわゆるスランプです。

（3）学習の転移

例えば英語を習得した人は、類似性の高いドイツ語やフランス語を習得することは比較的容易だと考えられます。こうしたある経験や学習が後の学習に影響を与える現象を**学習の転移**といいます。学習の転移には前の学習が後の学習を促進する**正の転移**と、日ごろ右ハンドルで自動車を運転している人が左ハンドルで運転する自動車に乗った場合に運転を誤るといった、前の学習が後の学習を妨害する**負の転移**があります。

上記で述べた転移は課題間で起こる学習の波及ですが、技能学習の転移については、ある筋肉系の学習が他の筋肉系の学習を促進することが知られています。これを**両側性転移**といいます。これを調べる実験が鏡映像描写課題です（Underwood, 1949）。これは2重線で書かれた星形の図形を鏡に映し、鏡に映った手を見ながら線の内側をたどり、その所要時間を測るという課題です。最初2試行を利き手で練習しそれをベースラインとします。その後、1試行から10試行まで、3つの群に分けて実施します。第1群はすべて利き手で行います。第2群は非利き手で行います。第3群は休憩します。その後、11試行から13試行は利き手で行います。

結果は図6-6に示しています。第1群のずっと利き手の成績がいいのは当然ですが、非利き手で練習した第2群は、休憩していた第3群よりも11試行か

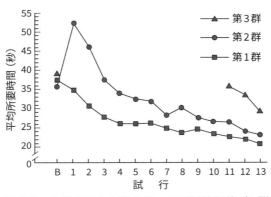

図6-6　非利き手から利き手への両側性転移（3群の平均所要時間）

ら13試行の成績がいいことがわかります。これは非利き手の学習が利き手に転移したことを示しています。

(4) 適性処遇交互作用

学習者の学習特性（知能、認知スタイル、既有知識、パーソナリティ）によって最適な教授法（指導方法や教材）が異なると考えることを**適性処遇交互作用**といいます（Cronbach, 1957）。適性とは学習者の学習特性、処遇は教授法のことです。

Snowら（Snow, et al., 1965）の大学生の初等物理学の授業を対象とした研究では、2つのグループに分けられた大学生のうち、一方には教師による通常の授業が、もう一方には映像による授業が実施されました。同時に、物理学の小テストとともに、対人積極性などの適正検査も行われました。単純に2つのグループの小テストの得点を比較しても差はありませんでしたが、対人積極性でグループ分けをしたところ、対人積極性が高い大学生は、教師による授業において高い得点を取り、低い大学生は映像による授業で高い得点を取っていました。

〈コラム〉

学習したことを現実生活の問題発見や解決に生かしていくために、教科横断的な学習が推進されています。教科横断的な学習においては、教科横断的な問いを見つけ、探究しながら解決していくとともに、各教科等で求められる資質能力も高めていくようなカリキュラム・マネジメントを行う必要があります。例えば、藤井・西口・麻生・伊東（2023）は、総合的な学習の時間において、地域で扱っている"蚕の飼育"から「蚕はどうやって育つのだろう？」という教科横断的な問いを立て、その問いを各教科（国語、図画工作、理科、算数、社会、総合的な学習の時間）の学習を通して探究し、その成果をさまざまな形で表現・評価するという実践を紹介しています。

教科横断的な学習を進めるためには、各教科の学習内容をその教科の中で閉じてしまわずに、他教科の学習内容と関連づけることが必要です。また、個

人で学習を進めるだけではなく、協調学習のように他者との対話を通じて進めていくことも重要になります。

〈確認問題〉
○ 学習が試行錯誤によって成立したのではなく、その場面全体が見通され、その中にあるものが目的との機能的関連を持ったために成立した学習の過程を（①）と呼ぶ。
○ トールマンは、部分的な手段や刺激と生体にとって意味のある目的や目標対象が一体的に結びつく過程が学習であるとして、（②）を唱えた。
○ レヴィンは、人の行動は個人の人格や特性だけでなく、周囲の状況や集団の規制、人間関係、そして風土などの環境の影響も受けると考え、（③）を提唱した。
○ バンデューラは、直接的な報酬や罰がなくても、またモデルの行動を繰り返さなくても、モデルの行動（④）を観察するだけで新しい行動が学習されることであると考えた。
○ （⑤）には他者（モデル）の行動を観察するだけで新しい行動が学習される観察学習と、モデルの行動を観察し、その行動を繰り返すことで学習される模倣学習がある。
○ 養育者と子どものコミュニケーションにおいて、乳幼児は意図明示的手がかりが含まれる他者の行動を、自分に学習すべきことを伝えようとしていると解釈し、学習をするという考えを（⑥）と呼ぶ。
○ 学習を促進するためには、学習者の成熟や経験、新たな学習をする前の学習状況などの準備が整っている必要があるという考えを（⑦）と呼ぶ。
○ 学習曲線において回数を重ねていく中で学習の習熟が停滞する部分を（⑧）という。
○ ある経験や学習が後の学習に影響を与える現象を（⑨）という。
○ 学習者の学習特性によって最適な教授法が異なると考えることを（⑩）という。

〈選択肢〉

プラトー　場の理論　モデリング　ナチュラル・ペタゴジー理論　サイン・ゲシュタルト説　学習の転移　適性処遇交互作用　洞察学習　社会的学習　レディネス

引用文献

Bandura, A. (1965). Influence of models' reinforcement contingencies on the acquisition of imitative responses. *Journal of Personality and Social Psychology, 1*, 589-595.

Bandura, A. (Ed.) (1971). *Psychological modeling: Conflicting theories*. Chicago, IL: Aldine-Atherton. (A. バンデューラ．(編) 原野広太郎・福島侑美 (訳) (2020). モデリングの心理学 ― 観察学習の理論と方法 ―　新装版　金子書房).

Csibra, G. (2010). Recognizing communicative intentions in infancy. *Mind & Language, 25*, 141-168.

Csibra, G., & Gergely, G. (2009). Natural pedagogy. *Trends in Cognitive Sciences, 13*, 148-153.

Cronbach, L. J. (1957). The two disciplines of scientific psychology. *American Psychologist, 12*(11), 671-684.

藤井康子・西口宏泰・麻生良太・伊東俊昭 (2023). 生き物の飼育体験から広がる教科等横断型学習の展開 ― 小学3年生における実践から ―. 教育実践学研究, 25(1), 39-53.

Köhler, W. (1917). *Intelligenzprüfungen an Menschenaffen*. Berlin: Springer. (W. ケーラー．宮孝一 (訳) (1962). 類人猿の知恵試験　岩波書店).

Lewin, K. (1935). *A dynamic theory of personality: Selected papers*. New York, US: McGraw-Hill. (K. レヴィン　相良守次・小川隆 (訳) (1957) パーソナリティの力学説　岩波書店).

Peterson, J. (1917). Experiments in ball tossing: The significance of learning curves. *Journal of Experimental Psychology, 2*, 178-224.

Snow, R. E., Tiffin, J., & Seibert, W. F. (1965). Individual differences and instructional film effects. *Journal of Educational Psychology, 56*, 315-326.

Tolman, E. C. (1948). *Cognitive maps in rats and men. Psychological Review, 55*(4), 189-208.

Tolman, E. C., & Honzik, C. H. (1930). Introduction and removal of reward, and maze performance in rats. *University of California Publications in Psychology, 36*(3), 221-229.

Underwood, B. J. (1949). Experimental psychology. New York: Appleton. (石原治 (編) (2007). 心理学基礎実験と質問紙法 培風館).

〈確認問題解答〉
①洞察学習　②サイン・ゲシュタルト説　③場の理論　④モデリング　⑤社会的学習　⑥ナチュラル・ペタゴジー理論　⑦レディネス　⑧プラトー　⑨学習の転移　⑩適性処遇交互作用

第7章 記憶の仕組み

柳岡開地

 「記憶」というトピックで多くの人が関心を持つのは「記憶力は向上するのか？」という問いでしょう。しかし、記憶力とはそもそもどのようなものでしょうか。たくさん覚えることでしょうか？　忘れないようにできることでしょうか？　そもそも何を記憶する力をあげたいのでしょうか？　実は、記憶力というのは非常に曖昧な言葉であり、先の問いに答えるためには、記憶力とはどのようなものなのかを知る必要があります。そこで、本章では、「記憶力は向上するのか」という問いに答えるために、まず記憶という心の働きがどのような特徴を持つものなのかを学習します。その際に、「現在」・「過去」・「未来」の3つの時間的側面から、記憶の仕組みを整理していきます。そのうえで、記憶という心の働きを向上させるもしくは支援することについて現在明らかとなっている知見を学習することを最終の目的とします。

1. 記憶を測定する方法論

 記憶が持つ特徴を学習する前に、まずは記憶がどのように調べられてきたのかを紹介します。体系的かつ実証的な記憶の研究に最初に取り組んだのは、ドイツの学者であるヘルマン・エビングハウスです。エビングハウス以前の記憶研究は、過去の出来事を回想して、覚えているかどうかを判断させるという方法を取っていました。しかし、エビングハウスはこうした方法では主観的な要素を拭えないとして、**再学習法**を提案しました。この方法では、エビングハウス自身が無意味な文字列（VEJなど）である**無意味綴り**のリストを記憶し、

数時間おいた後にその無意味綴りを完璧に記憶し直すまでに何回の学習を要したかを記録しました。つまり学習時に記憶がまだ残っていれば再学習は少なくてすみますし、忘れてしまっていると再学習は多くなります。こうした方法のメリットは、覚えているかどうかの主観的判断ではなく、再学習の回数として記憶を評価できる点です。エビングハウスが「記憶について」という著書を出版したのは100年以上も前になりますが、現代の記憶に関する心理学の方法論の基礎となっています（Ebbinghaus, 1885）。

　エビングハウスは自分自身を対象に研究しましたが、現在では多くの人に実験に参加してもらい、その結果を統計的手法によりまとめるというのが一般的です。代表的な記憶実験の流れを説明します。まず、参加者（多くの場合は大学生です）に大学のある一室に来てもらい、これから実施する実験の説明や実験に参加することの承諾を得ます。その後に、参加者に「これからパソコンの画面上に出てくる単語を覚えてください。覚えている間は答えを書いてはいけません」と伝えます。実験中、参加者は複数提示される単語を覚えてもらう段階、一定の時間をおくもしくは何か別の作業をしてもらう段階、そして記憶した単語をテストする段階を経験します。これらの段階は、提示された情報を取り込む**符号化**、取り込んだ情報を失わないように蓄えておく**保持**、蓄えている情報を必要な時に取り出す**検索**と言われています。3つの段階は多くの記憶実験に共通しているだけでなく、記憶する過程においてどこでつまずいている

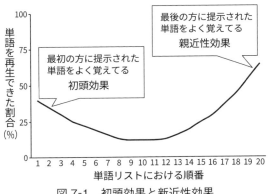

図 7-1　初頭効果と新近性効果

のかを大づかみに理解するうえで非常に有用な区分けとも言えます。

　検索の段階におけるテストの仕方には、覚えたものをそのまま再現してもらう**再生**、複数の単語を提示してどれが覚えたものかを回答してもらう**再認**の2つがあります。再生を求めた場合に、提示された単語リストの最初・真ん中・終わりの方という位置に着目してみると、2つの興味深い効果があることが広く知られています。1つはリストの最初の部分の再生成績が高くなる**初頭効果**、もう1つはリストの最後の方の再生成績が高くなる**新近性効果**です。これらの効果は多くの研究で、さまざまな条件を変化させることで、記憶のメカニズムを調べる題材として長年使われています。

2. 時間的側面からみた記憶の正体

　1節で紹介した心理学実験を通して、これまで記憶について多くのことがわかってきました。本節では、時間という側面から記憶の働きについて整理していきます（図7-2）。私たちは、「現在」勉強をしていて「過去」に習ったことを思い出そうとしたり、「未来」においてやらなければならないことを「現在」の自分に忘れないように言い聞かせたりします。このように私たちの生活は現在・過去・未来を行き来しており、現在・過去・未来を支える記憶の働きはそれぞれ互いに作用しあっているのです。以下ではそれぞれについて紹介していきます。

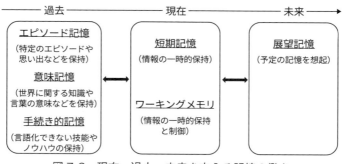

図7-2　現在・過去・未来を支える記憶の働き

(1) 現在
1）記憶の保持

私たちの「現在」を支える記憶の働きの1つ目は、友達から言われた電話番号を覚える、ホワイトボードに書かれている内容をノートに写すなど短期的な情報の保持があげられます。これを可能にするのが**短期記憶**であり、その特徴として「ごく短時間しか記憶できないこと」、「一度に保持できる容量には厳しい限界があること」の2つがあげられます。以下では、符号化する刺激ごとにその特徴を紹介します（Baddeley & Hitch, 1974）。

まず、単語や数字などの**言語性の短期記憶**についてです。保持時間については数秒から十数秒とされており、それを超えると劇的に記憶成績が低下することが知られています（Peterson & Peterson, 1959）。このように短時間で情報が失われていくため、記憶した情報を繰り返し呪文のように唱えて忘れないようにする**リハーサル**という記憶方略がよく用いられます。リハーサルなどの記録方略を用いたとしても保持できる限界は7±2の間に収まり（Miller, 1956）、用いない場合はおおよそ4程度が保持できる容量の限界です（Cowan, 2001）。なぜ、このような厳しい容量の制限があるのでしょうか。その答えの1つとして、言語性の短期記憶は新しい語彙の学習に重要な役割を果たすからだと考えられています（Baddeley et al., 1998）。興味深いことに、新しい語彙の学習は、保持できる容量により制限のある子どもの方が大人よりも得意とされています（Smalle et al., 2016）。そのため、言語性の短期記憶に厳しい容量制限があるのは、子どもの語彙学習を最適にするためではないかと考えられています。

次に、図形やものの位置などの**視空間性の短期記憶**についてです。言語性の短期記憶と同様に、一時的な保持にとどまり、保持できる容量は3～4とされています（Luck & Vogel, 1997）。視覚性の短期記憶の測定は、色の異なるパッチがパソコンの画面上のさまざまな位置に提示され、一定の遅延時間のあとに、色や位置を覚えているかどうかテストをします。では、視空間性の短期記憶はどのような役割を果たすのでしょうか。視空間性の短期記憶は、視線を移動させたとしても、視覚情報をうまく保ちながら目標を追い続けるのに重

要な役割を果たすと言われています（Hollingworth et al., 2008）。例えば、何かを見つめているときに、ふと視線がずれても、視空間性の短期記憶によりその目標の特徴（色や場所など）を覚えているので、目標をすぐに見つけ直すことが可能となるのです。

2）記憶の保持と処理

電話番号や図形などを「覚える」ことが活動の中心となることもありますが、算数の文章題を解くなど「覚えながら」活動するということも日常生活では多いと思います。このようにある活動中に求められる記憶機能を**ワーキングメモリ**と呼び、私たちの「現在」を支える記憶の働きの一つです。ワーキングメモリの特徴は、目標となる活動中に情報を保持するだけでなく、その活動中に起こる妨害や干渉から情報を守るなど情報の制御も行うという点です。つまり、情報の保持と制御の同時並行が求められるのです。そのため、ワーキングメモリは、先に紹介した言語性もしくは視空間性の短期記憶を含み込んだ上で、そこに制御を担う**中央実行系**と呼ばれるシステムから構成される概念となります（Baddeley, 2000; Baddeley & Hitch, 1974）。また、ワーキングメモリのモデルの中では、言語性の短期記憶を担うシステムを**音韻ループ**、視空間性の短期記憶を担うシステムを**視空間スケッチパッド**と呼びます（図7-3）。

ワーキングメモリを測定する課題はいくつも考案されていますが、その1つにNバック課題があります（Dobbs & Rule, 1989）。この課題では、実験参

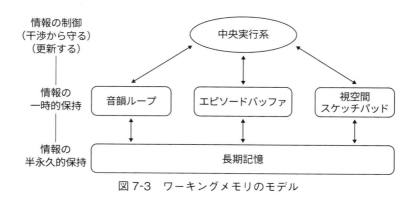

図7-3　ワーキングメモリのモデル

加者は「A, H, C, A, Y, T…」という一連の刺激を順番に提示され、現在提示されている刺激がN個前の刺激と同じかどうかを回答します。この課題では、N個前の刺激も保持しつつ、現在提示されている刺激を符号化し、同じかどうかを判断し、次のN-1個前の刺激へと更新していく作業が求められます。こうしたワーキングメモリ課題の成績の高さは、知能（Kane et al., 2005）、文章理解能力（Daneman & Carpenter, 1980）、国語や算数などの学習成績（Alloway & Alloway, 2010）などの高さと関連することが示されています。また、ワーキングメモリ課題の成績が高いと、課題中に無関連なことをつい考えてしまうマインドワンダリングが少なく（McVay & Kane, 2012）、教師からの指示もよく理解できること（Jaroslawska et al., 2008）ことが知られています。このようにワーキングメモリは、子どもたちの学習場面全般と密接に関連していることがよくわかります。

(2) 過去

　私たちの「過去」を支える記憶の働きとして、昨日食べた晩御飯や歴史の年号を覚えている、久しぶりでも意外にピアノが弾けるなど情報の長期的保持があげられます。これを可能にするのが**長期記憶**であり、その特徴として「数分から一生にわたって保持される」、「容量には制限がない」ことが挙げられます。以下ではスクワイアらの分類に従って、その特徴を紹介していきます（Squire, 1992）。

1）思い出と知識

　長期記憶内の区分としてよく知られているのが、**エピソード記憶**と**意味記憶**の分類です（Tulving, 1972）。エピソード記憶とは、特定の出来事やエピソードを想起することで、個人的な過去の経験を振り返ることを可能にする記憶の働きを指します。例えば、「高校の修学旅行でアメリカに行ったとき楽しかった」というエピソードは、アメリカの場所とともに時間そして感情状態などさまざまな文脈情報とともに思い出されます。エピソード記憶は、私たち個々人を意味づける反面、常に新たな文脈情報が入力されることから、変化しやすい状態にあり、保存された情報が変容したり検索が困難になったりしま

す。こうしたエピソード記憶の性質を調査するために、短期記憶の課題を利用して、文脈情報との関係を調べた研究があります。この研究では、陸上と水中の2種類の環境条件下で、単語の符号化とテストを行いました（Godden & Baddeley, 1975）。水中条件では参加者は海中にもぐり実験に参加し、陸上条件では海岸で実験に参加しました。その結果、符号化とテストの環境が一致した方が（例：水中で覚えたことを水中で思い出す）、一致しない場合よりも（例：水中で覚えたことを陸上で思い出す）、記憶成績が良いことが示されました。室内の部屋の物理的環境を変えるだけでも、同様の結果が報告されています（Isarida & Isarida, 2014）。この結果からもわかるように、エピソード記憶は場所などの文脈情報と密接に紐づいており、文脈情報の変化に大きく左右されるのです。

　また、エピソード記憶の障害と言えるのが健忘症です。健忘症には主に、前向性健忘と逆向性健忘の二つの症候があります。発病時点を境に、その後に経験した新しい出来事の再生ができなくなるのが**前向性健忘**です。これに対して、発病以前に体験したエピソードを再生できなくなるのが**逆向性健忘**です。逆向性健忘の健忘期間は、数か月から数年、場合によっては数十年に及ぶ症例も存在します。また、発症時点に近い出来事ほど思い出しにくく、発症時点から遠い過去の出来事ほど思い出しやすい時間的勾配があると言われています。

　一方、意味記憶は、個人的経験とは独立した、世界に関する知識や言葉の意味の記憶を支える働きをします。例えば、「アメリカの首都はワシントン」であるというように、誰が思い出しても同じ情報として思い出されます。意味記憶は、個々人との関わりがないまったく変わらない事実であるため、エピソード記憶に比べると検索が容易であり、利用しやすいことが知られています。また、意味記憶は、短期記憶を測定する課題以外でも測定できることがわかっています。例えば、「アザラシ」という単語が辞書に載っている単語かどうかを判断する語彙判断課題では、その前の単語が「グラタン」よりも「ライオン」の方が早くなるという意味プライミング現象が知られており、意味記憶の運用を調べるための方法として利用されています。

　意味記憶とエピソード記憶は、先に紹介したワーキングメモリとも密接に

関連します。例えば、並び替えると文章になる単語リストの記憶成績は、そうでないリストの記憶成績よりも良いことが知られています（Baddeley, 2009）。また、別の研究ではアメリカ人大学生にさまざまな頻度で出現する漢字を学習してもらい、その後に高頻度で出現した漢字と低頻度で出現した漢字を使用したNバック課題を実施しました。すると、高頻度で出現した漢字を使用したNバック課題の成績の方が良いということが示されました（Reder et al., 2016）。これらの結果は、長期記憶からワーキングメモリ課題に関連するさまざまな情報を集め、統合して、保持しておく記憶システムが存在することを示唆しています。Baddeley（2000）は、こうしたシステムを**エピソードバッファ**と名づけ、音韻ループや視空間スケッチパッドと並んで、ワーキングメモリの概念に導入し、現在も研究が進められています（Baddeley, 2000）（図7-3）。

2）言語化できない記憶

長期記憶内では、**宣言的記憶**と**非宣言的記憶**というもう1つの区分があります。先ほど紹介した意味記憶とエピソード記憶のように、記憶内容がイメージとして再現できて言葉で表現（宣言）できる長期記憶を**宣言的記憶**と言います。一方、イメージが再現できず言葉でも表現できない長期記憶を**非宣言的記憶**と言います。非宣言的記憶の一つに、車の運転やキーボードの入力やラケットの振り方など身体で記憶して行為で再生する**手続き的記憶**があります。例えば、車の運転なども初めは「まずは後方を確認してから、サイドブレーキを下ろして…」と言葉で確認しながら実施した経験があると思います。しかし、次第にそういった言語化はしなくとも車の運転はできるようになり、最終的には運転していることに対して意識はほとんど向けずに、友達と会話をしたり音楽を楽しんだりできるようになります。この車の運転の自動化の過程は、手続き的記憶が獲得されてゆく過程と表現してもよいかもしれません。また、10年ほどペーパードライバーをしていて久しぶりに運転する場合でも、意外に運転ができてしまうことからもわかるように、手続き的記憶は一度獲得すると消失しにくいことも知られています。ただし、不意の出来事などにより行為の流れを中断されると途端に何をやっているかがわからなくなること（Trafton et al., 2014）、慣れている手続きでも「し忘れ」などのうっかりミスはあること

(Reason, 1990) など手続き的記憶は万能ではないこともわかります。そういった場合は、現在の活動の目標に立ち返るためにワーキングメモリの働きが重要となります。

(3) 未来

　私たちの「未来」を支える記憶の働きとして、友人と会う約束をする、仕事の帰りにパートナーに頼まれていたものを買うなど将来の予定の記憶が挙げられます。こうした未来に関する記憶を**展望記憶**といい、3つの特徴を備えています（梅田・小谷津, 1998）。1つ目は記憶の内容が行為であること、2つ目はその行為を実施しようと意図したところから実行までにある程度の遅延期間があることです。最後に、行為を実施しようとした意図が一度意識からなくなり、再度それをタイミングよく自発的に思い出す必要があるということです。この三つ目の「タイミングよく自発的想起する」というのが展望記憶の最大の特徴となります。例えば、15時に映画館で友達と会う約束をしていた場合に、15時にそのことを家で思い出しても手遅れであり、もっと前に自発的にそのことを思い出す必要があります。自発的な想起が可能となるためには、大きく2つの手がかりが重要な役割を果たすことがわかっています。1つは時間で、「14時半になったら、友達に会う準備をする」というように、特定の時間と実行する行為を結びつけることで14時半になると自発的に行為を思い出すことが可能となります。もう1つは出来事で、「昼ごはんを食べたら、友達に会う準備をする」というように、特定の出来事と実行する行為を結びつけることで、昼ごはんを食べた後くらいに自発的に思い出すことが可能となります。

　では、展望記憶はどのようにして測定するのでしょうか。出来事を手がかりにした実験課題を紹介します。この実験では、参加者に「アザラシ」などの動物を意味する単語が出現した場合にJのキーを押し、それ以外の時にはGのキーを押す語彙判断課題を実施してもらいます。それとは別に、語彙判断課題のどこかで出現する「グラタン」という単語を見れば、スペースキーを押すように実験前に伝えます。これが将来の予定となります。もし、展望記憶がまったく機能していない場合は、「グラタン」という単語を見ても、動物ではない

と判断してJのキーを押してしまいます。しかし、「グラタン」という単語を見て、自発的に予定を想起できた場合は、語彙判断に基づいて反応するのではなく、スペースキーを押すことが可能となります。実験の終わりにはこうした別の予定について記憶していたかを確認し、何をするつもりだったかという記憶は完全な状態にも関わらず、意図した行動をタイミングよく遂行することをし忘れてしまったかを検討します。

展望記憶が「し忘れ」というエラーに深く関わっていることは上で示した通りですが、実は「誤ってもう一度してしまう」ということにも深く関わっています。例えば、友達に会うときに授業で借りたノートをカバンに入れようと思い、すでに入れているにも関わらず、自分が入れたことを忘れてもう一度確認してしまうことがあると思います。これは、展望記憶が予定完了後でも、持続的に影響を与えてしまっており、「ふと思い出してしまう」からこそ起こるエラーであると考えられています（Anderson et al., 2019）。このことからも、展望記憶はタイミングよく「意図的に思い出す」というプロセスを経ると同時に、「自動的に思い出してしまう」というプロセスも経るということがわかります。展望記憶の研究は、「現在」や「過去」の研究に比べると比較的歴史は浅く、これからも多くの発見が期待される領域でもあります。

3. 記憶力は向上するのか？

ここまで記憶力の正体を「現在」、「過去」、「未来」という時間的側面から明らかにしてきました。この節では、冒頭の疑問に立ち返って、改めて「記憶力は上がるのか？」という素朴な問いに答えることにしましょう。初めに、結論を述べておくと、[「現在」を支える記憶力を向上させるのは難しいので、「過去」と「未来」を支える記憶に頼ろう]というものになります。

(1)「現在」を支える記憶力は向上しない

ここでいう記憶力とは、「現在」を支える短期記憶やワーキングメモリの記憶容量を意味すると仮定します。短期記憶課題やワーキングメモリ課題で測定

される記憶容量を増加させようという試みは主にトレーニング研究で取り組まれています。**ワーキングメモリトレーニング**は、何日にもわたって参加者に特定のワーキングメモリ課題に取り組んでもらい、その効果がトレーニングをした課題だけではなく異なるワーキングメモリ課題、そしてワーキングメモリと関連する国語や算数の成績や知能にまで現れることを期待して始められました。例えば、Klingberg et al.（2002）では、7～15歳の子どもを対象に、ワーキングメモリ課題を30試行ずつ、毎日25分間のトレーニングを24日程度続けました。また、参加児の成績によって記憶する個数を変えて、課題の難易度を調整する適応型のトレーニングとしました。すると、異なるワーキングメモリ課題の成績が向上するだけでなく、知能テストの結果も向上することが示されました。また、Jaeggi et al.（2008）でも、成人を対象にNバック課題のトレーニングを行い、同様に知能テストの結果が向上することを報告しています。

　こうした研究を皮切りに多くのトレーニング研究が世界中で取り組まれました。その結果、現在判明しているのは、トレーニングの効果は非常に限定されており、**近転移**つまりトレーニングをした課題もしくは類似の課題にしか効果がないことが明らかになっています（坪見他, 2019）。こうした知見は、個別の研究ではなく、複数の研究から得られた効果を統合・比較するメタ分析を使用することで結論づけられています。なぜこのような齟齬が生まれてしまったのでしょうか。例えば、トレーニング研究では、どのようにトレーニングするかに注目が集まりがちですが、トレーニングをしない群をどのように設定するかも非常に重要となってきます。なぜなら、トレーニング群は、ワーキングメモリのトレーニング以外にも、「トレーニングスケジュールを守る」・「PCの扱いに慣れる」・「実験者とやりとりをする」・「トレーニングを通じて2回目のテストへのモチベーションや期待が高まる」といったことをトレーニング期間中に経験しています。そのため、ワーキングメモリのトレーニングの効果を純粋に取り出すためには、トレーニングをしない群にも上記のような経験をしてもらう必要があります。具体的には、ワーキングメモリではない異なる認知課題をトレーニング課題として実施し、後はすべてワーキングメモリをトレー

ニングする群とそろえるという方法となります。こうした群の設定をしていなかった研究が多く存在し、トレーニングの効果が過剰に見積もられてしまったとされています。以上より、トレーニングを通して記憶容量が筋肉のように鍛えられて大きくなるというのは幻想だと言えそうです。

　しかし、トレーニングを通して私たちが何も学んでいないというのは間違いです。近年では、ワーキングメモリ課題を訓練すると、その課題を遂行するために必要な手続き的記憶が獲得されることが指摘されています（Gathercole et al., 2019）。こうした手続き的記憶は、ある課題に限定された特有のものと言えますが、その獲得によりトレーニングの限定された効果が得られていると考えられています。

(2)「過去」と「未来」を支える記憶に頼ろう

　では、私たちは向上しない「現在」を支える記憶力とどのように付き合っていくのがよいのでしょうか。実はその答えは、ここまでの内容に散りばめられていました。一つは「過去」を支える記憶に頼るというものです。「過去」を支える記憶は、長期記憶と呼ばれ、保持期間は半永久的で、保持容量も無制限だと紹介しました。つまり、「現在」を支える記憶で蓄えきれない情報は、「過去」を支える記憶へと受け渡せばよいのです。受け渡し方には実はいろいろと方法があり、記憶方略とも呼ばれます。その代表的なものが、短期記憶の節で紹介した覚えるべき単語を何度も反復する**リハーサル**です。ほかにも、すでに覚えている知識と組み合わせて覚えようとする**精緻化方略**や覚えようとする知識同士を整理して覚える**体制化方略**などがあります。例えば、それぞれの方略の名前を覚える時に、3つの方略の名前を繰り返し唱えるのはリハーサル、新たな方略の名前を先ほど学習した長期記憶の内容と結びつけて覚えようとするのが精緻化方略、3つの方略の特徴を洗い出して表などにまとめるのが体制化方略です。記憶方略は、ここで挙げられているものだけでなく、先のワーキングメモリトレーニングの節で説明したように、ある記憶課題を遂行するために必要な手続き的記憶というのも一つの方略とも言えます。こうした記憶方略を用いることが、円周率を10万桁覚えたり、チェスの盤面を無数に覚えたりす

ることへとつながることはすでに示されており（Ericsson & Kintsch, 1995）、私たちの記憶の限界は計り知れないことを気づかされてくれます。それでも忘れてはならない点は、見かけの記憶成績が上昇したからといって、「現在」を支える記憶力が向上したわけではないということです。あくまで、それぞれの場面において、「現在」を支える記憶と「過去」を支える記憶が結びつけられた結果であり、その結びつきは一朝一夕で成り立つものではありません。

　「現在」を支える記憶力と付き合うもう一つの方法は、「未来」を支える記憶に頼るというものです。たとえば、複数実施しなければならないタスクがあり、これ以上は保持も処理も難しいといった場合に、そのタスクのうちのいくつかを将来の予定としてしまう方法です。結果として「現在」を支える記憶への負荷が減少し、活動の質を向上させることができるでしょう。また、将来の予定とする際には、展望記憶の節でも説明したように、自らが将来思い出すような手がかりを作っておくこと（3時になったら〜を実施するなど）が重要となります。しかし、これらの手がかりの形成自体は「現在」を支える記憶にも依存していることから、手帳やリマインダーなどの外部装置を使用することで予定の記憶を保管しておくことがより確実な方法かもしれません。しかし、気をつけなければならないのは、こうした方法は先延ばし行動にもつながってしまう恐れがあるということです。そのためにも、常に「現在」だけでなく「未来」にも目を向けて、自らのタスクを管理していく必要がありそうです。

　これまで紹介してきたように、私たちは限られた「現在」を支える記憶の働きをより有効に活用するために、「過去」と「未来」を支える記憶の働きにも頼りながら生活しています。そのため、「現在」を支える記憶の働きを躍起になって向上させる必要はないのかもしれません。裏返せば、「現在」を支える記憶の働きが限られているからこそ、私たちは過去と未来とのつながりを常に意識することができるのかもしれません。

〈コラム〉環境に適応するワーキングメモリ

貧困や家庭内暴力などの逆境は、慢性的なストレスによって学習や記憶を司る脳機能の発達に悪影響を及ぼすことが多くの研究で示されています。これ自体

は間違いのない事実ですが、近年貧困や家庭内暴力などの逆境が特定の認知スキルを強化する可能性が議論されています。Young et al. (2022) は、13歳の618人の子どもを対象に、抽象的な刺激（形や色）と実生活に紐づいた刺激（お金や怒りの表情）を用いたNバック課題を実施しました。実生活に紐づいた刺激というのは、逆境にさらされている子どもたちが頻繁に遭遇し、より本人にとって意味を持つ刺激を指しています。その結果、貧困や家庭内暴力を受けている子どもたちは、そうでない子どもたちと比較すると抽象的な刺激を用いたNバック課題の成績が低いことがわかりました。一方、驚くべきは実生活に紐づいた刺激を用いたNバック課題の成績の場合は、両者で差がないことが示されました。これは、逆境の中で育つ過程で、実生活において有用な特定の認知スキルが磨かれる可能性があることを示唆しています。この発見は、教育や支援の方法を見直す契機となり、逆境にある子どもたちが持つ潜在能力を引き出すためにより適切な評価と教育が求められることを示しています。

〈確認問題〉
記憶の研究において、最初に体系的なアプローチを取ったのは、ドイツの学者①_____です。彼は、記憶を再学習の回数として評価することで、主観的な要素を排除し、記憶の保持度を測定しました。記憶は、符号化、保持、②_____という3つの段階に分けられ、これらは情報の取り込みから取り出しまでのプロセスを示しています。

短期記憶には、保持できる時間がごく短く、容量に限界があるという特徴があります。ワーキングメモリは、短期記憶を含む情報の保持と同時に操作を行うシステムで、③_____と呼ばれる言語性の情報を保持するシステム、④_____と呼ばれる空間性の情報を保持するシステム、⑤_____と呼ばれる制御機能がその中心にあります。このシステムは、日常の課題遂行に不可欠であり、とくに情報を操作しながら作業する際に役立ちます。

記憶力の向上を目指した研究では、⑥＿＿＿＿などの訓練が行われています。この訓練では、数週間にわたり特定の課題に取り組むことで、知能や関連する認知課題の成績が向上すると一時は期待されました。しかし、研究のメタ分析により、その効果は主に⑦＿＿＿＿しかしないことが判明しました。

長期記憶は、「数分から一生にわたって情報を保持する」という特徴があり、意味記憶と⑧＿＿＿＿の2つに大きく分けられます。意味記憶は、一般的な知識や言葉の意味に関する記憶であり、「東京は日本の首都である」といった情報を含みます。一方、エピソード記憶は、個人的な出来事を思い出す記憶で、文脈情報と結びついています。さらに、長期記憶には、車の運転や楽器の演奏を支える⑨＿＿＿＿記憶が含まれます。これらは言葉で説明するのが難しい特徴があります。

また、未来において予定された行動を記憶する展望記憶も重要です。展望記憶は、特定の出来事や⑩＿＿＿＿を手がかりにした未来の予定に関する記憶があります。展望記憶がうまく働かない場合、予定の行動を思い出せず「し忘れ」が起こりますが、過去に予定した行動を繰り返してしまうこともあります。

〈選択肢〉

エピソード記憶　エビングハウス　中央実行系　検索　近転移　視空間スケッチパッド　時間　手続き記憶　ワーキングメモリトレーニング　音韻ループ

引用文献

Alloway, T. P., & Alloway, R. G. (2010). Investigating the predictive roles of working memory and IQ in academic attainment. *Journal of Experimental Child Psychology, 106*(1), 20-29.

Altmann, E. M., Trafton, J. G., & Hambrick, D. Z. (2014). Momentary interruptions can derail the train of thought. *Journal of Experimental Psychology: General, 143*(1), 215-226.

Anderson, F. T., Strube, M. J., & McDaniel, M. A. (2019). Toward a better understanding of costs in prospective memory: A meta-analytic review. *Psychological Bulletin, 145*(11), 1053-1081.

Baddeley, A. (2000). The episodic buffer: a new component of working memory?. *Trends in Cognitive Sciences, 4*(11), 417-423.

Baddeley, A., Gathercole, S. E. & Papagno, C. (1998). The phonological loop as a language learning device. *Psychological Review, 105*, 158-173.

Baddeley, A. D., & Hitch, G. (1974). Working memory. In G. H. Bower (Ed.), *Recent advances in learning and motivation* (Vol. 8, pp. 47-89). New York: Academic Press.

Cowan, N. (2001). The magical number 4 in short-term memory: A reconsideration of mental storage capacity. *Behavioral and Brain Sciences, 24*(1), 87-114.

Daneman, M., & Carpenter, P. A. (1980). Individual differences in working memory and reading. *Journal of Verbal Learning and Verbal Behavior, 19*(4), 450-466.

Dobbs, A. R., & Rule, B. G. (1989). Adult age differences in working memory. *Psychology and Aging, 4*(4), 500-503.

Ebbinghaus, H. (1885). Memory: A Contribution to Experimental Psychology. H. A. Ruger & C. E. Bussenius, Trans., Teachers College.

Ericsson, K. A., & Kintsch, W. (1995). Long-term working memory. *Psychological Review, 102*(2), 211-245.

Gathercole, S. E., Dunning, D. L., Holmes, J., & Norris, D. (2019). Working memory training involves learning new skills. *Journal of Memory and Language, 105*, 19-42.

Godden, D. R., & Baddeley, A. D. (1975). Context‐dependent memory in two natural environments: On land and underwater. *British Journal of Psychology, 66*(3), 325-331.

Isarida, T., & Isarida, T. K. (2014). Environmental context-dependent memory. *Advances in Experimental Psychology Research, 2014*, 115-151.

Jaeggi, S. M., Buschkuehl, M., Jonides, J., & Perrig, W. J. (2008). Improving fluid intelligence with training on working memory. *Proceedings of the National Academy of Sciences, 105*(19), 6829-6833.

Hollingworth, A., Richard, A. M., & Luck, S. J. (2008). Understanding the function of visual short-term memory: transsaccadic memory, object correspondence, and gaze correction. *Journal of Experimental Psychology: General, 137*(1), 163-181.

Jaroslawska, A. J., Gathercole, S. E., Logie, M. R., & Holmes, J. (2016). Following instructions in a virtual school: Does working memory play a role?. *Memory & Cognition, 44*, 580-589.

Kane, M. J., Hambrick, D. Z., & Conway, A. R. A. (2005). Working memory capacity and fluid intelligence are strongly related constructs: Comment on Ackerman, Beier, and Boyle (2005). *Psychological Bulletin, 131*, 66-71.

Klingberg, T., Forssberg, H., & Westerberg, H. (2002). Training of working memory in children with ADHD. *Journal of Clinical and Experimental Neuropsychology, 24*(6), 781-791.

Luck, S. J., & Vogel, E. K. (1997). The capacity of visual working memory for features and conjunctions. *Nature, 390*(6657), 279-281.

Peterson, L., & Peterson, M. J. (1959). Short-term retention of individual verbal items. *Journal of Experimental Psychology, 58*(3), 193-198.

McVay, J. C., & Kane, M. J. (2012). Why does working memory capacity predict variation in reading comprehension? On the influence of mind wandering and executive attention. *Journal of Experimental Psychology: General, 141*(2), 302-320.

Miller, G. A. (1956). The magical number seven, plus or minus two: Some limits on our capacity for processing information. *Psychological Review, 63*(2), 81-97.

Reason, J. (1990). Human error. Cambridge university press.

Reder, L. M., Liu, X. L., Keinath, A., & Popov, V. (2016). Building knowledge requires bricks, not sand: The critical role of familiar constituents in learning. *Psychonomic Bulletin & Review, 23*, 271-277.

Smalle, E. H., Bogaerts, L., Simonis, M., Duyck, W., Page, M. P., Edwards, M. G., & Szmalec, A. (2016). Can chunk size differences explain developmental changes in lexical learning?. *Frontiers in Psychology, 6*, 1925.

Squire, L. R. (1992). Memory and the hippocampus: a synthesis from findings with rats, monkeys, and humans. *Psychological Review, 99*(2), 195-231.

坪見博之・齊藤智・苧阪満里子・苧阪直行. (2019). ワーキングメモリトレーニングと流動性知能 — 展開と制約 —. 心理学研究, 90(3), 308-326.

梅田聡・小谷津孝明. (1998). 展望的記憶研究の理論的考察. 心理学研究, 69(4), 317-333.

Young, E. S., Frankenhuis, W. E., DelPriore, D. J., & Ellis, B. J. (2022). Hidden talents in context: Cognitive performance with abstract versus ecological stimuli among adversity‐exposed youth. *Child Development, 93*(5), 1493-1510.

〈確認問題解答〉

①エビングハウス　②検索　③音韻ループ　④視空間スケッチパッド　⑤中央実行系　⑥ワーキングメモリトレーニング　⑦近転移　⑧エピソード記憶　⑨手続き記憶　⑩時間

第8章

動機づけ

後藤崇志

　イギリスに「馬を水辺に連れていくことはできても、水を飲ませることはできない」ということわざがあります。教育者が学習者にとって良いと思う環境を提供しても、意図したように振る舞ってもらうことは難しいことの例えです。こうした困難を解決するには、学習者はどんな活動を好むのか、逆にどんな活動を避けるのか、といった学習者の主体的側面を理解し、学習環境を活用してもらえるように働きかけることが必要です。本章ではこうした問題に取り組んできた動機づけ研究の代表的な知見を、欲求に関する理論と認知・感情に関する理論に大別して紹介し、これらの知見が教育実践にどのような示唆を与えているのかを考えていきます。

1. 動機づけとは

　動機づけは、日常用語ではやる気や意欲に相当するもので、行動を始発し、方向づけ、完了に向けて維持させる心の力動的プロセスを指す概念です。生理的には、動機づけは主に、報酬に関連する処理と関わるネットワーク（腹側被蓋野、黒質、**扁桃体**、**線条体**など）、価値の予期や表象に関わるネットワーク（**内側前頭前野**、線条体、扁桃体など）、目標の保持と調整に関わるネットワーク（**背外側前頭前野**、前帯状回など）に支えられていると考えられています（図8-1；Kim et al., 2016）。動機づけの基本は報酬のような好ましい結果に接近し、罰のような好ましくない結果を回避しようとするものと言えます。

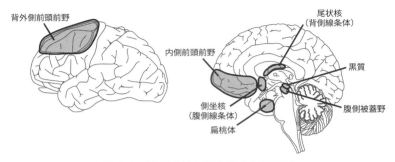

図 8-1　動機づけと関わる主な脳領域
（Kim et al.（2016）を参考に作成）

2. 欲求に関する動機づけ理論

(1) 生理的欲求と心理的欲求

　欲求に関する動機づけ理論では、動機づけがどのような欲求を基盤として生じるのかが議論されてきました。実証知見に基づく古典理論として代表的なものに、**動因低減理論**があります（Hull, 1943 能見・岡本訳 1960）。動因低減理論では、動機づけを行動習慣の強度×動因×誘因の積で表現しました。行動習慣の強度は、ある環境である行動をどのくらい取りやすいかという結びつきの強さ（学習によって成立した弁別刺激とオペラント行動の連合強度）です。**誘因**は、ある行動によって得られると期待される報酬の大きさです。そして**動因**は、飢えや喉の乾きといった身体に生じている生理的な欠乏による不快な感覚です。動機づけはこれらの変数の積で表現されているので、動因が0、つまり生理的な欠乏がなく不快な感覚がなければ、行動が生じることはないと仮定します。動因低減理論では、このように動因の働きを中心に据えることにより、あらゆる動機づけは生理的な欠乏状態を解消しようという**ホメオスタシス**の機構により説明されると考えていました。

　「困難な課題を達成したい」という達成動機や「他者と親しくなりたい」といった親和動機は、一見、生理的な欠乏とは無関連に見えます。動因低減理論

では生理的な欠乏状態の解消を直接求めるものを**一次的欲求**と呼んだ上で、達成動機や親和動機についても、「困難を達成できると食糧にありつきやすい」「他者と親しくしておくと資源を分けてもらえやすい」のように、生理的な欠乏状態の解消につながるものとして、後天的に学習される**二次的欲求**

図 8-2 マズローの欲求段階説を表した図
(廣瀬ほか (2009) も参照)

であると仮定しました。しかしながら、こうした仮定によりホメオスタシスの機構のみですべての動機づけを説明することに対しては、反証が示されています。例えば、アカゲザルが生理的欲求の満たされている状況でパズルを渡されると、パズルを解き、その解き方に習熟していくことを示した研究 (Harlow et al., 1950) などは、達成を求める欲求が必ずしも生理的欲求に基づくとは限らない例として知られています。また、アタッチメント研究で知られる代理母実験 (第 2 章) も、他者との関係を求める欲求が必ずしも生理的欲求に基づくとは限らないことを示すものでした (Harlow, 1958)。

こうした研究の流れを受け、必ずしも生理的な欠乏には基づかないものの、生物が十全に機能を発揮するために満たされることが必要な欲求は**心理的欲求**として議論されるようになりました。初期の議論において代表的なものはホワイトにより提唱されたコンピテンスの欲求です (White, 1959)。**コンピテンス**とは、生物が周囲の環境と効果的に相互作用することができる能力のことであり、習熟志向や好奇心などはコンピテンスの欲求の現れであると考えられました。同時期には、**マズローの欲求段階説**の中で自己実現の欲求として可能性を発揮しようとする欲求の存在が生理的な欲求よりも高次な欲求として仮定されたりするなど、心理的欲求に着目した議論が展開されていました (図 8-2)。

心理的欲求に関する議論の中から、生物が成長に向かう傾向性を反映するものとして、**内発的動機づけ**の概念が提唱されました (Deci, 1975 安藤・石田訳 1980)。内発的動機づけは、興味や習熟、刺激、知識の拡充など、内在的な報酬により対象の行動が動機づけられている状態を指します。他方で、社会

的・物質的な報酬や罰のように対象の行動との結びつきが必然的ではない要素により動機づけられている状態は、**外発的動機づけ**と呼ばれるようになりました。

(2) 自己決定理論

自己決定理論は、自律性・有能さ（コンピテンス）・関係性の3つの心理的欲求を中核的な欲求に位置づけ、その力動的な働きを論じたもので、最も影響力のある動機づけ理論のひとつです（Ryan & Deci, 2017）。人が生まれ持った可能性を発揮し、社会の価値観と自己の価値観を調和させ、人格を発達させる過程を実証的知見に基づいて論じています。

自己決定理論はいくつかのミニ理論から構成されています。(1) 認知的評価理論では、外発的な報酬が内発的動機づけに影響する過程が議論されています。内発的に動機づけられていた活動に対して、「よくできたらご褒美をあげよう」のように報酬を期待させる文脈が与えられると、報酬の得られない文脈よりも活動が行われにくくなることが知られています。この現象は**アンダーマイニング効果**と呼ばれており、自らが活動の主体でありたいという自律性の欲求を阻害してしまうために内発的動機づけが低下してしまうと考えられています。ただし、必ずしも報酬のすべてに問題があるわけではなく、例えば成長を褒めるなど、自律性を損なわないように期待を強調せず、有能さを獲得・発揮したプロセスに対する報酬であれば、内発的動機づけの向上（**エンハンシング効果**）につながると考えられています。

(2) 有機的統合理論では、社会や他者からもたらされた価値観を自己の価値観と調和させ、外発的動機づけをより内発的動機づけに近い自律的なものへと質的に変容させていく過程が記述されています。この理論では、外発的動機づけを自律性の程度の違いからいくつかの調整段階に分類して整理しています（図8-3）。外的調整は、明示的な報酬や罰によって動機づけられている段階です。取り入れ調整は、恥や誇りといった感情により、自己の内部に取り入れられた社会・他者の視点に影響されて動機づけられている段階です。同一化調整は、自己にとっての活動の価値を認め、その重要性の認識によって動機づけら

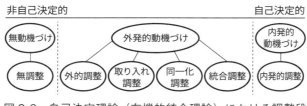

図8-3 自己決定理論（有機的統合理論）における調整段階の分類
（Ryan & Deci（2017）を参考に作成）

れている段階です。統合調整は最も内発的動機づけに近く、活動の価値と自己の価値観とが一体となって調和している段階です。外発的動機づけが外的調整から統合調整へと変化していく過程は内在化と呼ばれています。教育の文脈では、内在化の進んだ調整段階をもつ学習者の方が、高い学業達成を示しやすいことが示されています（Howard et al., 2021）。内発的動機づけと同様に、自律性・有能さ・関係性を求める心理的欲求が満たされることが、内在化においても重要であると考えられています。

　自己決定理論には、他に4つのミニ理論があります。(3) 基本的心理欲求理論では、心理的欲求の充足とウェルビーイングの関係が論じられています。(4) 因果的志向性理論では、心理的欲求を求める動機づけの志向性についてパーソナリティの視点から議論されています。(5) 目標内容理論では、生涯における人生目標を内発・外発の視点で区分し、その機能について論じられています。(6) 関係性動機づけ理論では、良好な関係性の構築における自律性の相互尊重の重要さが論じられています。自己決定理論ではこれらのミニ理論を通じて、人が社会集団の中で可能性を発揮し、幸福に生きていくための姿を、心理的欲求の働きに注目して、総合的に論じています。

3. 認知・感情に関する動機づけ理論

(1) 期待と価値

認知・感情に関する動機づけ理論では、動機づけの至近要因となる認知過程が議論されてきました。基本単位として**期待**と**価値**がよく注目されます。期待は、ある活動を行うことが成功するか失敗するかという確率についての主観的な見込みです。価値は、ある活動を行うことで何か好ましいことが得られるかという主観的な認識です。

近年、期待と価値の働きを整理したものとしてよく参照されるのは、エクルズらによって提唱された**状況的期待 ― 価値理論**です（Eccles & Wigfield, 2020）。状況的期待 ― 価値理論では、ある課題や活動に取り組むことへの動機づけの至近要因として期待の認知と、興味価値・獲得価値・利用価値・コスト（負の価値）の 4 種類の課題価値の認知を仮定します。興味価値は、活動により喚起される興味に置かれる価値を指します。獲得価値は、活動を通した望ましい自己の獲得に関わる価値を指します。利用価値は、活動が自身にとって役に立つかという認識に基づく価値を指します。コストは、活動自体が持つ労力・時間・費用等の側面での負担感です。こうした期待や価値の認知は、直面している課題や活動自体の特徴のみでなく、社会・文化的な規範の内在化や、

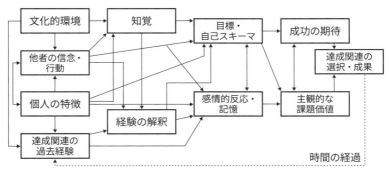

図 8-4　状況的期待 ― 価値理論のモデル
（Eccles & Wigfield（2020）の Figure 1 を参考に作成）

生得的な気質、過去経験の蓄積により形成された態度・信念、長期的な目標などによっても規定されることが仮定されています（図8-4）。状況的期待 ― 価値理論は動機づけの至近要因に着目しつつ、その形成に至る長期的な力動的プロセスをも説明しようと試みています。

(2) 期待に関わる認知 ― 学習性無力感と原因帰属

　動機づけを規定する期待の認知は、主体 ― 手段 ― 目標の三項関係から整理されています。主体 ― 目標の間で形成されるのは、主体がある目標を達成することができそうかという全般的な期待です。手段 ― 目標の間で形成されるのは、ある手段が目標の達成に有効であるかという条件づけにおける随伴性期待に相当する結果期待です。主体 ― 手段の間で形成されるのは、主体がある手段を完遂することができそうかという効力期待です。効力期待を持っている感覚は**自己効力**と呼ばれます。この概念を提唱した**バンデューラ**（第6章）は、社会的学習の役割を重視しており、期待の形成は直接的な自身の成功・失敗体験だけでなく、他者の行動や成功・失敗の観察、他者からの言語的説得などを通しても生じると論じています（Bandura, 1977 原野監訳 1979）。

　人は直接的・社会的な学習過程を通じて期待を形成していますが、自分には期待が持てないという無気力状態もまた、学習を通して形成されます。**セリグマン**はイヌや人を対象とした実験を行い、自身の行動では結果を変えることができないということを繰り返し経験することにより、後の状況で学習や達成行動が生じにくくなることを示しました（e.g., Seligman & Maier, 1967）。この状態は**学習性無力感**と呼ばれており、抑うつ等の精神病理にもつながると考えられています。

　人がある経験を経てどのような期待を形成するかは、その経験をどのように認知するかによって左右されると考えられています。例えば、学習性無力感の生じやすさに着目した研究からは、結果を変えることができないという経験が、自らの行動によって引き起こされたものであり、状況が変わっても、常に生じるであろうと認識しやすい人ほど期待を持ちにくい（学習性無力感に陥りやすい）ことが示されています（Seligman, 1991 山村訳 2013）。より包括的

に期待に影響する認知のあり方を検討したものとして、ワイナーの**原因帰属理論**が知られています（Weiner, 1985）。原因帰属理論では、人がある結果を得た理由を認知する過程を原因帰属と呼び、原因帰属の仕方を統制の位置（内的 vs 外的）、安定性（安定 vs 不安定）、統制可能性（可能 vs 不可能）の3つの要因の組み合わせにより整理しました。後の**統制 — 価値理論**では、異なる原因帰属の仕方によって生起する感情経験が、将来の動機づけに影響する力動的プロセスが整理されています（Pekrun, 2006）。

（3）価値に関わる認知 — 達成目標とマインドセット

　自身にとって好ましい結果が得られそうだと感じられるほど価値を高く認知することになりますが、何をもって好ましい結果であるととらえるかは、認知の仕方によって規定されます。前の節において、人はコンピテンスの欲求を持っているというホワイトの論を紹介しましたが、自身をコンピテンスを持った存在ととらえる基準にはいくつかの分類が想定できます。これらの基準は**達成目標**という概念として整理されてきました。達成目標の分類としては、習熟などにより自身の成長をもってコンピテンスを認識するというマスタリー目標と、他者からの賞賛や他者と比較した優越により自身のコンピテンスを認識するというパフォーマンス目標の区分が広く受け入れられています。また、これらの目標はさらに、望ましい状態を目指すか、望ましくない状態を避けるかといった接近 — 回避と交差した分類によって詳細に区分することで、達成行動への影響をよく整理できると考えられています（Elliot & McGregor, 2001）。

　教育場面において、達成目標の違いはさまざまな形で学習行動の違いにつながります。例えば、達成できなさそうな困難な課題に直面した際、マスタリー目標の強い学習者はその課題に挑戦することを失敗しても成長につなげられる好機ととらえて挑戦しようとしますが、パフォーマンス目標（とくに回避目標）の強い学習者はその課題に挑戦することは失敗して無能さを露呈してしまう危機ととらえて挑戦を回避しようとしやすいです（Dweck, 1986）。また、マスタリー目標の高い学習者は内発的動機づけも高く、自身の興味に基づいて、深く理解することを志向した学習を行いやすい一方で、パフォーマンス目

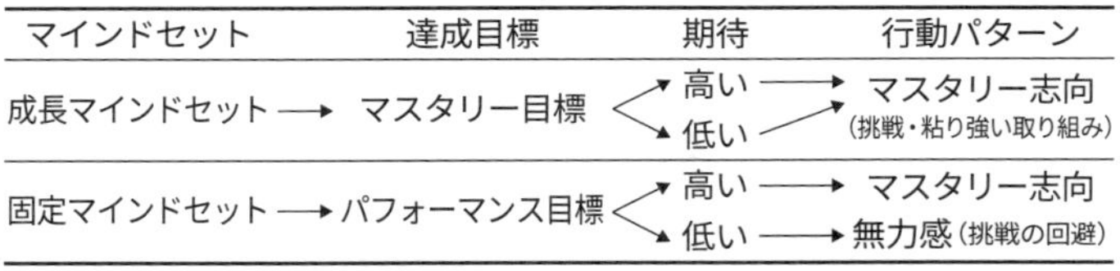

マインドセット	達成目標	期待	行動パターン
成長マインドセット →	マスタリー目標	高い / 低い	マスタリー志向（挑戦・粘り強い取り組み）
固定マインドセット →	パフォーマンス目標	高い / 低い	マスタリー志向 / 無力感（挑戦の回避）

図8-5　マインドセットと達成目標・行動との関連
（Dweck（1986）を参考に作成）

標の高い学習者は高成績・高評価を得るために必要な要素の把握に注力し、暗記のような浅い学習を行いやすいことも示されています（Senko et al., 2013）。

達成目標の違いが生まれる背後には、能力や人の心理的特徴の可変性に関する素朴な信念の影響があると考えられています。こうした信念をドゥエックらは当初、**暗黙の知能観**と呼び、後にマインドセットという概念で整理しています（Dweck, 2007 今西訳 2016）。マインドセット（暗黙の知能観）は大きく二つの分類からとらえられます。能力や知性は成長するものであり、努力によって変えられるという信念は成長マインドセット（増大的知能観）と呼ばれています。他方で、能力や知性は生まれ持って固定的であり、変えられないという信念は固定マインドセット（固定的知能観）と呼ばれています。成長マインドセットを持つ人はマスタリー目標を志向しやすく、固定マインドセットを持つ人はパフォーマンス目標を志向しやすいという対応関係が想定されています（図8-5）。

4. 動機づけ理論から教育実践への示唆

動機づけ研究は、人の主体的な行動の背後にある心の働きについて多様な概念・理論を用いて理解しようとしています。ただし、動機づけは行動の原因そのものではないという点には注意が必要です。私たちは心の内面に行動の原因があるととらえてしまいがちですが、そうした説明はしばしばトートロジーに陥ります。「彼が毎日努力しているのは内発的動機づけが高いからだ」という説明はもっともらしく見えますが、なぜそう推測したのかへの答えが「内発

的動機づけが高いのは、彼が毎日努力しているのを見ればわかる」となってしまっては原因の説明にはなりません。動機づけの概念は行動の原因ではなく、社会環境での経験を通してある行動が生起する過程を理解するための構成概念です。これまでに紹介した理論で触れられてきたように、動機づけは過去経験の蓄積や直面する課題によって形成されるものです。行動の背後にある動機づけを明らかにする目的は、そうした社会環境要因が行動の生起につながる力動的なプロセスを理解し、その理解をもとに行動の説明、予測、制御に活用することにあります。

　欲求に関する動機づけ理論は、教育者として学習者に関わる際の包括的な行動指針を提供してくれます。自己決定理論では、基本的心理欲求として位置づけられた自律性・有能さ・関係性の欲求が満たされることが、内発的動機づけの促進や外発的動機づけの内在化において重要であることが論じられていました。この視点から教育実践の場を考えると、学習者の選択や決定を尊重したり、学習者の成長につながる適度な挑戦の機会を提供したり、学習者の考えや行動に適切に応答したりすることが重要であることが示唆されます。例えば学習者を**褒め**る際にも、褒められるために努力しようとさせるような強制の感覚を抱かせず、これまでの成長を褒めるとともに、次に向かうべき最適な課題へと促すような褒めをすることが重要です（Henderlong & Lepper, 2002）。リーブらは教師を対象とした研究により、自己決定理論の考え方を学び、過去の実践を内省し、自律性支援を実践していくことを支援する研修プログラムを受けることで、教師の指導の仕方に変化が見られ、学習者の動機づけにも好ましい波及効果が見られることを示しています（Reeve et al., 2022）。

　認知・感情に関する動機づけ理論は、学習者の動機づけに至る認知を変えることで、学習行動に変化をもたらそうとする介入手法の開発につながっています。例えば、状況的期待 ― 価値理論に基づくものとして**利用価値介入**と呼ばれる手法があります（Hullman & Harackiewicz, 2020）。この手法では、学習者に授業で学習した内容と日常生活の中での個人的な関心や目標との結びつきを考えてもらうことで、利用価値の認知に働きかけて動機づけを向上させようとします。実際に、利用価値介入を受けた学習者は、授業の最後まで持続的

に深く学ぼうとする傾向が高まることなどが報告されています（Goto, 2024）。また、学習性無力感や原因帰属理論に基づく介入手法に**再帰属訓練**があります（Dweck, 1975）。この手法では、学習者の期待を高めるために成功体験を積んでもらうのではなく、あえて失敗を経験してもらい、その経験を自らの努力で克服してもらいます。学習者の「自分にはできない」という不適応的な原因帰属の仕方を修正することで動機づけを向上させ、困難に直面しても持続的に挑戦しようとする行動を促す手法です。

　動機づけ理論に基づく知見は、部分的に介入として取り入れるのではなく、普段の関わり方なども含めて、全体的な教育環境の設計に見直しを図ることが必要な場合もあります。例えば、近年、注目を集めてきた手法に**マインドセット介入**があります。能力や知性は努力によって成長させることができるという科学的知見や、実際に努力によって高い成果を挙げた著名人の経験に触れることで、学習者に成長マインドセットを身につけてもらおうとする手法です。この手法のコンセプトは理論的にも理解可能なものですが、介入の有効性に関しては知見の頑健さに疑義が呈されています（Macnamara & Burgoyne, 2023）。介入の有効性については議論の続くところですが、有効性を左右するひとつの可能性として、学習者の置かれている環境との適合性が指摘されています。学習者個人にマインドセット介入を実施したとしても、指導する教師が固定マインドセットを持っていた場合には、介入はマインドセットを変えにくかったことが報告されています（Yeager et al., 2022）。介入の効果を発揮するためには、教師自身も学習者の才能ではなく成長を評価するように、成長マインドセットに基づいて学習者と関わる必要があるのかもしれません。

　最後に、学習者自身が持つ動機づけの性質に関する素朴な理解に対する心理教育のために研究知見を活用することも重要です。動機づけは他者や環境から働きかけられて変わるだけではなく、学習者自身で調整しようと働きかけて変えることもあります。こうした働きかけは動機づけ調整方略と呼ばれており、動機づけの概念区分と同様に、興味や価値の認知に働きかける内発的な動機づけ調整方略と自身に報酬や罰を設定する外発的な動機づけ調整方略に大別されます（後藤, 2022）。適切に動機づけを調整するためには、方略の有効性

の認知が正確であることが必要です。しかし、人は内発的な報酬の効果を外発的な報酬の効果よりも低く見積もりやすいなど、動機づけの性質についての知識は必ずしも正確でないことがわかっています（Kuratomi et al., 2022）。動機づけに関するメタ認知的な知識や素朴理解（**メタ動機づけ**）を変えることで、動機づけを適切に調整する方略を身につけることも、生涯を通して学び続ける学習者の育成にとって重要だと考えられます。

〈コラム〉教育への技術導入のELSIと動機づけ研究

マルチメディア、遠隔通信、生成AIなど、技術発展の波は教育場面にも押し寄せています。新しい技術の導入は好ましい結果をもたらすばかりとは限らず、生じうる**倫理的・法的・社会的課題（ELSI）**を予見し、対処の方策を考えることも必要です（加納ほか, 2024）。動機づけ研究の視点は、教育技術の導入に教育者や学習者がどのように応答するかを予見することに貢献します。例えば、技術的には学習者の成長を支援する個別最適化された問題を出題するテストや教材が可能ですが、「個別最適化された問題」として挑戦的な問題を好むか正解できそうな簡単な問題を好むかは学習者の動機づけに依存する傾向にあります（Goto et al., 2024）。また、AI技術を活用した教材は学習者の自律的な学習に貢献する要素もありますが、自律性支援を行なっている教師ほどAI技術に否定的な態度を持ちやすい傾向にあります（後藤ほか, 2024）。技術の導入が意図しない結果に至る可能性を抑え、効果的な教材として活用してもらうためには、教育者や学習者がどのように用いるのか、動機づけの視点を取り入れた研究から予見し、対応策を議論することも必要です。

〈確認問題〉

動機づけの根源にある欲求は（ ① ）と（ ② ）に大別されます。（ ② ）の働きを論じた自己決定理論は（ ③ ）研究の流れをもとに発展してきました。報酬を期待することで（ ③ ）が低下する（ ④ ）効果や、（ ⑤ ）の調整段階の質的な変化などを（ ② ）の働きから説明しています。

動機づけの至近的な認知要因としては（ ⑥ ）と（ ⑦ ）の働きが主

に議論されています。（　⑥　）に関する概念にはバンデューラの提唱した（　⑧　）やセリグマンの提唱した（　⑨　）があります。価値の認知には、ドゥエックの提唱した（　⑩　）が関わることが知られ、その認識を変えようとする介入手法も開発されています。

〈選択肢〉
期待　価値　心理的欲求　生理的欲求　自己効力　マインドセット　アンダーマイニング　学習性無力感　内発的動機づけ　外発的動機づけ

引用文献

Bandura, A. (1977). *Social learning theory*. Prentice-Hall.（A. バンデューラ 原野広太郎（監訳）1979 社会的学習理論 ── 人間理解と教育の基礎 金子書房）

Deci, E. L. (1975). *Intrinsic motivation*. Plenum Press.（E. L. デシ 安藤延男・石田梅男（訳）1980 内発的動機づけ ── 実験社会心理学的アプローチ 誠信書房）

Dweck, C. S. (1975). The role of expectations and attributions in the alleviation of learned helplessness. *Journal of Personality and Social Psychology*, 31, 674-685.

Dweck, C. S. (1986). Motivational processes affecting learning. *American Psychologist*, 41, 1040-1048.

Dweck, C. S. (2007). Mindset: The new psychology of success. Ballantine Books.（C. S. ドゥエック 今西康子（訳）2016 マインドセット-「やればできる！」の研究 草思社）

Eccles, J. S. & Wigfield, A. (2020). From expectancy-value theory to situated expectancy-value theory: A developmental, social cognitive, and sociocultural perspective on motivation. *Contemporary Educational Psychology*, 61, 101859.

Elliot, A. J. & McGregor, H. A. (2001). A 2 × 2 achievement goal framework. *Journal of Personality and Social Psychology*, 80, 501-519.

後藤崇志（2022）. 主体的な学習と感情制御. 有光興記（監修）飯田沙依亜・榊原良太・手塚洋介（編）感情制御ハンドブック. (pp.226-234) 北大路書房.

Goto, T. (2024). Brief research report: The impact of a utility-value intervention on students' engagement. *The Journal of Experimental Education*, 92, 713-722.

Goto, T., Kano, K., & Shiose, T. (2024). Achievement goal impacts students' preferences for "personalized problems" in computer-adaptive tests. *Japanese Psychological Research*, 66, 154-165.

後藤崇志・塩瀬隆之・村上正行・加納圭（2024）. 教師エージェンシーと教師のEdTech利用意図

の関連 日本教育工学会 2024 年秋季全国大会, 宮城

Harlow, H. F. (1950). Learning and satiation of response in intrinsically motivated complex puzzle performance by monkeys. *Journal of Comparative and Physiological Psychology*, 43, 289-294.

Harlow, H. F. (1958). The nature of love. *American Psychologist*, 13, 675-685.

Henderlong, J. & Lepper, M. R. (2002). The effects of praise eon children's intrinsic motivation: A review and synthesis. *Psychological Bulletin*, 128, 774-795.

廣瀬清人・菱沼典子・印東桂子 (2009). マズローの基本的欲求の階層図への原典からの新解釈 聖路加看護大学紀要, 35, 28-36.

Howard, J. L., Bureau, J. S., Guay, F., Chong, J. X. Y., & Ryan, R. M. (2021). Student motivation and associated outcomes: A meta-analysis from self-determination theory. *Perspectives on Psychological Science*, 16, 1300-1323.

Hull, C. L. (1943). *Principles of Behavior*. Appleton-Century-Crofts. (C. L. ハル 能見義博・岡本栄一（訳）1960 行動の原理 誠信書房）

Hulleman, C. S., & Harackiewicz, J. M. (2020). The utility-value intervention. In G. W. Walton & A. Crum (Eds.), *Handbook of wise interventions: How social-psychological insights can help solve problems* (pp. 100-125). Guilford Press.

加納圭・神崎宣次・岸本充生・後藤崇志・佐藤仁・塩瀬隆之・高橋哲・藤村祐子・堀口悟郎・水町衣里・村上正行・若林魁人 (2024). 教育データ利活用 EdTech（エドテック）の ELSI（倫理的・法的・社会的課題）論点フレームワーク. 磯部哲（編集代表）河嶋春菜・柴田洋二郎・堀口悟郎・水林翔（編）シリーズ怪獣化するプラットフォーム権力と法 IV 巻 プラットフォームと社会基盤. 慶應義塾大学出版会. pp.161-181.

Kim, S.-I., Reeve, J. & Bong, M. (2016), Introduction to Motivational Neuroscience. S.-I. Kim, J. Reeve, & M. Bong (Eds.) Recent Developments in Neuroscience Research on Human Motivation (Advances in Motivation and Achievement, Vol. 19). (pp.1-19) Emerald Publishing Limited.

Kuratomi, K., Johnsen, L., Kitagami, S., Hatano, A., & Murayama, K. (2023). People underestimate their capability to motivate themselves without performance-based extrinsic incentives. *Motivation and Emotion*, 47, 509-523.

Macnamara, B. N., & Burgoyne, A. P. (2023). Do growth mindset interventions impact students' academic achievement? A systematic review and meta-analysis with recommendations for best practices. *Psychological Bulletin*, 149, 133-173.

Pekrun, R.(2006)The control-value theory of achievement emotions: Assumptions, corollaries, and implications for educational research and practice. *Educational Psychology Review*, 18, 315-341.

Reeve, J., Ryan, R. M., Cheon, S. H., Matos, L., & Kaplan, H. (2022). *Supporting students' motivation: Strategies for success*. Routledge.

Ryan, R. M. & Deci, E. L. (2017). *Self-determination theory: Basic psychological needs in motivation, development, and wellness*. Guilford Press.

Seligman, M. E. P. & Maier, S. F. (1967). Failure to escape traumatic shock. *Journal of Experimental Psychology*, 94, 1-9.

Seligman, M. E. P. (1991). *Learned optimism*. Knopf.（M. E. P. セリグマン 山村宣子（訳）2013 オプティミストはなぜ成功するか 新装版 パンローリング）

Senko, C., Hama, H., & Belmonte, K. (2013). Achievement goals, study strategies, and achievement: A test of the "learning agenda" framework. *Learning & Individual Differences*, 24, 1-10.

Weiner, B. (1985). An attributional theory of achievement motivation and emotion. *Psychological Review*, 71, 3-25.

White, R. W. (1959). Motivation reconsidered: The concept of competence. *Psychological Review*, 66, 297-333.（R. W. ホワイト 左柳信男（訳）2015 モチベーション再考―コンピテンス概念の提唱 新曜社）

Yeager, D. S., Carroll, J. M., Buontempo, J., Cimpian, A., Woody, S., Crosnoe, R., Muller, C., Murray, J., Mhatre, P., Kersting, N., Hulleman, C., Kudym, M., Murphy, M., Duckworth, A. L., Walton, G. M., & Dweck, C. S. (2022). Teacher mindsets help explain where a growth-mindset intervention does and doesn't Work. *Psychological Science*, 33, 18-32.

〈確認問題解答〉

①生理的欲求　②心理的欲求　③内発的動機づけ　④アンダーマイニング　⑤外発的動機づけ　⑥期待　⑦価値　⑧自己効力　⑨学習性無力感　⑩マインドセット

第9章

教育評価

久保田（河本）愛子

　学校ではさまざまな形で、評価というものが行われています。「評価する」と言葉で言うのは簡単ですが、意外と的確な評価を行うことは難しいものです。そこで本章では、教育評価について理解を深め、適切に評価をし、よりよい教育実践を目指していくために、どのような工夫ができるかについて紹介したいと思います。

1. 教育評価とは

(1) 教育評価の定義
　教育評価とは、教育がどの程度うまく機能しているかを評価し、教育を改善する営みのことをいいます。教育評価と聞くと、テストの得点を集計して成績をつけること、というイメージがあるかもしれません。しかし、それは教育評価の一部に過ぎません。教育評価の対象は①子どもの学習、②教育の方策、③教育目的・目標の3つに分類できるといわれます。①子どもの学習については、テストの成績をつけることのほか、教師が授業中の子どもの様子を見て、「この子が問題で誤答しているのは、この部分でつまずいているからではないか」「この子は将来成績が伸びるかもしれない」といったように、何らかの価値判断や解釈を行い、その情報を授業に生かしていくことも教育評価といいます。教育評価で子どもを値踏みするのではなく、その評価を通して改善に向かうことが最も重要です。また、特定の指導法や教育課程などが子どもの学びにいかに貢献しているかを評価したり（②教育の方策）、評価基準として設

定されている教育目的や目標そのものが妥当であるかを評価すること（③教育目的・目標）も教育評価と呼ばれます。

(2) 適切な教育評価ができていない状況

　教育評価は、児童生徒のその後の学力や人格形成にも影響を及ぼす可能性があります。例えばローゼンタールとジェイコブソンが行った実験では、「この子は今後成績が伸びるだろう」と教員が期待した子どもほど、その後の成績が上がること、すなわち**ピグマリオン効果（教師期待効果）**と呼ばれる現象が、とくに小学校低学年の子に見られたことが示されています（Rosenthal & Jacobson, 1968）。教育評価についてより深く理解し、適切な評価を行おうと教員が努めることは、子どもの学力や人格形成の観点からも重要なのです。

　それでは、適切な教育評価とはどのようなものなのでしょうか。ここでは適切な教育評価が行われていない状況を考えてみたいと思います。まず、評価に偏りが生じてしまう点が挙げられます。例えば5段階で評価している場合、3の評価が多くなってしまうことがあります。これを**中心化傾向**と呼びます。

　また、えこひいきといった言葉に代表されるように、普段から素行の良い学生のことは、実際に大した成績をあげていなくとも、感覚的に良い成績を与えてしまうケースもあります。その反対に、普段から素行の悪い学生のことを、悪く評価してしまうケースもあるでしょう。このように、ある個人の評価を行う際、その人の望ましい、あるいは望ましくない側面があると、別の側面に関しても望ましい、あるいは望ましくないと、その判断を拡張してしまう傾向のことを**ハロー効果（光背効果）**と呼びます。

　他にも、予め決められた客観的基準とは関係のない他の人や事象の基準を元に評価してしまったり（**対比効果**）、実際よりも甘く評価をして（**寛大化効果**）、厳しい評価をつけることで生じる悪影響を避けようとすることもあります。このように実践者が気を付けなければ、上記のような状況に陥る可能性があるため、適切に教育評価を行う知識を身に付ける必要があります。

2. 評価の基準

(1) 相対評価

　本節では評価の基準として、相対評価と絶対評価の違いを説明します（表9-1）。**相対評価**とは、ある集団内でほかの人と比較した場合に、ある個人の様子や成績が相対的にどの程度の位置・序列であるのかを基準に行われる評価のことです。例えば**偏差値**は相対評価にあたります。偏差値とは、ある集団における得点を平均点が50、標準偏差が10となるように変換した指標のことです。相対評価の利点は、評価基準に教師の主観が入りにくいため、子どもや保護者にもわかりやすいという点にあります。

表9-1　相対評価と絶対評価

相対評価	絶対評価
・評価基準に主観が入りにくいため、わかりやすい ・どのような集団で比べられるかによって評価が変わる可能性がある	・到達度評価：到達目標に達しなかった子どもがなぜ目標に到達することができなかったのか原因を踏まえた上で、教育実践を見直すことができる ・個人内評価：成績が平均より低い状況であったとしても、その子の学力の成長を評価することができる

　その一方で、相対評価は、その子どもがどのような集団で比べられるかによって、その評価が変わる可能性があるという性質もあります。例えば、クラス全員が一生懸命勉強をして、全員がテストで80点以上とれた場合にも、相対評価で5段階評価をつけなければならない場合には、5段階評価中1や2の成績をつけられる子が出てきてしまいます。また、この評価方法をとると、仮にある子が中学校3年生の2学期に1学期よりも努力し、テストの点数が上がったとしても、周りの子も同じように努力していてクラス内順位が上がらなければ、その努力を成績として評価することができないという限界もあります。

(2) 絶対評価

　絶対評価とは、狭義には、評価者の絶対性のある評価基準に基づいて行われる評価のことを指します。例えば、テストで 80 点以上をとれた場合には成績を 5 段階評価の 5 つけるといったケースは絶対評価となります。

　絶対評価は気をつけないと教師の主観によって客観性のない評価が行われてしまう可能性があります。例えば、戦前には教師の独断により恣意的に評価が行われていたケースがありました。しかし現在では、絶対評価という言葉が使われた場合、実質的には**到達度評価**が想定されている場合が多いです。到達度評価とは、到達目標に照らした上で個人の様子や成績を位置づけて行われる評価のことをいいます。到達目標とは、「この時期までに、九九を計算できるようにしたい」といったように子どもたちが到達すべき目標のことを指します。到達度評価は授業で到達すべき目標が設定されて初めて評価が可能となります。到達目標を設定することで、到達目標に達しなかった子どもがなぜ目標に到達することができなかったのか原因を踏まえた上で、教育実践を見直すことができます。

　絶対評価の中には、ある子どもの状況を継続的に評価したり、ある子どもの長所や短所を総合的に評価したりする**個人内評価**と呼ばれる評価もあります。例えば学期が始まった当初は英語の標準テストが 30 点だった子どもが、学期末には 40 点となった場合を考えてみましょう。いずれのテストも平均点と標準偏差はほぼ同じで、平均点は 50 点だったとします。相対評価や到達度評価を行った場合、その子は英語ができると評価しがたい状況です。しかし個人内評価の観点で評価すると、その子の学期末の成績を、過去の成績と比べて評価できるため、その子は学期開始当初よりも成績が上がったと判断され、学期末の成績が平均より低い状況であったとしても、その子の学力の成長を評価することができるのです。

3. マスタリーラーニングと教育評価の機能

本節では、教育評価を授業実践にどのように生かすかを考えていきます。授業を行っても、クラスに学力差がある場合、授業についていけない子が出てきてしまう場合があります。どうしたらクラス全員が力を伸ばし、学力差が縮まる授業ができるのでしょうか。ブルームという研究者は、このような研究関心に基づき、**マスタリーラーニング（完全習得学習）**という概念を提唱しています（Bloom et al., 1971 梶田他訳, 1973）。ブルームは「結果の平等」に目を向け、授業を通して設定した到達目標を全員が達成できることを重視しました。しかし、授業を受ける人の中には、一回で授業内容を理解できる人もいれば、何度も繰り返さないと理解できない人もいます。そのため、目標を明確にした上で、後述する形成的評価を実施することで一人一人の学習の状況を把握し、つまずきのある子には補足的な指導を、習得できた子どもには発展的な課題を与え、全員が目標を達成できるよう工夫を行うことを主張しました。

ブルームは授業の過程で行われる評価は、その評価の機能により**診断的評価、形成的評価、総括的評価**の3種類に分かれるといいました。そして教員がその評価の役割に基づき有効なフィードバックを行い、必要な時には補足的に指導を行うことが必要だといいます（図9-1）。

診断的評価とは、学年開始時や授業開始時に、教育方針や授業と関連のある特性や授業を学ぶ上で必要となる学力や生活経験がどの程度あるかを把握するための評価を指します。診断的評価の情報は授業の学習形態、授業の目標設定や指導計画にフィードバックされます。例えば、子どもの興味や学力、身体的能力等に著しい偏りがあり、一斉に授業を行うのは難しいと想定された場合、その授業に関わると考えられる特性や能力を診断的評価により評価し、その結果を考慮に入れた上でクラスや班編成を工夫したり、授業前に個別指導を行うことが考えられます。他に子どもの生活経験の実態を診断的評価により評価し、その結果を踏まえて発問や課題を工夫したりすることも、診断的評価を授業にフィードバックする例として挙げられます。

形成的評価とは、単元の途中で子どもの学習が狙い通りに進展しているか把握するための評価を指します。形成的評価の情報により授業が狙い通りに展開していないと判断された場合には、授業計画の改善やできない子どもに対して子どものつまずきを踏まえた上で補講を行うことになります。このように学習を改善する目的で、学習者の思考や行動を修正するために伝達される情報のことを**形成的フィードバック**といいます。形成的評価の目的は、子どもの学習が狙い通りに進展しているか把握し、その状況に応じて目標を全員が達成できるよう支援することにあります。ですので、形成的評価の結果は成績づけには使われません。また、形成的評価を行うために小テストを実施する場合、そのテストでは教えたこと以外を問うものであってはならず、結果は評価基準とともに子どもたちにフィードバックすることが肝要とされます。小テストの結果だけで子どもが一喜一憂しないよう、どこで間違ったかを丁寧に指導し、子どもが目標を達成できるよう支援を行うことが最も重要です。

総括的評価とは、単元終了時や学期末等に行われる評価のことで、成績づけや認定、進捗の評価、教育の有効性の検討などを目的として行われる評価を指します。教師にとっては、そこで行われた授業の有効性を判断し、授業の反省に生かすこと、そして子どもにとっては、自身がどれだけ授業の目標を達成できたのかを確認するためにフィードバックがなされます。無論、ここでの評価とは、テストによる評価だけを意味しませんので、それまでの学習のプロセス全体を評価しフィードバックが行われれば、レポートや発表等、他の形態でも問題ありません。

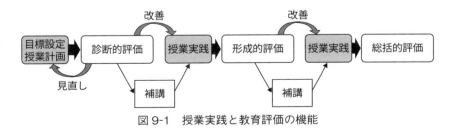

図 9-1 授業実践と教育評価の機能

4. テスト以外の評価方法

　学校ではテストの成績が重視されることが多くあります。しかし、多くのテストは日常生活とかけ離れた状況での知識の有無や思考力を評価しているため、テストで良い点がとれたとしても、仕事や実生活の中で活躍できるとは限りません。例えば、恋愛シミュレーションゲームの攻略が上手な人も、現実場面で恋愛が上手くいくかというとそうとは限らないでしょう。この例と同様に、学校で知識を習得したとしても、学校外や将来遭遇するであろう本物の体験を経験しなければ、そこでの知識は生かされないという考え方があります。このような考え方に基づき、テストのような特別な状況ではなく、現実世界を模した課題に取り組ませるプロセスの中で子どもを評価することを**真正の評価**といいます。

　真正の評価では多くの場合、**パフォーマンス評価**と呼ばれる評価が行われます。パフォーマンス評価とは、さまざまな知識や技能を活用することを求めるプロセスやふるまい、作品を評価することを指します。例えば「観光ガイドとして、海外からきた観光客向けに英語で観光スポットをわかりやすく紹介するパンフレットを作ろう」といったように、実際起こり得る課題を課し、そこでの作品の出来により評価を行うことが挙げられます。パフォーマンス評価には、レポートやポスター、絵画など作品を完成させる場合と、ディスカッション、口頭発表やロールプレイ、実験器具の取り扱いなど、発表や実演をさせる場合があります。

　ただし、パフォーマンスによって評価を行う場合、テストのように正答がはっきりとするわけではないため、評価基準が曖昧になりがちで、適切な評価がなされにくいという課題があります。この課題を解決する上で注目されているのが**ルーブリック**です。ルーブリックとは、子どものパフォーマンスの質を段階的に評価するため、その評価基準を表にしてまとめたものを指します（表9-2）。ルーブリックが提示されることで、教師と子どもとの間で課題を通して達成すべき姿について具体的なイメージを共有することができます。すると、

表9-2　ルーブリックの例

	発信する力	聴く力
5	積極的に発言し、自分の意見を他の人の意見に関連づけながら、話し合いを深めようとしている。	グループのメンバーの発言に興味をもち、発言に質問したり、感想を言うなど積極的に反応することができる。
4	複数回自分の意見を発言することができる。自分の意見を他の人の意見に関連づけようとしている。	グループのメンバーの発言に興味をもち、感想を言うなど発言に反応することができる。
3	複数回自分の意見を発言することができる。	グループのメンバーの発言に興味をもち、相槌をうつなど聞いている姿勢を示すことができる。
2	求められれば、自分の意見を述べることができる。	グループのメンバーの発言に興味をもち、発言を聞こうとする様子が見られる。
1	求められた際、周りの補助があれば、自分の意見を述べることができる。	グループのメンバーの発言を聞いている。

教師も子どももどのような視点で課題や活動のプロセスを点検し、改善すればよいかの共通理解がしやすくなります。

　しかし、いくら評価基準が明確であっても、肝心の評価の対象物がなければ、とくに子どもが自身を自己評価する場合、評価することが難しい場合があります。そこで注目されるのが、ポートフォリオです。ポートフォリオとは、子供の作品、自己評価の記録、教師の指導と評価の記録などを系統的に蓄積していくものです。例えば教科や総合的な学習の時間に、それまでに作成したワークシートを一つの冊子やファイルにまとめる活動を行うことがありますが、そこで作品や記録を整理してまとめた冊子のことをポートフォリオといいます。そして**ポートフォリオ評価**とは、ポートフォリオを活用して、どのような点で成長し、どこまで到達したか、次の課題は何かを児童生徒と教師で対話を重ねながら振り返る評価のことをいいます。ポートフォリオ評価を積み重ねると、教師が場当たり的に指導を行うのではなく、子どもの学習の流れを的確につかみながら助言しやすくなります。また、教師が明確な評価基準を設定していれば、子ども自身もポートフォリオを見ながら、自分の学習のどこが良くてどこが悪いのかを理解できるようになり、自己評価力を鍛えることができま

す。

5. 評価の質の検討方法

（1）教育評価の妥当性

　これまで述べたように教育評価には、さまざまな種類が見られますが、その評価を実践により効果的に生かしていくためには評価方法の質を検討することも重要な観点です。教育評価の質を検討する際、まず重要な点は、「自分が教育評価で測定しようとしているものは何か」、すなわち、評価しようとしている**構成概念**に自覚的になることです。構成概念とは、性格や知能、学力など、直接観察することのできない心理的特徴を有した抽象的な概念のことを指します。例えばAさんの学力がどのくらいかを知ろうとしたとき、「学力」という構成概念は直接目に見えません。ですので「学力」という構成概念を評価したいと思った場合には、構成概念の測定手段としてテストや質問紙があるのです。

　評価を行う際には、テストや質問紙といった測定ツールを先に手にすることが多いため、そこで測定されている構成概念が何であるかを自覚しないまま、得点の高さだけに目がいってしまいがちです。しかし、評価に使われる測定ツールが狙った構成概念を測定できている保証はありません。そのため評価者は、使用している測定ツールが狙った構成概念を質の高い形で測定できているかを意識する必要があります。

　このように、ある測定が、目的とする構成概念を実際に測れているかの程度を**妥当性**といいます。妥当性にはさまざまな種類が提唱されていますが、現在では、**構成概念妥当性**がさまざまな妥当性を包括する概念といわれます。例えば「小学6年生の計算能力」という構成概念を測定するために、テストを作成したとします。その際、もしそのテストに足し算や引き算の問題しかなかったとしたら、そのテストの妥当性には問題があるといえるでしょう。なぜならこのテストは小学6年生からしたら簡単すぎて、ほとんどの人が高得点になると想定されるからです。「小学6年生の計算能力という構成概念を評価する

こと」がテストの目的である場合、「そのテストで評価の高い人は、小学6年生にできると期待される計算能力が高く、評価の低い人は小学6年生に期待される計算能力が低い」と判断できる必要があります。

　この例のように構成概念を測定する際、**天井効果**や**床効果**と呼ばれる現象が生じることがあります。天井効果とは測定値が高い得点に集中してしまうことをいいます。今回例にあげた算数のテストには天井効果が生じているといえます。逆にテストを作成した際、そのテストが難しすぎて、ほとんどの人が0点に近い結果をとってしまうことも想定されます。このような現象は床効果と呼ばれ、「算数の学力」の個人差を知りたいにもかかわらず、実際の測定値は低い得点に集中しているため、テストが機能していないということになるわけです。

　上記に挙げた例のもう一つの問題は、テストが「小学6年生の計算能力」を測定する上では網羅性がなく、構成概念を測定する上で内容面での妥当性が低い点です。小学6年生であれば、割り算や掛け算も学習しているため、割り算や掛け算がどの程度できるかについても測定しておきたいところです。足し算や引き算の問題しかないテストであれば、せっかくテストを行ったとしても、その得点を「小学6年生の計算能力」として解釈して評価することとは難しくなります。ですので、テストを実施する際には、まず、評価に使用するテスト項目で、自身が狙った構成概念がどの程度、網羅的に測定できているかを意識することが重要です。そして、網羅性が低いと考えられた場合には、そのテスト内容を修正することが必要となります。

　もっとも、すでにテストを行ってしまった後であったとしたら、テスト内容の修正は不可能です。その場合には、このテストはどのような構成概念を測定したテストだといえるのか、その内容を分析し、その分析に基づき、テストの結果を解釈し、評価に活用するという方法をとることができます。例えば、先に挙げた算数の計算問題に関する例でいえば、テストの目的を「小学6年生の計算能力」を知ることではなく、「足し算引き算の計算問題を解く力」があるか知ることを目的とすれば、妥当性は高いといえます。そのため、このテストを通して、テスト得点が著しく低い者を特定し、計算能力に著しい困難を抱

えており、補完的な指導が必要と考えられる6年生の児童を抽出するといった利用の仕方をすることが考えられます。

このように妥当性の高さは、同じテストであったとしても、そのテストをなぜ実施するのか、という目的に応じて変わる特徴を持ちます。測定の妥当性を考えることは、得られた得点の意味をより正確な形で分析し、より妥当な形でテストを評価や指導に活用する上で役立つのです。

（2）教育評価の信頼性

妥当性と類似したものに信頼性という概念があります。**信頼性**とは、測定した結果の一貫性や安定性を示します。例えば、同じ子どもの評価を2名の評価者が行うことになった場合に、評価者によって採点結果が大きく異なっていたとしたら、評価の一貫性がないことになり、その評価方法の信頼性は低いということになります。また、同じ子どもに同じ力を測定するテストを行っているはずなのに、実施のたびに採点の結果が大きく異なっていた場合には、安定性がなく、その評価方法の信頼性は低いということになります。

空欄を補充する問題や選択式のテストは、結果に一貫性も安定性もあります。一方、論述式のテストでは、工夫しなければ一貫性と安定性を保つことが難しいです。そのため論述式のテストを行う際には、評価基準を明確にし、ルーブリックのようなツールを活用するなどにより、結果の一貫性や安定性、すなわち信頼性を高める工夫を行うことが必要となります。

〈コラム〉学校行事に関する教育評価

教育評価というと教科の学力を評価するというイメージが強いかもしれません。しかし、体育祭や文化祭、修学旅行などの学校行事が効果を上げているかを子どもの社会情緒面の指標を測定することで評価する研究も見られます（樽木・石隈, 2006, 久保田, 2021）。そのうち、小中連携の集団宿泊行事の効果を評価した研究を紹介します（千島・茂呂, 2019）。この研究では、小学6年次に経験した集団宿泊活動が、中学校生活への期待と不安に対して効果を及ぼすのか測定が行われました。この行事では小中の接続を意図し、同じ中学校

に入学予定であり、現在は異なる小学校に通う6年生同士で交流したり、中学校教師による出前授業が行われていました。測定の結果、小学校で別室登校を希望する不登校傾向が高い児童は、この活動後、中学校での友人関係への期待が高まり、その効果は、3か月後も持続することがわかりました。このように学校行事のような活動でも教育活動の評価を行うことができるのです。

〈確認問題〉

　教育評価では、教師が期待した子どもの成績がその後、上がっていくなどの現象、すなわち①＿＿＿＿＿＿が生じることがあり、子どもの学力や人格形成にも影響する場合があります。しかし、人柄の良い子の成績を良くつけてしまいがちといった②＿＿＿＿＿＿が生じるなど、適切な評価を行うことは難しいため、適切な教育評価を行う方法を知る必要があります。

　教育評価の基準として有名なものの一つに、③＿＿＿＿＿＿評価が挙げられます。偏差値はこの評価にあたります。しかし、これは所属する集団によって、同じ成績であっても、評価が変わってしまうという限界をもちます。そのため、現在は④＿＿＿＿＿＿評価が採用され、授業の目標に基づき、その目標がどの程度達成できているかで評価が行われることが多いです。

　教育評価を授業に取り入れたもののうち、有名なものにブルームの提唱した⑤＿＿＿＿＿＿があります。これはとくに⑥＿＿＿＿＿＿評価の機能を重視することで、すべての子どもが目標を達成できるように工夫した方法のことです。

　教育評価というとテストによって成績をつけるイメージがあるかもしれませんが、テストは特殊な状況での知識や技能を評価する方法といえます。そのため近年では、⑦＿＿＿＿＿＿評価といって、現実世界を模した課題に取り組ませるプロセスの中で子どもを評価する考え方が台頭しています。そこでは、テストではなく、⑧＿＿＿＿＿＿評価によってさまざまな知識や技能を活用することを求める場合が多く見られます。

　性格や知能、学力など、直接観察することのできない心理的特徴を有した抽象的な概念のことを⑨＿＿＿＿＿＿といいます。あるテストの問題が、「中学

生が漢字を覚えている程度」を測定できているかを評価する概念を⑩_____といいます。

〈選択肢〉

ハロー効果　マスタリーラーニング　真正の　パフォーマンス　構成概念　妥当性　信頼性　相対　絶対　到達度　個人内　ピグマリオン効果　ポートフォリオ　診断的　形成的　総括的

【引用文献】

Bloom, B. S., Hastings, J. T., & Madaus, G. F. (1971). *Handbook on Formative and Summative Evaluation of Student Learning*. McGraw-Hill.
　（ブルーム，B. S., ヘスティングス，J. T., マドゥス，G. F. 梶田 叡一・渋谷 憲一・藤田 恵璽（訳）（1973）．教育評価法ハンドブック ─ 教科学習の形成的評価と総括的評価 ─ 第一法規）

千島 雄太・茂呂 輝夫（2019）．小中連携による集団宿泊活動が中学校生活への期待と不安に及ぼす効果 ─ 不登校傾向に着目して ─，発達心理学研究, 30, 74-85.

久保田（河本）愛子（2021）．中学・高校での学校行事体験が大学生活に及ぼす長期的効果 ─ 集団社会化理論の視座からの回顧的検討 ─　日本特別活動学会紀要, 29, 31-40.

Rosenthal, R., & Jacobson, L. (1968). Pygmalion in the classroom. *The urban review, 3*, 16-20.

樽木 靖夫・石隈 利紀（2006）．文化祭での学級劇における中学生の小集団の体験の効果 ─ 小集団の発展，分業的協力，担任教員の援助介入に焦点をあてて ─　教育心理学研究, 54, 101-111.

【参考文献】

梶田 叡一（2010）．教育評価［第 2 版補訂 2 版］　有斐閣

鹿毛 雅治（2018）．第 7 章　学習の評価　鹿毛 雅治（編著）発達と学習（pp.124-142）　学文社

南風原 朝和（2003）．第 9 章　教育評価の方法　子安 増生・田中 俊也・南風原 朝和・伊東 裕司（著）ベーシック現代心理学　教育心理学［新板］（pp.181-203）　有斐閣

西岡 加名恵（2003）．教科と総合に活かすポートフォリオ評価法 ─ 新たな評価基準の創出に向けて ─　図書文化社

西岡 加名恵・石井 英真・田中 耕治（編）（2015）．新しい教育評価入門 ─ 人を育てる評価のために［増補版］　有斐閣

Shute, V. J. (2008). Focus on formative feedback. *Review of Educational Research, 78*, 153-189.
田中耕治（編）(2021). よくわかる教育評価［第3版］　ミネルヴァ書房

〈確認問題解答〉
①ピグマリオン効果　②ハロー効果　③相対　④到達度　⑤マスタリーラーニング　⑥形成的　⑦真正の　⑧パフォーマンス　⑨構成概念　⑩妥当性

第10章 学習の指導と支援

太田絵梨子

　本章では、子どもたちが直面する学業上の問題と教師ができることについて考えていきます。とくに自立的な学びを促すことの重要性に触れ、自立的な学びが教育心理学ではどのようにとらえられているか、それを促すための指導法にはどのようなものがあるかについて、具体的な研究知見をもとに検討していきます。

1. 学業の重要性

（1）学業が子どもたちの心身の健康に及ぼす影響

　みなさんが小・中学生や高校生だった頃、一度は学校の成績や勉強のことで悩んだ経験があるのではないでしょうか。子どもたちにとって、学業は大きなストレス要因の一つであることが知られています。例えば不登校のきっかけを尋ねた調査では、「友人のこと」や「先生のこと」といった対人関係の悩みと並んで、「勉強がわからない」と回答した子どもの割合が高かったことが報告されています（文部科学省，2021）。学業は、子どもたちの心身の健康に大きな影響を及ぼしていると言えます。

（2）発達にともなって生じる学業的課題

　一般に、児童期の段階からすでに学業不振の問題が顕著に見られるようになってきます。とくに小学校中学年ごろから授業についていけない子どもの数が増加する傾向にあり、こうした現象は教育現場で「**9歳の壁**」と表現されて

きました。その背景には、小学校中学年頃から学校で教わる教科内容が抽象的でわかりにくくなるという教育内容・方法側の問題と、9〜10歳頃が認知発達の質的な転換期であり発達の個人差による影響を受けやすいという学習者側の問題の両方があるとされています（藤村, 2009）。

　さらに思春期に入ると、教科内容がより一層複雑で高度なものとなるだけでなく、多くの子どもたちにとって進学や就職のために良い評価を得なければならないというプレッシャーがかかります。テストなどの評価をともなう課題に対して生じる不安（テスト不安）が大きくなると、被評価場面でパフォーマンスを発揮できず、成績が下がってしまうという研究結果も報告されています（e.g., Culler & Holahan, 1980）。

(3) 自立的な学びを促す必要性

　このように学業の悩みや不安の多い子どもたちに対して、教師にできることは何でしょうか。わかりやすく興味を持てる授業づくりや、悩みを相談しやすい関係性の形成など、さまざまな工夫が考えられるでしょう。ただし、最終的に子どもたちは教師のもとを離れて自立的に学習を進める必要があることも忘れてはなりません。とりわけ現代は変化が激しく予測困難であることから、卒業した後も継続的に新しい知識やスキルを学び続けること（**生涯学習**）が求められています。また、感染症の拡大で休校になった際には、自立的に学習を進める力の重要性を多くの子どもたちや学校関係者が痛感しました。こうした現代社会において、教師は子どもたちに対し、学校生活そのものを快適にする工夫だけでなく、学校がなくても自立的に学習に取り組めるスキルや態度を育成していく必要があるのです。

2. 自立的な学びとは

(1) 学力の分類と学習過程

　自立的な学習に必要な資質・能力も含めて、子どもたちが身につけるべき**学力**にはどのようなものがあるのかを、もう少し詳しく見てみましょう。教

育心理学者の市川（2004）は、学力のとらえ方として「学んだ力としての学力」と「学ぶ力としての学力」に分け、表 10-1 のように整理しました。「学んだ力としての学力」の中でも、知識や技能はペーパーテストなどで測りやすいのに対し、読解力や批判的思考力といった高次の認知的能力は測りにくいという特徴があります。また、学習意欲や学習計画力といった「学ぶ力としての学力」は、いずれも測りにくいものとされています。一般的に学力と聞くと、表 10-1 の左側のようなペーパーテストで測られた知識や技能を思い浮かべる人が多いかもしれませんが、実際には表 10-1 の右側のような多様な資質・能力も含めて学力ととらえるべきであることがわかります。また、コミュニケーション力が含まれていることからもわかるように、自立的な学習が大切だからといって、すべて一人でできなければいけないというわけではありません。むしろ現代社会では、他者の力を借りながら物事に取り組むことが必要不可欠です。ペアやグループの中で他者と協同的に学んだり（**協同学習**）、適切なやり方で他者の助けを借りたりすること（**学業的援助要請**）もまた、学習の大切な要素と言えます。

以上のような学力観は、日本の教育施策にも反映されています。平成 29・30 年改訂の学習指導要領では学力の三つの柱として、「知識及び技能」、「思考力、判断力、表現力等」、「学びに向かう力、人間性等」を掲げています（文部科学省，2017, 2018）。これらは大まかに言えば、それぞれ表 10-1 の左上、右

表 10-1 学力のとらえ方

	測りやすい力	測りにくい力
学んだ力	知識 （狭義の）技能	読解力、論述力 討論力、批判的思考力 問題解決力、追究力
学ぶ力		学習意欲、知的好奇心 学習計画力、学習方法 集中力、持続力 （教わる、教え合う、学び合うときの） コミュニケーション力

（市川，2004）

上、右下の学力に対応すると考えて良いでしょう。

　こうした学力を高める学習過程は一通りではありません。教師が定めた目標や順序に従って学習内容を習得する過程（**習得学習**）だけでなく、学習者自らが主体的に問いを設定し探究する過程（**探究学習**）も重要です。例えば、**プロジェクト学習**と言われる活動では、ある課題について子どもたち自身が資料の収集や調査を行い、分析や発表まで行います。このような一連の学習活動を通じて、教科の垣根を超えた知識の獲得や問題解決力、目標や計画を設定して振り返る力など、多様な学力を高めることが期待されます。

　また、習得学習においても、子どもたちの主体性や深い学びを重視した指導が求められます。ブルーナーは、学習すべき知識や概念を教師が教えるのではなく、学習者自身の力で発見させようとする指導法を**発見学習**と呼びました。発見学習によって、学習者の内発的な動機づけを高める効果などが期待できる一方で、適切な支援がないと発見までに時間がかかってしまうなどのデメリットも指摘されています。これに対しオーズベルは、教師が学習材料を提示して説明するという伝統的な指導法（**受容学習**）も、工夫次第では能動的で有意味な学びを促すことが可能であると指摘しました。例えば、新しい知識を学ぶ前に、その知識の概要（先行オーガナイザー）を与えておくことで、学習者がもともと持っている知識と新しい知識との関連づけを促し、深い理解につなげることができるとされています。

(2) 自己調整学習

　学力の三つの柱の一つである「学びに向かう力」の育成について中央教育審議会（2021）の答申では、子どもたち自身が「学習の目標や教材について理解し、計画を立て、見通しをもって学習し、その過程や達成状況を評価して次につなげるなど、学習の進め方を自ら調整していくことができる」よう、指導することが重要であるとされています。この方針の前提には、自己調整学習と呼ばれる考え方があります。

　自己調整学習（Self-regulated learning）とは、「学習者がメタ認知的、動機づけ的、行動的な面において、自らの学習過程に能動的に関わること」

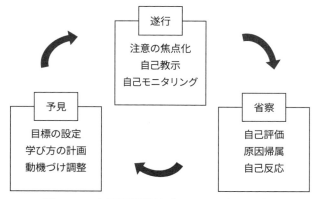

図 10-1　自己調整学習プロセスの循環モデル
(Schunk & Zimmerman, 1998)

（Zimmerman, 1989）と定義されています。ここでは自己調整学習のプロセスとしてよく知られている循環モデル（図 10-1）に沿って、具体的に説明していきます。

　このモデルでは、自己調整学習のプロセスが 3 段階で構成されています。「予見」の段階では、学習に先立って目標や計画を立てたり、学習に対する動機づけを調整したりします。**動機づけ**（motivation）とは、行動が起こり、維持され、方向づけられていく心理過程のことで、「面白そう、知りたい」という好奇心や「できるようになりたい」という向上心、「自分でやりたい」という自律性への欲求などがその基盤にあるとされます。よく「やる気が出ない」という学習者の悩みを耳にしますが、自己調整学習の考え方に従えば、ただ受け身的にやる気が湧いてくるのを待つのではなく、「何のために学ぶのか」、「自分にとって何の役に立つのか」、「自分はどのくらいできそうか」などを能動的に考え、自らやる気をコントロールする姿が望ましいと言えるでしょう。

　「遂行」の段階では、実際に学習内容に取り組む中で、やるべきことに注意を向けたり、うまくやれているかどうかを自ら監視したりします。この過程では、単に学習量や学習時間を増やすというだけでなく、より効果的な学び方を選択して学習の質を高めることも重要です。心理学では、「学習の効果を

高めることを目指して意図的に行う心的操作あるいは活動」のことを**学習方略**（learning strategy）と呼び（辰野，1997）、どのような学習方略が効果的なのかが検討されてきました。これまでの研究では、知識を断片的に丸暗記したり、意味を深く考えずに繰り返し練習する学び方は認知的に「浅い処理」の学習方略とされ、せっかく時間をかけて学んでも知識が定着しにくく、応用も効かないことが明らかにされています。反対に、知識同士を関連づけたり、意味を深く理解しながら学ぶやり方は「深い処理」の学習方略であり、高い成果につながりやすいことがわかっています。しかし、こうした心理学的に有効とされる学習方略を子どもたちは必ずしも使用しないことも知られており（吉田・村山，2013）、どのように子どもたちの認識や行動を変えるかは重要な課題です。

「省察」の段階では、学習の遂行後に結果を振り返り、何がどのくらいうまくいったかを自己評価したり、次はどのような点を改善すべきかを考えたりします。この段階で振り返った内容に基づき、また次の学習サイクルにおける「予見」段階で目標や計画の修正を図っていきます。このように、3つの段階を循環させながら自己調整学習が進んでいくのです。

自己調整学習では、すべての段階においてメタ認知を働かせる必要があります。**メタ認知**（metacognition）とは、自らの認知について一段上の（＝メタ）視点から認知することを指します。認知とは頭の働き全般を指す言葉で、注意や記憶、理解、問題解決などが含まれます。メタ認知の働きを具体的に説明するとすれば、学習に取り組みながら「自分は集中できているか」、「どのくらい覚えられたか」、「きちんと理解できているか」、「自分はこの問題を解けそうか」といったことを俯瞰的にとらえ、うまくいっていない場合には「集中できる場所に移動しよう」、「まだ覚えていないからもう一度勉強しよう」、「理解できないから先生に質問しよう」、「解けそうにないから教科書を確認してみよう」というように行動を調整するといった具合になるでしょう。メタ認知は一般的に小学校中学年ごろから本格的に発達してきますが、大学生や成人でも正確なメタ認知は難しいという知見もあり、うまく働かせるには地道な訓練と知識が必要と言えます。

3. 自立的な学びに向けた指導・支援

では、自立的に学ぶことのできる子どもを育成する上で、どのような指導や支援の方法があるのでしょうか。ここでは、実践的な研究活動を取り上げながら、具体的な指導や支援のあり方について検討してみましょう。

(1) 個別的な関わり：認知カウンセリング

学習に悩みをかかえる子どもたちへの個別的な関わり方の一つに、**認知カウンセリング**があります。認知カウンセリングとは「認知心理学を背景として、学習や理解に関する認知的問題をかかえる人に対して個別的な面接を通じて原因を探り、解決のための支援を行う実践的研究活動」（市川, 2000）であり、学習内容に関する知識だけでなく、学習者自身の学習方略や動機づけ、メタ認知的な側面における問題に焦点を当て、自立を促すことを目指す点に特徴があります。これまでに、認知・教育心理学の研究者や学校教員などによる実践事例が書籍や論文の中で報告されています（e.g., 市川, 1998；植阪, 2010）。

筆者が担当した事例の一つに、漢字の書き取りができないと訴える小学校6年生への指導があります。この児童の通っていた学校では、週に1回の漢字の書き取りテストと、それに向けた漢字ドリルの宿題が出されており、児童は真面目に取り組んでいたのですが、テストではほとんど1問も正解できずに困っていました。そこで普段の取り組み方について観察と聞き取りを行ったところ、宿題は「漢字ドリルに載っている熟語を2回ずつノートに書く」というもので、この児童はドリルのお手本を見ながら2回ずつ書き写すという作業しか行っていませんでした。これは、漢字の持つ意味を深く理解しないままひたすら繰り返すというまさに「浅い処理」の学習方略に当てはまるものでした。

そこで、漢字の部首や構造と意味を関連づけながら覚える活動や、ある程度書く練習をしたら覚えているか自己テストをしてみて覚えにくいものを重点的に再練習するといったメタ認知的活動を取り入れながら指導をしたところ、見事、学校のテストで満点をとることができました。この成功体験によって、

児童は漢字学習に対する自己効力感（やればできるという感覚）が高まり、以前よりも積極的に漢字の学習に取り組む様子が見られるようになりました。このように、学習者がつまずいている学習内容の知識を身につけさせるだけでなく、つまずきの背景にある学習方略や動機づけなどの問題に焦点を当てて指導することで、カウンセリングを終えた後も自立的に学んでいけるように促すことができます。

(2) 学習法講座

　認知カウンセリングを通じて個別に学習の様子を見ていくと、「意味を十分に理解せず丸暗記しているので、すぐに忘れるし応用が効かない」「問題を解いた後やテスト後に振り返りをしないので、同じような間違いを繰り返す」というように、ある程度多くの子どもたちに共通する学習法のつまずきがあることに気づきます。こうした問題を取り上げ、集団場面で指導を行うのが**学習法講座**です。こちらは主に教育心理学研究者によって開発や実践が行われてきましたが、学校教員と共同で行われた実践も報告されています（e.g., 深谷ほか, 2016）。

　筆者らの研究グループは、新型コロナウイルス感染症が拡大し休校を余儀なくされていた時期に、高校の先生方と協力して高校生を対象としたオンライン学習法講座を実施しました（植阪ほか, 2022）。講座を開始する前の子どもたちの多くは、休校期間中、どのように学習したらよいのかわからないという悩みを抱えていました。それに対し、教科書の活用法や英単語の効果的な覚え方などをテーマにし、グループディスカッションも取り入れながら双方向的に指導を行ったところ、**オンライン学習**という環境であっても、講座の趣旨が多くの生徒に伝わっている様子が確認されました。さらに、講座の計画や実施に協力した教員も、学習法指導を日々の授業に取り入れるなど、指導改善に活かそうとする様子が見られました。

(3) 日々の授業や宿題における指導

　学習法の知識を明示的に教えることは大切ですが、学習に対する子どもたちの考え方や行動を変えるには、1回や2回の講座では不十分です。本当の意味で学習法の効果を実感し、使いこなせるようになるには、講座と合わせて日々の授業や宿題の中にも学習法の指導や自己調整学習の発想を取り入れていく必要があります。

　筆者は、算数・数学の学習において言葉の意味や問題解決過程に注意を向けず、解法パターンの丸暗記に偏った学び方をする子どもが多いことに問題意識を感じ、授業と宿題を通じて学び方を変えることを目指した実践研究を行ってきました（太田・山野井, 2019）。まず授業では、問題解決に必要な手続きに関する知識（手続き的知識）だけでなく、用語の意味や公式の成り立ち、手続きの背景にある思考プロセスといった概念的知識の理解（**概念的理解**）に焦点を当てた説明を心がけます。このとき、教師から説明するだけでなく、子どもたち自身にも先生になったつもりで説明してもらう時間を設けることで、「わかったつもり」になるのを防ぐとともに、その後の宿題に対する心理的ハードルも下げておきます。

　授業で深い理解を重視した後は、宿題でも理解をともなった学習ができるよう課題を工夫します。一般的に、算数や数学の宿題では手続き的知識を当てはめて正解を導くドリル形式の課題が出される傾向にありますが、それに加えて、「なぜその手続きを取るのか」「そもそも○○とはどういう意味か」について説明させる課題を取り入れました。こうした工夫によって、応用的な問題も解けるようになる生徒が増えるなどのよい結果が得られました。

(4) 指導と評価の一体化

　授業や宿題で望ましい学習法を指導していても、テストなどの評価場面でそうした学習法の成果が発揮されないようでは、子どもたちは積極的に学習法を使おうとはしません。例えば、歴史の学習では出来事どうしの関連や流れを理解することが大切だと考えて指導していたとしても、テストでは用語の穴埋め問題ばかり出題すれば、子どもたちは用語だけを断片的に丸暗記すればよい

と考えてしまうでしょう。したがって、指導したことは評価し、評価することはきちんと指導しておくという、**指導と評価の一体化**が重要と言えます。

　筆者らの研究グループは高校教員らと協力し、学校の定期テストでより深い理解を問うための実践研究を行いました（植阪ほか，2021）。例えば英語の授業では、読解の方法としてトピックセンテンスに注目した読み方について指導していましたが、そうした読み方そのものを評価するようなテストは出題されていませんでした。そこで、従来型の文章読解の問題をひとひねりして、問題の答えは提示してしまった上で、なぜそのような答えになるのかを説明させるという課題を出しました。他の教科でも、「沸騰とはどのような現象か説明せよ」（化学）、「力学的エネルギー保存則を用いるのか、エネルギー保存則を用いるのかを判断しやすくするために考えた作りかけのフローチャートを見て、適切な表現を入れて完成させる」（物理）など、深い理解を問うことを意識したテストが作成されました。このような実践を行ったことで、従来型の問題解決課題の成績も大きく向上したほか、生徒たち自身の学習に対する考え方も、より深い理解を重視するものへと変化した様子が見られました。

　以上のように、子どもたちの自立的な学びを支援していく上では、子どもたち一人一人への個別的な関わりはもちろん、日々の集団指導や評価の場面での工夫や働きかけも重要です。本章で紹介した例はごく一部ですので、他にどのような指導が考えられるか、みなさん自身のアイデアも出してみましょう。

〈コラム〉指導や評価の中で見落とされがちな「知識」

　表10-1 で紹介した学力論の中で、知識や技能はペーパーテストなどで測りやすいとされていました。しかし、学校現場で行われている指導や評価の様子を見ると、基礎的な知識の中にも見落とされやすいものがあるようです。それは、「なぜそうなるか」、「そもそも〇〇とは何か」といった概念的理解に関わる知識です。実際、子どもたちの知識の質について分析した研究では、定型的な問題を解いて正解を導く力と比べ、概念的理解に課題が見られることが報告されています（e.g., 藤村，2012；植阪ほか，2014）。

　通常、概念的理解を測定する際は、説明課題のように記述式の問題が用い

られます。そのため、教師からは「書くことが苦手なだけで頭の中では理解しているのではないか」という意見があがることもあります。そこで筆者は、多肢選択式や図への書き込み課題のように、子どもたち自身による言語化を求めず、客観的に採点しやすい形で概念的理解を測るテストを開発しました（太田，2021）。このテストを高校生約1,000人に解いてもらったところ、教師の予想よりもはるかに低い正答率であることが明らかになりました。こうした結果から、教師の見取りよりも実際の子どもたちの概念的理解は深刻な状況にあると言えるでしょう。

〈確認問題〉

　予測困難な現代社会において、子どもたちには自ら学びを調整できる力が求められています。こうした（①）のプロセスには、学習の前段階である（②）、学習中の段階である遂行、学習後の段階である（③）があるとされています。（②）で目標や計画を立て、遂行で適切な（④）を使って学びを深め、（③）で学習結果を振り返ることが大切です。この一連のプロセスでは、自分の学びを俯瞰的に捉える（⑤）が欠かせません。また、（⑥）やテストへの不安といった心理的側面を調整する力や、他者の助けをうまく借りながら学ぶ力である（⑦）も求められています。教育現場では、（⑧）などの個別的な関わりや、（⑨）と呼ばれる明示的な方略指導によって、自立的な学びを支援することができます。また、指導したことは評価し、評価することは指導しておくといった（⑩）の視点も重要です。

〈選択肢〉

学業的援助要請　省察　自己調整学習　メタ認知　学習方略　指導と評価の一体化　学習法講座　動機づけ　予見　認知カウンセリング

〈引用文献〉

中央教育審議会（2021）. 教育課程部会における審議のまとめ　文部科学省HP. Retrieved 2024年10月1日 from https://www.mext.go.jp/content/20210312-mxt_syoto02-000012321_2.

pdf

Culler, R. E., & Holahan, C. J. (1980). Test anxiety and academic performance: the effects of study-related behaviors. *Journal of educational psychology, 72*, 16-20.

藤村宣之 (2009). いちばんはじめに読む心理学の本③発達心理学 ― 周りの世界とかかわりながら人はいかに育つか ― 　ミネルヴァ書房

藤村宣之 (2012). 数学的・科学的リテラシーの心理学 ― 子どもの学力はどう高まるか ― 　有斐閣

深谷達史・植阪友理・田中瑛津子・篠ヶ谷圭太・西尾信一・市川伸一 (2016). 高等学校における教えあい講座の実践 ― 教えあいの質と学習方略に対する効果 ― 　教育心理学研究, 64, 88-104.

市川伸一 (1998). 認知カウンセリングから見た学習方法の相談と指導　ブレーン出版

市川伸一 (2000). 概念，図式，手続きの言語的記述を促す学習指導 ― 認知カウンセリングの事例を通しての提案と考察 ― 　教育心理学研究, 48, 361-371.

市川伸一 (2004). 学ぶ意欲とスキルを育てる　小学館

文部科学省 (2017). 中学校学習指導要領

文部科学省 (2018). 高等学校学習指導要領

文部科学省 (2021). 不登校児童生徒の実態把握に関する調査報告書　文部科学省HP. Retrieved 2024年10月1日 from https://www.mext.go.jp/content/20211006-mxt_jidou02-000018318_03.pdf

太田絵梨子・山野井俊介 (2019). 意味理解を重視した宿題の開発と授業との連動 ― 高校数学を対象として ― 　日本教育工学会論文誌, 43, 151-165.

太田絵梨子 (2021). 数学の概念的理解を評価するテストの提案と実践的検討 ― 高校生のつまずきの実態と教師の認識に着目して ― 　教育心理学研究, 69, 204-220.

Schunk, D. H., & Zimmerman, B. J. (Eds.). (1998). *Self-regulated learning: From teaching to self-reflective practice.* Guilford Press.

辰野千壽 (1997). 学習方略の心理学 ― 賢い学習者の育て方 ― 　図書文化社

植阪友理 (2010). 学習方略は教科間でいかに転移するか ―「教訓帰納」の自発的な利用を促す事例研究から ― 　教育心理学研究, 58, 80-94.

植阪友理・太田絵梨子・柴里実・廣澤一徳・坂口卓也・水野木綿・冨田真永・眺野翠・椙山佳明 (2021). 高等学校における新たな評価のあり方の実践とその効果 ― 深い理解を測定する新たな評価の開発と従来型試験への影響 ― 　東京大学高大接続研究開発センター入試企画部門 2019年度研究成果報告書 公開版　Retrieved 2024年10月1日 from https://repository.dl.itc.u-tokyo.ac.jp/records/2000648

植阪友理・内田奈緒・佐宗駿・柴里実・太田絵梨子・劉夢思・水野木綿・坂口卓也・冨田真永 (2022). 自学自習を支援する「オンライン学習法講座」の開発と高校での実践 ― オンラ

イン学習に応じた指導上の工夫とその効果— 教育心理学研究, 70, 404-418.
吉田寿夫・村山 航 (2013). なぜ学習者は専門家が学習に有効だと考えている方略を必ずしも使用しないのか— 各学習者内での方略間変動に着目した検討— 教育心理学研究, 61, 32-43.
Zimmerman, B. J. (1989). A social cognitive view of self-regulated academic learning. *Journal of Educational Psychology, 81*, 329-339.

〈確認問題解答〉
①自己調整学習　②予見　③省察　④学習方略　⑤メタ認知　⑥動機づけ　⑦学業的援助要請　⑧認知カウンセリング　⑨学習法講座　⑩指導と評価の一体化

第11章

知能

野崎優樹

　テストで良い点数を取る人など、私たちはしばしば他の人に対して「頭が良い」と感じることがあります。この頭の良さに関して、心理学では「知能」と呼ばれ、研究されてきました。それでは、そもそも知能とはどのようなものなのでしょうか。知能の測定をめぐり、どのような議論が行われてきたのでしょうか。本章では、これらの問いに関する主要な研究知見を紹介します。

1. 知能の定義

　教育でも重要な概念である「頭の良さ」について、心理学では、「**知能**」(intelligence) という用語の下で研究が進められてきました。しかし、この「知能」の具体的な定義は、研究者間でさまざまな差異があります。例えば、Sternberg & Detterman（1986）では、知能研究の専門家24名を対象に知能の定義を尋ねたところ、全員異なる24通りの定義が示されたことが報告されています。とはいえ、定義の詳細が異なるとしても、大まかな合意がないわけではありません。たとえば有名なものとして、Gottfredson（1997）では、以下のように知能の定義をまとめています。

> 知能とは非常に一般的な精神的能力であり、特に、推論・計画・問題解決・抽象的思考・複雑なアイディアの理解・迅速な学習・経験からの学習を行う能力が関係する。これは単に、書籍による学習や、狭義の学力や、テスト対策の知恵ということではない。むしろ、周囲の環境を把握するための、より広く深い能力を反映している。つまり、物事を「理解し」、それに「意味を与え」、何をすべきかを

「考え出す」能力ということである（p.13）。

　一方、心理学の世界的な教科書として有名な『ヒルガードの心理学』（Nolen-Hoeksema et al., 2014 内田監訳, 2015）でも、知能について1つの章が設けられています。そこでは知能の定義について、以下のように書かれています。

> 知能の概念は心理学の歴史を通して、最も論争を引き起こしてきたものの1つで、今日でもそれは続いている。知能を定義することは、知能が高いとは何かを意味するのかについてのその人の理論を反映しているので、知能（intelligence）を定義することさえも難しいことがある（p. 604）。

　このように知能の定義は難しい問題なのですが、いずれにしても、広範囲の能力が含まれるという点は、研究者間で共通しています。それでは、これらの多様な能力は、これまでの研究でどのように整理されてきたのでしょうか。次節では、この問いに関する研究を見ていきます。

2. 知能の構造

　知能を構成する多様な能力が、どのようにグループ化して整理できるのかを検討するのが、知能の構造に関する研究です。この分野の研究では、**因子分析**と呼ばれる統計手法が主に用いられます。知能研究における因子分析では、いくつかのテストによる得点の間で相関関係を検討します。そして、強い相関関係が見られる複数のテストは、共通した能力を測定していると仮定し、その共通した能力を因子という形に集約させていきます。これにより、テスト間の相関関係のパターンを説明する必要最小限の因子を見いだしていくことが、知能の構造に関する研究の目標になります。

（1）スピアマンの2因子説

　知能の構造に関する研究の先駆けとなったのが、1904年に**スピアマン**により発表された『客観的に割り出し測定された"一般知能"』（Spearman, 1904）という論文です。この論文で、スピアマンは、感覚弁別・音楽・学業成績・一般常識といった複数のテストによる得点間の相関関係を基に、現在用いられている因子分析の原型となる統計分析を行いました。その結果、すべての課題に共通して見られる全般的な頭の良さである「**一般知能**」に相当する**一般因子**と、個別の課題の得意・不得意に相当する**特殊因子**を見いだし、この2つの因子から知能は構成されるとする**知能の2因子説**を唱えました。この一般知能（general intelligenceの頭文字を取って、しばしば**g**と表記されます）の存在を認めるか否かというのが、知能の構造をめぐるその後の研究における主要なトピックの一つとなります。

（2）サーストンの多因子説

　一般知能（g）を強調するスピアマンの考えに異を唱えた代表的な研究者が、**サーストン**です。サーストンは、座標軸の回転など、スピアマンが用いた因子分析の手法をさらに洗練させ、多数の種類で構成されたテストバッテリーの得点に基づき分析を行いました。そして、解釈が明確な因子として、「空間」「知覚」「数」「言語的理解」「語の流暢さ」「記憶」「帰納的推理」の7つを見いだし、これらを基本的精神能力（primary mental ability; PMA）と呼びました（Thurstone, 1938）。このように、複数の因子を知能の基本的能力としてとらえる立場が、**知能の多因子説**です。ただし後の研究で、これらの基本的精神能力は互いに正に相関しており、これらの能力に共通した二次因子として、一般知能（g）の因子を見いだせることが報告されています（e.g., Thurstone & Thurstone, 1941）。しかしサーストン自身は、個人の特徴を理解する上では、単一の一般知能（g）の得点だけでは不十分であり、多様な基本的精神能力の組み合わせで描かれるプロフィールに着目すべきであるという考えを提唱しました（Thurstone, 1948）。

(3) CHC理論（キャッテル・ホーン・キャロル理論）

知能の構造に関して、現在最も広く受け入れられている理論が、**CHC理論**（キャッテル・ホーン・キャロル理論）です。この理論は、知能の構造を検証する研究において、大きな貢献を果たした研究者3名の頭文字を取って名づけられています。

1人目の研究者が**キャッテル**です。キャッテルは、知能の構成要素を**流動性知能**と**結晶性知能**に大別したことで、その後の知能の構造に関する研究に大きな影響を与えました（Cattell, 1943）。この2種類の知能のうち、流動性知能とは、たとえその状況について多くの知識がなくても、新規な状況で論理的に思考し、問題解決する能力のことを指します。これに対して、結晶性知能とは、生涯を通じて獲得した知識・技能・経験知を使う能力のことを指します。なお、後にこの2種類の知能の年齢差を調べた研究によると、成人期を通じて、流動性知能は加齢の影響で減退するのに対して、結晶性知能は上昇し続けることが報告されています（Horn & Cattell, 1967）。

2人目の研究者である**ホーン**は、キャッテルと協働して、さらに流動性知能－結晶性知能の理論を発展させました（前述した流動性知能と結晶性知能に対する加齢の影響の研究もホーンとキャッテルの共同研究でした）。1966年の論文では、知能を構成する主要な機能として、流動性知能と結晶性知能に加えて、視空間能力・処理速度・概念ラベルの使用・注意深さといった能力を見いだしたことを報告しました（Horn & Cattell, 1966）。さらにその後も研究を重

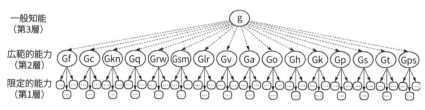

図11-1　CHC理論の知能の構造

注．一般知能を想定するかについては、研究者間で意見が分かれるため、点線の矢印で表記した。限定的能力は必ずしも1つの広範的能力につき3つとは限らず、複数個存在しうる。

（Caroll, 1993, McGrew, 2009 を基に作成：野崎，2022）

ね、知能の新たな構成要素の追加や細分化を行いました（e.g., Horn, 1991）。

　3人目の研究者である**キャロル**は、知能の構造に関するこれまでの研究を概観し、460を超えるデータセットをまとめて、再分析を行いました。そして、この結果から、知能が3層構造で構成されることを見いだしました（Carroll, 1993）。このモデルでは、まず一番上の第3層に、最も広範な知的能力とし

表11-1　CHC理論に含まれる広範的能力の例

名称	能力の概要
流動性推論（Gf）	過去に学習した内容だけでは解けない新しい問題を解決するため、意図的に推論、概念形成、分類などを行う能力
理解・知識（Gc）	語彙理解など、言語・情報・概念に関する文化的知識の幅と深さ、およびその知識を活用する能力
（特定領域の）一般的知識（Gkn）	科学や地理、機械などの特定の領域に関する知識の幅と深さ、およびその習熟度
量的知識（Gq）	数学に関する知識の幅と深さ
読み書き（Grw）	読み書きに関する知識およびスキルの幅と深さ
短期記憶（Gsm）	直前の情報を符号化・保持・操作する能力
長期貯蔵と検索（Glr）	分、時間、日、年といった単位の時間で情報を保持・固定化・検索する能力
視覚的処理（Gv）	長さの推定など、視覚的なイメージや感覚を生成・保持・検索・変換する能力
聴覚的処理（Ga）	リズムの記憶や判断など、音声から意味のある非言語情報を検出し、処理する能力
嗅覚能力（Go）	匂いから意味のある情報を検出し、処理する能力
触覚能力（Gh）	触覚から意味のある情報を検出し、処理する能力
運動感覚能力（Gk）	身体の位置や重さ、筋肉や関節の動きなどの感覚から、意味のある情報を検出し、処理する能力
精神運動能力（Gp）	指、手、脚などの身体の運動を、正確かつ協調させて力強く行う能力
処理速度（Gs）	単純で反復的な認知課題を迅速かつ流暢に実行する能力
反応と決定速度（Gt）	刺激に対する反応時間で測定される、非常に単純な判断や意思決定の素早さ
精神運動速度（Gps）	指の動きや手足などの体の動きの速さと滑らかさ

（McGrew, 2009, Schneider & McGrew, 2012を基に作成：野崎，2022）

て、一般知能（g）があります。そして次の第2層には、流動性知能・結晶性知能・一般的な記憶と学習・広範な視知覚・広範な聴知覚・広範な検索能力・広範な認知速度・処理速度といった、一般知能（g）を構成する主要な広い知的能力を置いています。最後に一番下の第1層に、第2層の広い知的能力を構成する要素として、個々のテストで測定する狭い知的能力が位置づけられる構造になっています。

　ここまで見てきた、キャッテルとホーンによる流動性知能 – 結晶性知能の理論と、キャロルによる3層構造の理論を統合したのが、CHC理論です（McGrew, 2005）。この理論では、図11-1のように、知能の構造を広範的能力（第2層）と限定的能力（第1層）の2つに区分してとらえます。一方、第3層に一般知能（g）を想定するかについては、研究者間で意見が分かれます。そして、第2層の広範的能力に含める要素について、McGrew（2009）の時点では、表11-1に示した16の能力が構成要素として位置づけられています。ただし、この第2層の広範的能力に何を含めるのかについては、現在も改訂が続いており、本章のコラムで解説している**情動知能**を含めるなど、さまざまな研究の展開が見られます（Schneider & McGrew, 2018）。またCHC理論は、次節で見る知能検査の開発に対しても大きな影響を与えています。

3. 代表的な知能検査

　ここまで、知能を構成する多様な能力の構造に関する理論を見てきました。それでは、これらの知能はどのように測定することができるのでしょうか。知能研究は、構造に関するものと検査の開発に関するものとが共に発展してきました。本節では、代表的な知能検査を確認していきます。

(1) ビネー式知能検査

　現在も広く使われる知能検査の原型を考案したのが、フランスの心理学者**ビネー**と医師の**シモン**です。これ以前にも、イギリスの心理学者**ゴールトン**などが知能の測定を試みていましたが、あまり成功していませんでした。一方、

当時のフランスでは、義務教育の進展にともない、特別な支援が必要な児童に対する教育の対応方法を検討する必要がありました。そこでビネーは、通常の学校教育課程が有益ではないと考えられる、知的発達に遅れがある児童を見いだすための、心理学的な診断手法の開発に取り組みました。ビネーは、シモンと協力して、子どもの知的水準を評価できるような検査を考案し、1905年に発表しました（Binet & Simon, 1905, 中野訳 1982）。**ビネー・シモン知能検査**と呼ばれるこの検査は、1対1で実施する個別式検査であり、子どもの知的水準を詳細に観察・記録することで、その子どもの個性に合った教育の実施に向けて、検査を活用することが考えられています。その後、1908年と1911年にテストの改訂が行われるとともに、その重要性が認められ、先進的な方法としてフランス国外にも広まりました。

アメリカでは、スタンフォード大学の**ターマン**が、ビネー・シモン式知能検査の改訂を行い、1916年に**スタンフォード・ビネー知能検査**を発表しました（Terman, 1916）。この検査の特徴の1つが、**知能指数（IQ）** の導入です（なお、この点はオリジナルのビネー・シモン知能検査の意図と大きく異なります）。ターマンは、ドイツの心理学者シュテルン（Stern, 1912/1914）のアイディアをベースにして、スタンフォード・ビネー知能検査の結果を以下の式で数値化しました。

$$知能指数（IQ） = \frac{精神年齢（MA: Mental\ age）}{生活年齢（CA: Chronological\ age）} \times 100$$

この式における「精神年齢」は、検査結果に基づき、その人の知的水準が何歳に相当するのかを表すものであり、「生活年齢」は参加者の実年齢のことを指します。そして、もし精神年齢と生活年齢が等しい場合は知能指数（IQ）は100となり、精神年齢が生活年齢よりも低ければ知能指数は100未満、逆に高ければ知能指数は100よりも大きくなるという式になります。ただし、現在のスタンフォード・ビネー知能検査では、上記の定義式ではなく、ウェクスラー式知能検査で解説する偏差知能指数が指標として用いられています。また、テストの構成要素を整理する際には、知能の構造で解説したCHC理論も参照されています（Roid & Barram, 2004）。

日本でもビネー・シモン知能検査が導入され、日本に合わせた改訂が行われました。現在は、改訂版鈴木ビネー知能検査（鈴木ビネー研究会, 2007）や田中ビネー知能検査Ⅵ（田中教育研究所, 2024）といった日本版の検査が出版されています。

(2) 集団式知能検査

1対1で実施する個別式知能検査に対して、集団で一斉に実施するのが**集団式知能検査**です。集団式知能検査は、第一次世界大戦の際にアメリカにおいて、軍隊の兵員配置のために人材を効率よく選抜する目的の下で実施されたことが、大きく広まるきっかけとなりました。これは、心理学者の**ヤーキーズ**を長とする委員会が作成したもので、**陸軍式知能検査（アーミーテスト）**と呼ばれます。この知能検査には、言語による問題から構成される**α式検査**と、英語が堪能ではない人向けに作成された、図形や絵などを使った非言語課題からなる**β式検査**がありました（Yoakum & Yerkes, 1920）。日本では、それぞれA式、B式と呼ばれ、知能検査の開発や改訂が実施されました。

(3) ウェクスラー式知能検査

日本を含め、現在、世界的に広く用いられている代表的な個別式知能検査の1つが、**ウェクスラー式知能検査**です。**ウェクスラー**は、第一次世界大戦時に、前述した陸軍式知能検査（アーミーテスト）の実施に携わり、その経験が自身の知能検査の開発に大きな影響を与えたと振り返っています（Wechsler, 1981）。その後、ウェクスラーは、他の知能検査の中から優れた項目を再編成する形で、個別式知能検査として、**ウェクスラー・ベルビュー知能検査**を開発しました（Wechsler, 1939）。この検査を踏まえて作成された成人用の知能検査が、**ウェクスラー成人知能検査（WAIS）**です（Wechsler, 1955）。また、子ども用の検査として、**ウェクスラー児童用知能検査（WISC）**や、**ウェクスラー幼児用知能検査（WPPSI）**も開発されています（Wechsler, 1949, 1967）。いずれの検査も現在に至るまで改訂を重ねながら、世界中で用いられています。

ウェクスラー式知能検査は、前述した陸軍式知能検査の α 式と β 式のように、言語性検査と動作性検査の2つが含まれており、検査全体のIQとともに、言語性IQと動作性IQの2つも算出可能な点が特徴でした。ただし、現在では言語性IQと動作性IQは廃止されています。例えば、日本語版WISCの現時点の最新版（WISC-V）では、CHC理論の発展も背景としつつ、言語理解指標・視空間指標・流動性推理指標・ワーキングメモリ指標・処理速度指標の5種類の主要指標得点と、主要指標とは別に付加的な情報を提供する5つの補助指標得点、そして検査全体のIQが算出されます（Wechsler, 2014 日本版WISC-V刊行委員会編訳, 2022）。

　ウェクスラー式知能検査のもう一つの特徴が、同年齢集団において平均値が100、標準偏差が15となるように検査の素点を標準化した**偏差知能指数（DIQ）**を導入した点です。この値は、具体的には以下の式で計算されます。

$$偏差知能指数（DIQ）= \frac{各個人の得点 - 同年齢集団の平均点}{同年齢集団の標準偏差} \times 15 + 100$$

　知能の発達は次第に緩やかになるため、ある程度の年齢を超えると、ビネー式知能検査の所で解説した精神年齢と生活年齢の比を用いたIQの計算式は、個人の知的水準を表す上で有効ではなくなります。一方、偏差知能指数（DIQ）の場合、同年齢集団における相対的な位置が示されるため、より年齢が高い人の知的水準を表すのにも適用可能という利点があります。そのため、現在ではこの偏差知能指数（DIQ）が広く用いられています。

4. 知能研究への批判をめぐる論争と新たな展開

　知能研究のように「頭の良さ」を定量化する試みに対しては、数多くの批判もされてきました。その背景には、「優秀な人」の子孫を残し、「劣った人」が子孫を残すことを防ごうとする、優生学的な意図を持って知能研究がしばしば進められてきた歴史的経緯が関係しています。例えば、本章で挙げた心理学者のうち、ゴールトン、ターマン、ヤーキーズは、その優生学的思想でも知られています。一方、ビネーやウェクスラーは優生学的思想に反対していまし

た（Wasserman, 2018）。進化生物学者のグールドは、著書『人間の測りまちがい－差別の科学史－』の中で、心理学者によるこれまでの知能測定の取り組みを概観し、安易に知能を実体化し、人を序列化することに対して警鐘を鳴らしています（Gould, 1981 鈴木・森脇訳, 1989）。日本では、例えば、サトウ（2006）において、知能指数の安易な活用に対する批判が行われています。

　このような中で、ベストセラーとなった書籍『ベル・カーブ』（Herrnstein, & Murray, 1994）をめぐる論争が、知能研究の動向に大きな影響を与えました。この書籍では、民族・人種などの集団間の知能指数の平均値差を含む数多くの統計データが示されるとともに、アメリカにおける社会政策への提言が行われたのですが、デリケートなトピックが扱われたこともあり、出版後に社会で大きな反発を招くことになりました。しかし、これらの批判の中には、知能に関する科学的研究の実際に基づかないものも含まれていたため、事態を重く見た心理学者たちは、ウォール・ストリート・ジャーナルに、52名の研究者の署名とともに、『知能に関する主流の科学』という声明を発表しました。本章の初めに掲載した知能の定義（Gottfredson, 1997）は、この声明文に掲載されたものです。また、アメリカ心理学会においてもタスクフォースが設立され、『知能－分かっていることと分かっていないこと－』という論文が、報告書として出版されました（Neisser et al., 1996）。このように、知能の測定や研究は、その結果が個人や社会に対して重要な影響を与えうるため、科学的知見に基づきながら、倫理的・社会的な視点も含めて考えることが特に求められるトピックだと言えます。

　知能研究の近年の動向としては、**ガードナー**による**多重知能理論**（Gardner, 1983）の流れを受け、感情に関わる新しい知能として**情動知能**という概念が提唱され、研究が進められています（本章のコラムも参照してください）。関連して教育政策としては、従来の知能検査や学力テストで測定される能力以外の、**非認知能力（第9章）**や**社会情動的スキル**と呼ばれる概念が重視され、これらの育成や測定を試みるような動向が見られます（野崎, 2024）。また、情報工学分野では、**人工知能（AI）**の技術発展が進んでおり、生成AIの活用などにより、教育も含めこれからの社会が大きく変わると言われています。こ

れらのいずれの動向に対しても、本章で扱った知能を巡る心理学研究の歴史的経緯や取り組みは、「知能」という概念のとらえ方や、教育場面における能力測定がもたらす影響を考える上で、大いに参考になると考えられます。

〈コラム〉情動知能

　知性と情動（感情）の関係は、古くから問われ続けている重要な研究テーマです。心理学では、この両者を統合的に扱う「情動知能」（emotional intelligence）という概念が、自己や他者の情動を適切に認識し調整する上で重要な役割を果たす、新しい知能として提唱されています（Salovey & Mayer, 1990）。これまでの研究で、情動知能が高い人ほど、幸福感・健康・対人関係・仕事のパフォーマンスなどが高い傾向にあることが示されており、情動知能を高める教育に関する研究や実践も盛んに行われています（野崎, 2021）。一方、情動知能研究に対しては、その測定方法の妥当性をめぐる問題も指摘されてきました。例えば、情動知能が発揮されうる社会的な場面では、何が「正解」かを決めるのは必ずしも容易ではありません。そこで、現在の情動知能研究では、正解を定めて個人の能力の数値化を行うという方向ではなく、情動知能が高いとされる振る舞いを可能にする、人の情報処理過程のモデル化を目指した研究への変遷が見られます（野崎, 2024）。このような動向は「知能」という概念のとらえ方と密接に関わるものであり、注目が集められています。

〈確認問題〉

　（　①　）は、すべての課題に共通して見られる全般的な頭の良さを指す一般因子と、個別の課題の得意・不得意に相当する特殊因子を見いだし、知能の2因子説を唱えた。一方、（　②　）は、因子分析の手法をさらに洗練させ、複数の因子を知能の基本的能力としてとらえる、知能の多因子説を唱えた。その後、（　③　）は、知能の構成要素を流動性知能と結晶性知能に大別した。さらに、（　④　）は、流動性知能と結晶性知能の理論を基に、知能の新たな構成要素の追加や細分化を行った。また、（　⑤　）は、460を超えるデータ

セットをまとめた再分析の結果から、知能が3層構造で構成されることを提唱した。これらの流動性知能－結晶性知能の理論と、3層構造の理論を統合したのが、CHC理論である。

知能の測定については、元々イギリスの心理学者（　⑥　）などが測定を試みていたが、あまり成功していなかった。その中で、フランスの心理学者（　⑦　）は、医師のシモンと協力して、現在も広く使われる知能検査の原型を考案した。この知能検査は世界中に広まり、アメリカでは（　⑧　）が、知能検査の改訂を行うとともに、知能指数（IQ）を導入した。第一次世界大戦時には、心理学者の（　⑨　）を長とする委員会が、集団式知能検査として、陸軍式知能検査（アーミーテスト）を開発した。さらに、（　⑩　）は、他の知能検査の中から優れた項目を再編成する形で新たな知能検査を作成するとともに、偏差知能指数（DIQ）を導入した。この知能検査は改訂を重ねながら、今も世界で広く用いられている。

〈選択肢〉

ゴールトン　キャロル　ホーン　ターマン　スピアマン　サーストン　ウェクスラー　ヤーキーズ　キャッテル　ビネー

引用文献

Binet, A & Simon, T. (1905). Méthodes nouvelles pour le diagnostic du niveau intellectuel des anormaux. *L'Année psychologique. 11*, 191-244.
　（ビネー，A.・シモン，T.　中野 善達（訳）(1982). 異常児の知的水準を診断するための新しい方法　ビネー，A.・シモン，T. 中野 善達・大沢 正子（訳）知能の発達と評価－知能検査の誕生－ (pp. 47-114)　福村出版）

Carroll, J. B. (1993). *Human cognitive abilities: A survey of factor-analytic studies*. Cambridge University Press.

Cattell, R. B. (1943). The measurement of adult intelligence. *Psychological Bulletin, 40*(3), 153-193. https://doi.org/10.1037/h0059973

Gould, S. J. (1981). *The mismeasure of man*. W. W. Norton & Company.
　（グールド，S. J. 鈴木 善次・森脇 靖子（訳）(1989). 人間の測りまちがい－差別の科学史－　河出書房新社）

Gardner, H. E. (1983). *Frames of mind: The theory of multiple intelligences*. Basic books.

Gottfredson, L. S. (1997). Mainstream science on intelligence: An editorial with 52 signatories, history and bibliography. *Intelligence, 24*(1), 13-23. https://doi.org/10.1016/S0160-2896(97)90011-8

Herrnstein, R. J., & Murray, C. (1994). *The bell curve: Intelligence and class structure in American life*. Free Press.

Horn, J. L. (1991). *Measurement of intellectual capabilities: A review of theory*. In K. S. McGrew, J. K. Werder, & R. W. Woodcock (Eds.), Woodcock-Johnson technical manual (pp. 197-232). Riverside.

Horn, J. L., & Cattell, R. B. (1966). Refinement and test of the theory of fluid and crystallized general intelligences. *Journal of Educational Psychology, 57*(5), 253-270. https://doi.org/10.1037/h0023816

Horn, J. L., & Cattell, R. B. (1967). Age differences in fluid and crystallized intelligence. *Acta Psychologica, 26*, 107-129. https://doi.org/10.1016/0001-6918(67)90011-X

McGrew, K. S. (2005). The Cattell-Horn-Carroll theory of cognitive abilities: Past, present, and future. In D. P. Flanagan & P. L. Harrison (Eds.), *Contemporary intellectual assessment: Theories, tests, and issues* (pp. 136-181). The Guilford Press.

McGrew, K. S. (2009). CHC theory and the human cognitive abilities project: Standing on the shoulders of the giants of psychometric intelligence research. *Intelligence, 37*(1), 1-10. https://doi.org/10.1016/j.intell.2008.08.004

Neisser, U., Boodoo, G., Bouchard, T. J., Jr., Boykin, A. W., Brody, N., Ceci, S. J., Halpern, D. F., Loehlin, J. C., Perloff, R., Sternberg, R. J., & Urbina, S. (1996). Intelligence: Knowns and unknowns. *American Psychologist, 51*(2), 77-101. https://doi.org/10.1037/0003-066X.51.2.77

Nolen-Hoeksema, S., Fredrickson, B. L., Loftus, G. R., Lutz, C. (2014). *Atkinson & Hilgard's introduction to psychology* (16th ed.). Cengage Learning (EMEA).
（ノーレンホークセマ, S.・フレデリックソン, B. L.・ロフタス, G. R.・ルッツ, C. 内田一成（監訳）(2015). ヒルガードの心理学（第16版）金剛出版）

野崎 優樹 (2021). 情動知能－情動を賢く活用する力－　小塩 真司（編）非認知能力－概念・測定と教育の可能性－（pp. 133-148）北大路書房

野崎 優樹 (2022). 個人差　岡田 斉・小山内 秀和（編）心理学と心理的支援－新・社会福祉士シリーズ 2 －（pp. 85-95）弘文堂

野崎 優樹 (2024). パーソナリティと個人差研究の動向と今後の展望－非認知能力・社会情動的スキルを巡る議論に対する情動知能研究からの示唆－　教育心理学年報, *63*, 70-95. https://doi.org/10.5926/arepj.63.70

Roid, G. H., & Barram, R. A. (2004). *Essentials of Stanford-Binet intelligence scales (SB5) assessment*. John Wiley & Sons.

Salovey, P., & Mayer, D. (1990). Emotional intelligence. *Imagination, Cognition and Personality, 9*(3), 185-211. https://doi.org/10.2190/DUGG-P24E-52WK-6CDG

サトウ タツヤ (2006). IQを問う－知能指数の問題と展開－ ブレーン出版

Schneider, W. J., & McGrew, K. S. (2012). The Cattell-Horn-Carroll model of intelligence. In D. P. Flanagan & P. L. Harrison (Eds.), *Contemporary intellectual assessment: Theories, tests, and issues* (3rd ed., pp. 99-144). The Guilford Press.

Schneider, W. J., & McGrew, K. S. (2018). The Cattell-Horn-Carroll theory of cognitive abilities. In D. P. Flanagan & P. L. Harrison (Eds.), *Contemporary intellectual assessment: Theories, tests, and issues* (4th ed., pp. 73-163). The Guilford Press.

Spearman, C. (1904). "General intelligence," objectively determined and measured. *The American Journal of Psychology. 15*(2), 201-293. https://doi.org/10.2307/1412107

Sternberg, R. J., & Detterman, D. K. (Eds.) (1986). *What is intelligence? Contemporary viewpoints on its nature and definition*. Ablex.

Stern, W. (1914) *The psychological methods of testing intelligence*. (G. M. Whipple, Trans). Warwick & York, Inc. (Original work published 1912)

鈴木ビネー研究会 (2007). 改訂版鈴木ビネー知能検査 古市出版

田中教育研究所（編）(2024). 田中ビネー知能検査Ⅵ 田研出版

Terman, L. M. (1916). *The measurement of intelligence: An explanation of and a complete guide for the use of the Stanford revision and extension of the Binet-Simon Scale*. Houghton Mifflin.

Thurstone, L. L. (1938). *Primary mental abilities*. University of Chicago Press.

Thurstone, L. L., & Thurstone, T. G. (1941). *Factorial studies of intelligence*. University of Chicago Press.

Thurstone, L. L. (1948). Psychological implications of factor analysis. *American Psychologist, 3*(9), 402-408. https://doi.org/10.1037/h0058069

Wasserman, J. D. (2018). A history of intelligence assessment: The unfinished tapestry. In D. P. Flanagan & P. L. Harrison (Eds.), *Contemporary intellectual assessment: Theories, tests, and issues* (4th ed., pp. 73-163). The Guilford Press.

Wechsler, D. (1939). *The measurement of adult intelligence*. Williams & Wilkins Co.

Wechsler, D. (1949). *Wechsler Intelligence Scale for Children. Manual*. Psychological Corporation.

Wechsler, D. (1955). *Manual for the Wechsler Adult Intelligence Scale*. Psychological Corporation.

Wechsler, D. (1967). *Manual for the Wechsler Preschool and Primary Scale of Intelligence*. Psychological Corporation.

Wechsler, D. (1981). The psychometric tradition: Developing the Wechsler Adult Intelligence Scale. *Contemporary Educational Psychology, 6*(2), 82-85. https://doi.org/10.1016/0361-476X(81)90035-7

Wechsler, D. (2014). *Technical and interpretive manual for the Wechsler Intelligence Scale for Children - Fifth Edition*. Pearson.
（ウェクスラー , W. 日本版WISC-V刊行委員会（編訳）(2022)．日本版WISC-V知能検査 理論・解釈マニュアル 日本文化科学社）

Yoakum, C. S., & Yerkes, R. M. (Eds.). (1920). *Army mental tests*. Henry Holt and Company.

〈確認問題解答〉
①スピアマン　②サーストン　③キャッテル　④ホーン　⑤キャロル　⑥ゴールトン　⑦ビネー　⑧ターマン　⑨ヤーキーズ　⑩ウェクスラー

第12章

パーソナリティ

竹橋洋毅

　本章は、その人らしさである「パーソナリティ」について扱います。まず、パーソナリティとは何か、生まれつきのものか、経験で変わるものかを説明します。次に、パーソナリティをとらえる二つの視点、類型論と特性論を紹介します。そして、現代の有名な理論や考え方について解説します。その後、パーソナリティを調べる方法について紹介して、最後に教育を考える上での意義をお伝えしたいと思います。

1. パーソナリティとは

(1) はじめに

　人は、一人一人異なっています。例えば、新学期に新しいクラスになったときに、積極的にいろいろな人と交流しようとする人もいれば、一人で静かに過ごしたいという人もいます。ある人を特徴づけている安定的で一貫した感じ方や行動のパターンを、**パーソナリティ**（personality）や**性格**といいます。性格心理学の父と呼ばれるオルポート（Allport）は、パーソナリティを「その人を特徴づける行動や考え方を形作る心と身体の全体的な仕組みで、状況や経験により変化するもの」としてとらえました。パーソナリティをとらえることは、自他の行動を説明したり、予測したりする上で役立ちます。また、現代の教育では「個別最適な学び」が注目されていますが、子どもの個性を見取る上でも役立ちます。パーソナリティには後天的な要素も含まれているとされますが、その土台となる生まれつきの性質もあり、**気質**（temperament）と呼ばれます。

それでは、パーソナリティが人によって異なるのはなぜでしょうか。**遺伝**の影響もありそうですし、**環境**の影響もありそうです。この問いは学問の世界でも長く関心が寄せられてきています。遺伝と環境の影響度合いを調べるため、行動遺伝学では遺伝子が100％同じの一卵性双生児と遺伝子が50％同じ（つまり普通のきょうだいと同じ）の二卵性双生児を比較することで、遺伝の影響度を推測します。双生児研究からわかったことは、パーソナリティには遺伝的要因の影響が25〜50％認められ、知能と比べると遺伝による影響が小さい、ということです（安藤, 2014）。ノーベル経済学賞の受賞者ヘックマン（2015）は、性格的な強みである「**非認知能力**」が子どもたちの未来を拓く上で有益であるだけでなく、教育によって開発できる余地が知能よりも大きいことから、非認知能力の育成に投資することが重要だと述べています。

（2）類型論と特性論

それでは、パーソナリティをとらえるには、どうしたらよいのでしょうか。人びとの性格をとらえ、タイプ分けしたいというのは、いまを生きる私たちも素朴に思い浮かぶ考えだと思いますし、古代ギリシア・ローマにも四気質説というものもあります。これらは、性格がいくつかのタイプに分類できるというもので、類型論と呼ばれるアプローチです。**類型論**でよく知られるのは**クレッチマー**（Kretschmer, 1925）の理論です。精神医療が発達しつつあるなかで、彼は精神病診断と体型に関連があると考えました。統合失調症にはやせ型が多く、躁うつ病には肥満型が多く、てんかんは闘士型（がっちり型）が多そうだ、

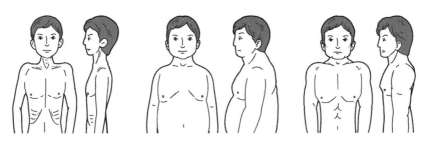

出典　小学館　日本大百科全書（ニッポニカ）

ということです。彼は自分の病院で調査を行い、仮説を支持する結果を得ました。彼は健康な人びとにも考察を広げ、分裂気質（感覚過敏で冷淡）、循環気質（社交的で無邪気）、粘着気質（根気強く几帳面）という性格のタイプを考案しました。

その後、精神科医の**シェルドン**ら（Sheldon & Stevens, 1942）は、**体質類型論**を提案しました。彼らは、クレッチマーの理論が精神疾患患者に基づくことを批判し、健康的な人びとの体型調査を行い、その体型のもとになる胎生期の胚葉にちなんで類型を考えました。やせの「外胚葉型」は頭脳緊張型とされ、控えめで過敏、安眠できず疲労感をもち（脳や感覚器が外胚葉からできることにちなんだ命名です）、がっちりの「中胚葉型」は身体緊張型とされ、活動的で自己主張をし（骨格や筋肉は中胚葉からできます）、肥満の「内胚葉型」は内臓緊張型とされ、くつろぎや安楽を好み、飲食を楽しむ社交的（消化器は内胚葉からできます）なタイプと分類しました。

さらに、**ユング**（Jung）は、精神分析の理論に基づき、向性論を提案しました。これは、心のエネルギーが内面に向く人びと（内向型）と外側に向く人びと（外向型）と分類した上で、それぞれに思考型、感情型、直観型、感覚型の4つを設けて、8つの類型を提案するものです（柴田, 2020）。これらの理論は、人びとの姿を単純な「類型」に当てはめて、わかりやすくとらえようとする点で共通します。

パーソナリティをとらえるもう一つの視点として、性格特性のモノサシを設けて、その高低を考えるというものがあります。例えば、優しさという評価軸で人びとを眺めます。太郎君はかなり優しいけれど、次郎君は全然優しくない、といった具合です。このアプローチを**特性論**といいます。では、パーソナリティをとらえる上で有用な「特性」にはどのようなものがあるのでしょうか。**オルポート**（Allport, 1937）は、人びとには、その個人独自といえる「個別特性」と、多くの人びとに共通する「共通特性」があると考えました。彼は後者をとらえるため、40万語の辞書に収録された言葉から「性格に関わるもの」を収集し、抽出された4505語を3グループに分類しました。一つめは基本的特性で、リンカーンといえば「正直」を貫いた人生であるように、その特

性がその人の全体的傾向を決めてしまう優勢な特性です。偉人伝ではそういう話を見かけますが、現実にこれを持つ人は少数だとオルポートは考えました。二つめは中心的特性で、「誠実」「根気強さ」のように、程度の差はあれ、多くの人に共有されている特性です。三つめは二次的特性で、例えば、初対面の人といる場面では緊張してしまうように、特定の状況においてだけ現れる特性です。オルポートは二つめの中心的特性を用いて、パーソナリティを記述しようとしました。さて、4500語ほども特性を表す言葉があるという話を聞き、「多すぎる！　重複している言葉もあるのでは…もっと少なかったらわかりやすいのに！」と思った方もいると思います。その疑問に挑んだのが**キャッテル**（Cattell, 1965）です。彼は、同義語を整理して160語に絞り、意味の似たものを集めたグループを作り35の特性群まで整理しました。ただし、これは自分の考えによる分類なので、客観的であるとは言えません。そこで、彼は多くの人びとに特性のリストを渡して相互評定をしてもらい、統計分析（専門的にいうと因子分析）を行い、回答パターンが似た特性をまとめ、最終的に16の根源特性に集約しました。特性の因子分析だけでなく、行動観察や神経生理学の知見に基づき、重要な特性を探そうとした人もいます。**アイゼンク**です。彼は、精神病患者や健常者の調査結果に基づき、「神経症的傾向」と「外向性－内向性」という基本次元を明らかにしました（Eysenck, 1970）。神経症傾向はネガティブな事象への反応性の高さで、自尊心の低さや不安感などを含んでいます。向性は心が外に向いているか、内に向いているかというもので、ユングの考えに似ていますが、それをタイプではなく、程度の問題としてとらえています。後で詳しく説明しますが、この2次元はその後のパーソナリティ研究の土台となり、現代でも採用され続けている、重要な発見だといえます。

　類型論と特性論は、パーソナリティをとらえるためのアプローチですが、これらの特徴とは何でしょうか。類型論は「人は3タイプに分類できる。神経症タイプ、調和タイプ、根性タイプだ！」というように、いくつのタイプを設定し、タイプごとの特徴を描いて、そのどれかに人びとを当てはめます。このアプローチの利点は、類型がイメージしやすいという、わかりやすさにあります。ただし、世の中にはいろいろな人がいるのに、すべてを少数のタイプに当

てはめることはできそうにありませんし、そのタイプ分けが妥当であることの客観的な証拠を集めることも難しそうです。一方、特性論はどうでしょうか。特性論は「人の性格をとらえる上で3つの次元が有効だ。どれほど神経症傾向が強いか、どれほど調和的か、どれほど根性があるかを1～10点で考えてみよう！」というように、次元とその程度の組み合わせで、個人をとらえようとします。光の三原色のそれぞれの量を変えて混ぜることで無限の色を表現できるように、特性論はさまざまな人びとをとらえることができそうです。また、特性を量的にとらえることで、回答パターンを分析し、ある特性と別の特性が似ていそうなのでまとめてよいかや、ある特性が強い人ほど精神病にかかりにくいなどの変数間の関係について実証的に調べることもできます。程度でとらえる視点は複雑になりがちで、わかりにくさはあるのですが、その有用性と客観性から、現代心理学では特性論が主流になっています。

2. 現代のパーソナリティ研究

(1) ビッグファイブ

　パーソナリティをとらえる上で、重要な次元は結局「いくつ」あるのでしょうか。アイゼンクの考えでは2つでしたが、それは単純すぎる気もしますし、キャッテルの考えでは16で、それだと複雑すぎてもう少しまとめたくなるような気もします。その後の特性論の研究者たちがデータをたくさん集め、分析するなかで、「5つ」の特性の因子（まとまり）が繰り返し、研究者や文化圏を超えて、見いだされました。ゴールドバーグ（Goldberg, 1981）はそれらの因子を「**ビッグファイブ**」と名づけました。現代のパーソナリティ心理学において、もっとも受け入れられている考え方です。

　ビックファイブは、①**神経症傾向**（**N**euroticism；ネガティブ事象への感受性）、②**外向性**（**E**xtraversion；ポジティブ事象への感受性）、③**調和性**（**A**greeableness；他者への配慮性）、④**開放性**（**O**penness；新奇な事象への志向性）、⑤**誠実性**（**C**onscientiousness；勤勉さや真面目さ）の5つです（ネトル, 2009）。これらの頭文字にちなんで、OCEANモデルと呼ばれることもありま

表 12-1　NEO PI-R におけるビッグファイブと下位次元

ビッグファイブ	含まれる下位次元
神経症傾向	不安、敵意、抑うつ、自意識、衝動性、傷つきやすさ
外向性	温かさ、群居性、断行性、活動性、刺激希求性、よい感情
調和性	信頼、実直さ、利他性、応諾、慎み深さ、優しさ
開放性	空想、審美性、感情、行為、アイデア、価値
誠実性	コンピテンス、秩序、良心性、達成追求、自己鍛錬、慎重さ

安藤（2009）に基づく。

す。神経症傾向と外向性はアイゼンクが見いだした要素で、他は研究が進展していく中で見いだされていきました。ビッグファイブを測定する尺度としては、コスタとマックレーが開発した **NEO PI-R** が有名です（Costa & McCrae, 1992; 表 12-1）。この尺度では、ビッグファイブをとらえるため、因子ごとに 6 つの下位因子を設け、それぞれを測定する質問項目を用意しています。ビッグファイブは、性格を表す語彙を幅広く集め、それを用いた調査を土台にするという点で、人の性格のすべての要素が網羅され、大きな視点でみる時にとくに重要になるリストを提供してくれると考えられます。

（2）非認知能力

近年、学校教育や教育政策にかかわる人びとのなかで、非認知能力という言葉が注目されています。**非認知能力**というのは、知能や学力などの認知能力では「ない」けれど、未来を拓く上で有益である能力・特性のことで、社会情動的スキルや性格スキルとも呼ばれます。OECD によれば、非認知能力は個人のウェルビーイングや社会経済的進展などに影響を与え、測定や介入ができる特性で、思考・感情・行動の一貫したパターンとして現れるものです（Ikesako, & Miyamoto, 2015）。具体的には、目標の達成、他者との協働、感情のコントロールなどに関するスキルだとされます（Ikesako, & Miyamoto, 2015）。非認知能力への注目が高まったきっかけとしてはペリー就学前プロジェクトが挙げられます（ヘックマン, 2015）。この研究では、アメリカの貧困家庭の 3 〜 4 歳の幼児に対して、「質の高い就学前教育」をするかどうかを

ランダムに決め、その効果を長期的に追跡しました。質の高い教育を受ける介入群では、幼児に対して、午前中に毎日2時間半ずつ教室での授業を受けさせ、さらに週に1度は教師が各家庭を訪問して90分間の指導をしました。指導内容は非認知特性を育てることに重点を置き、子どもの主体性を大切する活動が中心でした（ヘックマン, 2015）。統制群ではそのような教育はありませんでした。介入群の子どもは統制群の子どもよりも知能検査得点が高まりましたが、それは介入後しばらくの間だけで、彼らが8〜10歳になる頃には差が見られなくなりました。介入は知能を高めなかったのですが、介入群の子どもは統制群よりも学校にまじめに通い、成績や卒業率が高く、40歳時点での年収が高く、生活保護受給率や犯罪率が低いという差が見られました。教育は認知能力ではない力（非認知能力）を高め、子どもの未来を拓いたのです。

　それでは、非認知能力にはどのようなものがあるでしょうか。『非認知能力：概念・測定と教育の可能性』という本（小塩, 2021）では自制心、好奇心、楽観性、共感性などの15の能力について詳しく解説されていますが、ここでは3つを取り上げたいと思います。一つ目は**グリット**（grit）です。グリットは、重要目標に対する「情熱」と「粘り強さ」であり、長期目標の成否を左右する特性としてダックワース（Duckworth et al., 2007）が提唱しました。彼女は、学業、スポーツ、ビジネスなどの分野で卓越した成果を挙げたトップランナーがどんな人なのかを探る調査を行い、それらの人びとに共通する特性として情熱と粘り強さを見いだし、それを測定する尺度を作成しました。そして、グリットと目標達成の関係について調査・分析を行った結果、グリット（情熱と粘り強さ）が高い人ほど、陸軍士官学校の過酷な訓練でドロップアウトしにくく、高校生のスペリング大会で優れた成績を取りやすいことが示されました（Duckworth et al., 2007）。日本でも、グリットが高い教育大学の学生ほど、教員採用試験を受験し、一次の学力試験に合格し、二次の面接試験に合格しやすいことが示されています（竹橋他, 2019）。重要なことに、これらの研究ではグリットの他に、知的能力（知能検査や大学入学共通テストの点数）、自制心、誠実性が測定され、目標達成との関係の強さが分析されていますが、最も関係が強かったのはグリットでした。グリットはビッグファイブの誠実性と非常に

高い相関があるため、グリットという新しい概念は不要ではないかという指摘はありますが（Credé et al., 2017)、「継続は力なり」というのは正しそうです。
　二つ目は、**レジリエンス**（resilience）です。レジリエンスとは、困難で脅威的な状況にもかかわらず、うまく適応する能力であるとされ（Masten et al., 1990)、精神的回復力とも呼ばれます。人生は順調なことばかりではなくて、深刻でつらい逆境に直面することがあります。例えば、自然災害、事故、大病、戦争、人生をかけた挑戦での失敗、大切な人との別れなどです。このような出来事があれば、誰でも辛く、無力さを感じ、落ち込んでしまうのは無理からぬことですが、それに圧倒され続けず、しなやかに立ち上がり、元の状態に回復する資質・能力がレジリエンスです。実際に、レジリエンス尺度の得点が高い者は、否定的な人生の出来事を経験したにもかかわらず、精神的に健康であることが示されています（小塩他, 2002）。幸いなことに、レジリエンスは年齢とともに高まっていく可能性が示唆されています（上野他, 2018）。三つ目にとりあげる非認知能力、**自尊心**（self-esteem）もウェルビーイングに関わる特性です。自尊心は自己に対する評価感情で、自分自身を基本的に価値あるものとする感覚だとされます（遠藤, 1999）。自尊心が高い人はそうでない人に比べて、ストレスが低く精神的に安定し、困難に負けずに積極的に対処しようとし、達成への強い動機づけをもって、周囲の人びとからも好意的に評価されやすいことが示されています（遠藤, 2018）。健康で前向きに生きる上では、レジリエンスや自尊心は重要であるといえそうです。

(3) パーソナリティ障害

　パーソナリティ障害（personality disorder）とは、パーソナリティが偏り固定化したために、適応が難しく、生きづらさを抱えている状態のことを言います。能力でなく、性格のため、生活に支障が出て、本人も苦しみますが、思考・行動パターンを変えようとせず、不適応に陥ります。米国精神医学会の精神障害の診断と統計マニュアルの第5版（DSM-5）によれば、10種類のパーソナリティ障害があげられ、それらは3つのクラスター（まとまり）があるとされています。A群は、奇妙で風変りにみえることを特徴とするクラスターで、

①妄想性、②ジゾイド（他者への無関心）、③統合失調型（奇妙な思考）というパーソナリティ障害が含まれます。B群は、演技的、感情的、移り気を特徴とするクラスターで、④反社会性、⑤境界性（対人関係、自己、感情の不安定さ）、⑥演技性、⑦自己愛性というパーソナリティ障害が含まれます。C群は、しばしば不安や恐怖を感じているようにみえることを特徴とするクラスターで、⑧回避性（拒絶される恐れによる対人接触の回避）、⑨依存性（他者への依存）、⑩強迫性というパーソナリティ障害が含まれます。鈴木（2003）によれば、パーソナリティ障害は臨床上有用な概念ではありますが、これらの類型に当てはまる人はごくわずかであり、ほとんどの人はこれらの類型には当てはまりません。これらの類型の安易な使用はつつしまなければいけません。

（4）よい性格はあるのか？

ここまで、さまざまなパーソナリティ特性をみてきましたが、いわゆる「よい性格」というのはあるのでしょうか。Musek（2007）はビッグファイブを因子分析でさらにまとめてみたところ、全体的な良さを表す一因子（すなわち、ビッグワン）が抽出されることを報告しています。つまり、「神経症傾向が低く、外向性、調和性、開放性、誠実性が高い」と「その逆」という次元です。この研究によれば、前者の人びとは後者の人びとよりも、社会的望ましさ、動機づけ、幸福感、自尊心などが高いことも示唆されました。たしかに、不安が低く、前向きに仲良く好奇心をもってがんばれる人は、現代社会でうまく生きていけそうに思えます。

しかしながら、パーソナリティ研究では、性格には良いも悪いもなく、性格と環境が組み合わさって良さ＝適応が左右される、という見方が広く受け入れられています。実は、魚にも神経症傾向や外向性があることがわかっているのですが、それらが適応を高めるかどうかは環境によることが示唆されています（ネトル, 2009）。天敵が多くいる環境では神経症傾向が高い個体のほうが危険を回避できるので適応的であるのに対し、天敵が少ない環境では外向性が高い個体のほうが食料やパートナーを獲得しやすくなるので適応的となります。また、誠実性の高い人は計画的にコツコツ努力するので、法律や制度がよ

く整備されて未来の見通しがよい現代では適応的になりやすいですが、環境やルールが大きく変化するような状況下では誠実性が高い人は混乱し、無意味になった計画や行動に固執してしまいがちで、誠実性が低く衝動的な人のほうが変化にうまく反応できるかもしれません。その人の性格に合った環境を見つけることが大切だと考えられます。

3. パーソナリティの測定

(1) 質問紙法

　パーソナリティを測定する方法としては、質問文を提示し、それに自分がそれほど当てはまると思うか（例えば、1. まったく当てはまらない〜 5. 非常によく当てはまる）をたずねるという**質問紙法**がよく用いられます。たいてい、測定したい概念ごとに複数の質問項目を用意し、それらの評定値を平均することで、概念測定を行います。例えば、誠実性の測定では「私は勤勉である」「几帳面である」などの質問項目への回答を求め、その平均値を算出します。言葉を用いることで測定内容が明確ですし、数量化もしやすいので、妥当で信頼できる尺度を構成しやすいという利点があります。一方で、聞かれていることが明確であるがゆえに、自己防衛などによる回答の歪曲（わいきょく）が起きる懸念がありますし、低年齢児には適用できないという短所もあります。

　質問紙法によるパーソナリティ測定としては、先述の**ビッグファイブ**を測るNEO PI-Rがあげられます。これはビッグファイブの下位因子も細かく測定しょうとするため、240項目あります。近年では、ビッグファイブを2項目ずつ合計10項目で測定するTIPI-Jという超短縮版尺度（小塩他, 2012）も開発されています。ビッグファイブは現代で主流な性格理論で、その尺度は性格を網羅的に測定できますので、近年ではよく利用されます。また、伝統的な尺度として、**矢田部ギルフォード性格検査**（YG性格検査）があります。これは12種の特性を10項目ずつ合計120項目について3件法（はい、どちらでもない、いいえ）で測定します。12の特性は、情緒不安定性（抑うつ性、回帰性＝気分の不安定さ、劣等感、神経質、客観性の低さ、協調性の低さ）と向

性（愛想のよさ、一般的活動性、のんきさ、試行的外向、支配性、社会的外向）の2つに大別され、それに基づき5つの類型に分類することもできます。この検査は、性格診断だけでなく、学校や会社で適性検査としても利用されています。他に、**ミネソタ多面的人格目録**（MMPI）という検査もあります。これは、もともと精神的な病気の診断を行うために開発されましたが、現在は性格を測定するために使用されています。MMPIは人の情緒的・社会的態度などに関する記述を集め、健常群と臨床群で差が見られた項目を集めて尺度が構成されており、一見どんな概念が測定されているのかがわからないため、受検者が意図的に回答を歪めにくい利点があります（篠原, 2020）。性格を把握する10の臨床尺度に加え、虚偽反応などを確認する4つの妥当性尺度などがあり、尺度全体で550項目あります。

（2）投影法

投影法とは、曖昧で自由に反応できる図版や課題を与え、それに被験者がどう認知し、意味づけするのかをたずねることで、その人の心のあり方を理解しようとする方法です（吉川, 2020a）。例えば、**ロールシャッハテスト**ではインクの染みのような図版を提示し、それがどのように見えると思うかをたずねます。**主題統覚検査**（TAT）では、やや曖昧に描かれた図版を見せ、短いストーリーを作るように求めます。被検者が葛藤場面をどのように認識し、どのような対処しようとするかを分析します。**PFスタディ**は、マンガ風のイラスト（Picture）で多様な欲求不満（Frustration）の場面が提示され、登場人物のセリフを記入するように求める検査で、不満や対処から性格傾向を把握しようとします。**文章完成法**（SCT）は、未完成の文章（例えば、「私はよく_____」）を完成させるように求め、その記述から性格、関心、人生観などを調べます。また、**描画法**といってテーマに沿って絵を描くように求め、その表現からその人を理解しようとする方法もあります。例えば、「実のなる木を一本書く」ように求める、**バウムテスト**があります。言葉で表現するのが苦手な人でも反応しやすく、小さな子どもから高齢者まで幅広い年代に用いることができます（吉川, 2020b）。投影法や描画法は、被検者が自分の反応の持つ意味に気

づかせないので、その人の自然な反応を引き出しやすいという利点がありますが、結果の解釈が難しかったり、主観的で妥当性に疑問が持たれたりするなどの短所もあります。

(3) 作業法（内田・クレペリン精神作業検査）

作業法は、被験者に一定の具体的な作業を与えて、その結果や作業過程から性格を測定しようとするものです。被験者には何が測定されているのかはわからないので、意図的に反応を歪めることはできませんし、課題が明確ですので、評価基準も客観的であるという利点があげられます。代表的なものとして、内田・クレペリン精神作業検査があります。これは、一定の時間内に、隣り合う数を足して一の位の数を記入していく課題（図12-1）を繰り返すように求め、課題への順応、集中の持続性、疲労、疲労からの回復などを、典型的なパターンと比べることで性格を調べます。

図12-1　内田・クレペリン精神作業検査

4. おわりに

教育心理学には、**適性処遇交互作用**というカギとなる概念があります。子どもの個性と指導の方法が組み合わさって、教育の効果が左右される、というものです。この考えは、子どもの個性をよくとらえて、それに応じた教育を行うことの重要性を示唆しています。その上で、パーソナリティの理論や知見は大いに役立つと考えられます。

〈コラム〉

快に接近し、不快を回避するというのは、人だけでなく、すべての生物にとって根本といえる行動原理です。パーソナリティの研究では、接近-回避に関する特性についてさまざまな理論が提唱されています。制御焦点理論（Higgins, 1997）はその一つであり、理想や利益を求める促進焦点、義務や損失を気にかける予防焦点という2つの動機づけシステムが異なる行動方略を導くとしています。促進焦点が優勢な人びとでは積極的な熱望方略をとりやすいのに対して、予防焦点が優勢な人びとでは慎重な警戒方略をとりやすくなります。その特性を測る尺度も開発されています（尾崎・唐沢，2011）。近年、制御焦点と教育の接点に強い関心が寄せられるようになっています。教育心理学で重要なトピックとしては動機づけ、学習方略、精神健康、学習性無力感、ライバル関係、基本欲求支援などが挙げられると思うのですが、外山らの一連の研究（e.g., 外山他，2018）によって、これらはすべて制御焦点によって影響を受けることが明らかにされつつあります。子どもの発達を理解する視点として、制御焦点は重要だと言えそうです。

〈確認問題〉

1. パーソナリティの土台となる生まれつきの性質は（①）と呼ばれる。
2. パーソナリティをとらえるアプローチには、いくつかのタイプを当てはめる（②）、パーソナリティの次元を想定し、その程度を考える（③）がある。
3. アイゼンクは、性格の基本次元として、外向性－内向性と（④）を見いだした。
4. 現代のパーソナリティ理論としては、（⑤）が有名である。
5. 人生を拓き、育成できる資質・能力として、現代では（⑥）が注目されている。
6. パーソナリティ測定の方法としては、質問文を提示して回答を求める（⑦）、曖昧な刺激への反応を求める（⑧）、単純作業の遂行をみる（⑨）である。
7. 子どもの個性と指導の方法が組み合わさって、教育の効果が左右されるこ

とを（⑩）という。

〈選択肢〉

投影法　ビッグワン　誠実性　制御焦点　適性処遇交互作用　神経症傾向　グリット　非認知能力　開放性　レジリエンス　作業法　特性論　気質　類型論　ビッグファイブ　因子分析　質問紙法

引用文献

Allport, G. W. (1937). *Personality: a psychological interpretation*. Holt.
安藤寿康 (2014). 遺伝と環境の心理学－人間行動遺伝学入門. 培風館.
Cattell, R. B. (1965). *The scientific analysis of personality*. Penguin Books.
Costa, P. T., & McCrae, R. R. (1992). The five-factor model of personality and its relevance to personality disorders. *Journal of Personality Disorders, 6*, 343-359.
Credé, M., Tynan, M. C., & Harms, P. D. (2017). Much ado about grit: A meta-analytic synthesis of the grit literature. *Journal of Personality and Social Psychology, 113*, 492-511.
Duckworth, A. L., Peterson, C., Matthews, M. D., & Kelly, D. R. (2007). Grit: Perseverance and passion for long-term goals. *Journal of Personality and Social Psychology, 92*, 1087-1101.
遠藤由美 (1999).「自尊感情」を関係性からとらえ直す 実験社会心理学研究, 39, 150-167.
遠藤由美 (2018). 自己 無藤隆・森敏昭・遠藤由美・玉瀬耕治 (著) 心理学 (新版) 有斐閣. pp.375-396.
Eysenck, H. J. (1970). *The structure of human personality*. Methuen.
Goldberg, L. R. 1981 Language and individual differences: The search for universals in personality lexicons. In L. Wheeler (Ed.), *Review of personality and social psychology*. Vol. 2. Sage. pp. 141-165.
ヘックマン, J.J. (2015). 幼児教育の経済学. 東洋経済新報社.
Higgins, E. T. (1997). Beyond pleasure and pain. *American Psychologist, 52*, 1280-1300.
Kretschmer, E. (1925). *Physique and Character*. Harcourt, Brace.
Masten, A. S., Best, K. M., & Garmezy, N. (1990). Resilience and development: Contributions from the study of children who overcome adversity. *Development and Psychopathology, 2*, 425-444.
Musek, J. (2007). A general factor of personality: Evidence for the Big One in the five-factor model. *Journal of Research in Personality, 41*, 1213-1233.
ネトル, D. (2009). パーソナリティを科学する：特性5因子であなたがわかる. 白揚社.

Ikesako, H., & Miyamoto, K. (2015). Fostering Social and Emotional Skills through Families, Schools and Communities: Summary of International Evidence and Implication for Japan's Educational Practices and Research. *OECD Education Working Papers, 121*, OECD Publishing.

小塩真司 (2021). 非認知能力：概念・測定と教育の可能性. 北大路書房.

小塩真司・中谷素之・金子一史・長峰伸治 (2002). ネガティブな出来事からの立ち直りを導く心理的特性―精神的回復力尺度の作成―. カウンセリング研究, 35, 57-65.

小塩真司・阿部晋吾・カトローニ ピノ (2012). 日本語版. Ten Item Personality Inventory (TIPI-J)作成の試み パーソ. ナリティ研究, 21, 40-52.

尾崎由佳・唐沢かおり (2011). 自己に対する評価と接近回避志向の関係性：制御焦点理論に基づく検討. 心理学研究, 82, 450-458.

Sheldon, W. H., & Stevens, S. S. (1942). *The varieties of temperament; a psychology of constitutional differences*. Harper.

柴田久美子 (2020). ユングの4機能論. 吉川眞理 (編) よくわかるパーソナリティ心理学. ミネルヴァ書房. pp.10-11.

篠原由花 (2020). 経験的手法によって作成された質問紙：MMPI. 吉川眞理 (編) よくわかるパーソナリティ心理学. ミネルヴァ書房. pp.34-35.

鈴木乙史 (2003). 性格の正常・異常. 詫摩武俊・鈴木乙史・瀧本孝雄・松井豊 (著) 性格心理学への招待－自分を知り他者を理解するために. サイエンス社. pp.195-214.

竹橋洋毅・樋口収・尾崎由佳・渡辺匠・豊沢純子 (2019). 日本語版グリット尺度の作成および信頼性・妥当性の検討　心理学研究, 89, 580-590.

外山美樹・湯立・長峯聖人・黒住嶺・三和秀平・相川充 (2018). 制御焦点が学業パフォーマンスに及ぼす影響－学習性無力感パラダイムを用いた実験的検討－　教育心理学研究, 66, 287-299.

上野雄己・平野真理・小塩真司 (2018). 日本人成人におけるレジリエンスと年齢の関連. 心理学研究, 89, 514-519.

吉川眞理 (2020a). 投影法の原理とその活用. 吉川眞理 (編) よくわかるパーソナリティ心理学. ミネルヴァ書房. pp.40-41.

吉川眞理 (2020b). 投影的描画法①バウムテスト. 吉川眞理 (編) よくわかるパーソナリティ心理学. ミネルヴァ書房. pp.42-43.

〈確認問題解答〉

①気質　②類型論　③特性論　④神経症傾向　⑤ビッグファイブ　⑥非認知能力　⑦質問紙法　⑧投影法　⑨作業法　⑩適性処遇交互作用

第13章 発達の多様性と支援

片桐正敏

　本章で触れる神経発達症／神経発達障害群（Neurodevelopmental Disorders）は、アメリカ精神医学会の精神疾患の診断・統計マニュアル第5版（Diagnostic and statistical manual of mental disorders, fifth edition-text revision, DSM-5）において初めて登場した診断分類です（American psychiatric association, 2023）。神経発達症群に分類される障害は、自閉スペクトラム症（Autism Spectrum Disorder, ASD）、注意欠如・多動症（Attention Deficit/Hyperactivity Disorder, ADHD）、限局性学習症Specific Learning Disorder, SLD）、言語症、語音症、児童期発症流暢症（吃音）、社会的（語用論的）コミュニケーション症、発達性協調運動症（Developmental Coordination Disorder, DCD）、常同運動症、チック症のほか、知的発達症、いわゆる知的障害も神経発達症群に含まれます。なお本章では、神経発達症については断りがない限り発達障害と表記し、知的発達症については教育や福祉で一般的に使われている知的障害の用語を使用します。知的障害は、医学的な分類では発達障害であるものの、日本の法令上（発達障害者支援法および施行令、施行規則）では発達障害と分類されていないことに留意してください。

1. 障害と環境

　医学や教育、福祉で呼称されている「障害」とは、通常その人に何らかの生物学的に器質的・機能的な問題があり（もしくは想定されており）、その人を取り巻く環境との間に不調和が生じることによって、日常生活や社会的不利益が生じる状態です。

　図13-1は国際生活機能分類（International Classification of Functioning, Disability and Health, 以下ICF）を図示したものです（WHO, 2001）。この図は、大きく生活機能と生活機能に影響する背景因子で構成されています。健康状態は、背景因子とともに生活機能に影響します。これらの構成要素間は互いに双方向の矢印で結ばれており、これらの要素すべてが相互に影響し合うモデルであることから「構成要素間相互作用モデル」とも呼ばれています。ただし、相互に影響し合いはするのですが、それぞれの構成要素は「相対的独立性」があります。例えば、生物学的な「心身機能・身体構造」において足に麻痺が見られるとします。ですが麻痺があるからといって、歩行ができない、だから生活面で運動も家事もできない、というわけではありません。たしかに歩行は難しいかもしれませんが、「参加」や「活動」レベルまで決まるわけではなく、影響は与えつつも環境の設定や調整をすることで障害は軽減されます。具体的には、車椅子を使えば運動の参加も可能だろうし、本人に合った器具を用いれば家事もできます。こうした点を考えると、このICFモデルは心身機能がすべてのレベルを決めてしまう「医学モデル」と、障害は社会によって作られた問題と考える「社会モデル」、これらを統合したモデルと言えます。人間は、このICFモデルにあるように独立したさまざまな因子が相互に影響しながら、成長・発達を遂げるのです。

　ICFモデルに沿って発達障害のある子どもへの支援を考えてみましょう。発達障害それ自体は、何らかの生物学的な基盤を持つ個人の認知や精神、身体面に何らかの影響を与えているでしょう。医療モデルでは、治療や投薬などをすることによって直接生物学的な不具合にアプローチするやり方で、例えば

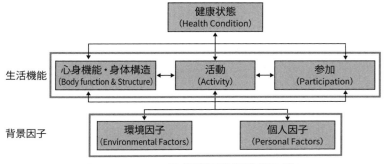

図 13-1　ICF の構成要素間相互作用モデル
(WHO, 2001)

ADHD のお子さんに投薬を行うことで、一時的ではありますが行動上の改善を図ることができますし、DCD のお子さんに協調運動機能の向上を図る支援をすることも重要なアプローチでしょう。ですが、支援グッズを開発し、利用方法を教えたり、ICT 機器を用いた学習支援を行ったり、運動が楽しめるような関わり、子どもたちの発達にとって望ましい環境設定や環境調整、生きづらさを軽減する決まりや仕組みを整えることも重要なアプローチです。医療モデルによる本人の発達障害の特性やメカニズムに関する理解と支援に加え、こうした社会モデルによる支援は、とくに教育や福祉が専門とするものであり、即効性があり、かつ持続的な効果が期待できる支援といえます。

2. 発達障害のある子どもの理解と支援

(1) 発達障害とは

「発達障害」とは、前項で述べた障害の定義に加えて、通常は発達期に診断基準にある症状が見られます。発達障害など神経学的な差異を持たない人を一般的に指す定型発達の人の場合、認知発達や言語発達、（対人）関係の発達、自己制御の発達、学習能力の発達、運動発達はそれぞれ互いに影響し、連続性の中で子どもが成長・発達していきます。発達障害は、まさに1つないしは複数の領域の発達の相対的な遅れ、すなわち同年齢の子どもの平均的な発達レ

ベルよりも大きく遅延している一連の状態像を示します。例えば、自閉スペクトラム症は対人関係の発達が遅れているのであって、対人関係が築けないわけではないし、学習障害のある子どもは、読み書きがまったくできないわけではなく、正確性（と／もしくは）流暢性が同年齢の子どもと比べて発達上の遅れが認められる、ということです。

　近年、脳機能イメージング研究などで発達障害のある人の脳の機能的な問題が少しずつわかってきているものの、実際のところ異常と認められるような器質的な脳画像所見はありません。知能検査や認知検査では、発達障害に特徴的なプロフィールが現れることがあっても、こうしたプロフィールによる発達障害の鑑別や診断は不可能です。最終的には、これらの検査結果も含め、本人の生育歴や行動観察によって医師が総合的に判断し、診断が行われます。なお発達障害を含む精神科疾患の診断は、前述したように行動観察などで認められる症状による診断であって、他の医学領域で行われている疾病診断ではなく、さらにこの診断においては病気の原因を特定しない（さまざまな病因を含んでいる）ことに留意する必要があります（杉山, 2023）。

　発達障害全般にしばしば見られるのが、心理的問題（抑うつや不安などの内在化問題、破壊行動や攻撃的行動などの外在化問題）と生理学的問題（概日リズム障害（睡眠障害）や感覚の問題）です。これらは二次障害（学習や経験の結果、二次的に生じる行動上の問題）とも言われることがありますが、発達障害の特性と心理的問題、生理学的問題のそれぞれが密接に関係し、環境との相互作用で個々の子どもによって現れ方がずいぶん異なってきます。例えば睡眠障害はADHDにおいて遺伝子レベルで関連性が指摘されていますが（Takahashi et al., 2024）、本人のやる気の問題やだらしなさといった側面が注目され叱責を受けることで保護者や支援者との関係が悪化し、支援が難しくなることがあります。生理学的問題は、脳の神経基盤の機能不全とも関連している可能性を考慮して支援を検討すべきです。

　表13-1は、DSM-5-TRにおける障害名とそれらに対応する日本の発達障害者支援法に記載されている障害名を記載しました。なお、このほかに法令では言語の障害（同法施行令）、心理的発達の障害並びに行動及び情緒の障害（同

表 13-1　発達障害の特徴と有病率、性差

DSM-5 での障害名	発達障害者支援法での障害名	特徴	有病率	性比（男子：女子）
知的発達症 (Intellectual Developmental Disorder, IDD) ※1	該当なし ※6	論理的・抽象的思考や問題解決、プランニング、言語、学習、記憶、課題処理のスピードなど知的能力全般の遅れがあるほか、コミュニケーション、日常生活や社会生活などの適応能力の遅れがある	約1% ※11	1.6：1 ※15
自閉スペクトラム症 (Autism Spectrum Disorder, ASD) ※2	自閉症、アスペルガー症候群その他の広汎性発達障害 ※7	社会的コミュニケーションおよび対人的相互反応の遅れや問題がある。行動や興味、活動の限局的、反復的様式が見られるほか、感覚刺激に対する過敏さや鈍感さが見られる	1-2% ※12	3：1 ※11
限局性学習症 (Specific Learning Disorder, SLD) ※3	学習障害 ※8	知的能力が概ね平均域にあるが、読み書きや計算、数学的推論の困難さ（正確性および流暢性）や遅れが見られる。音韻障害や視覚認知障害が見られる	約7% ※13	約2：1 ※13
注意欠如多動症 (Attention Deficit/Hyperactivity Disorder, ADHD) ※4	注意欠陥多動性障害 ※9	不注意および（または）多動－衝動性がある。学習に悪影響を及ぼすプランニング、行動の制御や実行機能の問題がある。注意の維持や視覚的プランニング、行動の制御など実行機能の問題がある	5-7% ※14	約3：1 ※16
発達性協調運動症 (Developmental Coordination Disorder, DCD) ※5	協調運動（の）障害 ※10	手先の器用さ（微細運動）の発達の遅れや問題（正確性および流暢性）が見られる。姿勢維持や身体全体を使った運動（粗大運動）の発達の遅れや問題（正確性および流暢性）が見られる	5-8% ※11	2：1 – 7：1 ※11

※1　ICD-11 では Disorders of Intellectual Development
※2　ICD-11 では DSM-5 と内容が類似している。ICD-11 では重症度の特定が求められていない
※3　ICD-11 では Developmental Learning Disorder（発達性学習症）
※4　ICD-10 では「多動性障害」に該当するが、ICD-11 では DSM-5 と同様の障害名となった
※5　ICD-11 では Developmental motor Coordination Disorder
※6　発達障害者支援法では、知的発達症（知的障害）は発達障害として分類されていなかったため、日本の法令上は発達障害ではない
※7　広汎性発達障害の下位分類として自閉症、アスペルガー症候群があるが、DSM-5 ではこれらをまとめて自閉スペクトラム症としている
※8　略称として LD（Learning Disorder）の用語が一般的に用いられている
※9　DSM-IV の旧称が法令のなかで用いられている
※10　発達障害者支援法施行令第一条に定義されている
※11　DSM-5-TR による
※12　Zeidan et al. (2022) による。なお、このレビューでは性差は約4：1 と報告されている
※13　Yang et al. (2022) による。Uno et al. (2009) によれば、日本では読みが8.08%、書きが8.69%の子どもに困難さが認められ、男女比は読みが1.8：1、書きが5.2：1 と報告されている。なお、文字種（ひらがな、カタカナ、漢字）では出現率が異なる
※14　Salari et al. (2023) による
※15　Leonard & Wen (2002) による
※16　Rucklidge (2011) による

法施行規則）が発達障害として定義されています。表 13-1 では、障害の行動的特徴及び出現率、性差も表記しています。出現率や性差は、原則最新の研究レビューに従っていますが、個々の研究によって非常にばらつきが大きいです。例えばASDについては、表 13-1 のASDの有病率はZeidan et al.（2021）のレビューを元に作成したものですが、約 1-2％程度、男女比は 4：1 で男性が多く、有病率では最大 4％を超えている研究も見られ、ばらつきが大きいです。Saito et al.（2021）による日本の弘前市での調査によると、5 歳児検診におけるASDの有病率は 3.22％（95％ CI: 2.66-3.76％）、男女比は 2.2：1 と報告されています。

　重要なポイントは、まず発達障害は発達の早期（LDは学齢期）に症状が出現するが、環境によっては症状が明確に出現しなかったり、学習した生活適応スキルを用いた結果、症状が隠れている場合もあることです。例えば適切な療育や教育環境では診断基準を満たさない場合もありえますが、環境が変わると症状が出現することがあります。次に、有病率についてはおおむね 1％を超えており、増加傾向が見られること、男性の方が女性よりも多いことです。発達障害の有病率が増加している原因はさまざまですが、発達障害が広く知られるようになり、親や支援者の気づきから医療機関にかかる機会が増えたこと、診断の精度が上がっていることが大きな要因として考えられていますが、そのほかにも親の高年齢出産による影響も指摘されています（Weintraub, 2011）。

（2）幼稚園や保育園、学校における発達障害のある子どもの特性と支援

　ここでは、自閉スペクトラム症、注意欠如多動症、限局性学習症、発達性協調運動症を中心にそれぞれの障害の特性を踏まえた、保育や学校教育の現場で行なう支援と家庭での支援や配慮について述べていきます。

　どの発達障害のある子どもにも共通する支援としては、子ども自身の特性理解への支援です。支援を行なう者は、自己理解プログラムを通して自分子ども自身の特性を知り、自分がどういった対人的な関わりをしたいのか、日常生活においてどういった技能を身につけたいのかといった理解を促して、本人の望む技能の習得を支援したり、支援グッズの使い方などを習得したりすること

を支援します。これらはソーシャルスキルトレーニング（social skill training, SST）を行う上で非常に重要となります。SSTを行う必要性を理解し、自分で目標設定を行い、主体的にSSTに取り組んでもらうことでより高い効果が期待できます。また、他者の強みや弱みを知ることで、他者に必要な支援を求め、自らの強みを生かした関わりを他者に提供するためのやりとりを教えていくことも重要です。つまり、単に自分の弱みを知りそれらの技能を習得したり、他者に支援を求めるだけで終わるのではなく、ギブアンドテイクの関係性も学んでいくことが求められます（片桐, 2018）。

1）自閉スペクトラム症（Autism Spectrum Disorder, ASD）のある子どもへの支援

ASDは、社会的コミュニケーションおよび対人的相互反応における発達の遅れや困難さのほか、行動や興味、活動の限局的、反復的様式が見られる障害です。

ASDのある人は、対人面でのやりとりに困難を示します。他者視点に立つのが難しいために、相手の立場を考慮したやりとりが難しかったり、一方的な会話になりがちであったりすることがあります。対人面での無関心を示す人もいますが、自分を理解し興味関心事に寄り添ってくれる相手を好み、それ以外の人とは関わりを好まなかったり、ものや特定のこだわりのあるものへの関わりを優先して対人コミュニケーションの優先順位が低い結果、他者と関わりを持たない人もいます。こうした対人相互反応の質的な問題は、児童・思春期の同年齢の仲間において見られることが多く、保育や教育現場で仲間とともに学ぶ環境では、学習の妨げとなることになります。エコラリア（オウム返し）は、定型発達でも一時的に見られるのですが、ASDの場合、定型発達の子どもよりも比較的長期にわたって認められることがあります。

加えて、ASDのある人は、強いこだわりから行動や興味が非常に狭くなりがちで、知識や行動に偏りが見られます。新規場面は不確定要素も強く予測が難しいことから、こうした場面にさらされると強い不安を持ちます。そのため、単一の固定化された反復的な行動様式、すなわち行動をルーティーン化することで、常に予測可能で見通しを持った行動を取ることを好みます。これ

は、刺激の取り込みも同様で、予測不可能な刺激をさけ、反復的な行動を取ることで予測可能な刺激を取り込み、精神的に安定しようとするためです。つまり、一見問題行動のように思える限局的で反復的な行動は、本人にとっては心理的な安定を図る適応的な行動ともとることができます。

　支援としては、見通しを持たせるため環境設定、環境調整が重要です。とくに構造化と呼ばれる方法は広く用いられており、その中でも物理的構造化（生活空間を物理的に区切ることで、その空間で何をすればよいのか視覚的にわかりやすくする工夫）やスケジュールや活動の構造化（活動内容を時系列で視覚的に示すことで見通しを持てるようにする工夫）を行うことで、ASDのある子どもにとって過ごしやすい学習環境や生活環境を整えることができます。言語表現が難しい子どもの場合は、絵カードを用いたコミュニケーションによって自分の意思を伝えたり、他者の意思が伝わるようにすることもあります。ASDのある子どもの感覚過敏などは、他者が気づきにくいため、落ち着かなかったりイライラしている状況がある場合、感覚の問題があるかどうかを確認することも重要です。

　女性のASDのある人で見られる行動としては、自らの自閉症的行動を見せないように覆い隠す「カモフラージュ」という行動を取ることがあります。この場合、コミュニケーション自体に非常に無理がかかり、いわば「過剰適応」という状態に陥って、二次障害を引き起こしてしまいます。本人が無理をしていないか、過ごしやすい環境なのかを把握し、適切な環境を整えるようにすることが大切です。

　2）注意欠如多動症（Attention Deficit/Hyperactivity Disorder, ADHD）のある子どもへの支援

　ADHDは、不注意、多動・衝動性のいずれか、ないしはどちらも認められる、発達期に現れる障害です。これらが生じる背景としては、実行機能不全と報酬系の機能不全が想定されています。実行機能とは、「目標指向的な思考、行動、情動の制御（森口, 2015）」を指しますが、具体的にはプランニングや課題および注意の切り替え（認知的柔軟性）、抑制機能、ワーキングメモリなども含む心理学的な概念です。実行機能不全は、ASDのある人にも見られる

のですが（Demetriou et al., 2018）、ADHDの場合不注意や多動といった中核症状に影響を与える要因として位置づけられています。ADHDの「待てない」という行動は、行動の制御が難しいという実行機能不全のほか、将来得られる報酬（遅延報酬）に対して十分な見通しが持てない結果、その場の報酬（即時報酬）を選択してしまうことの現れであると考えられます。ADHDの中核症状である注意力の障害は、主に持続的注意といった注意の維持や制御の困難さを指します。通常ADHDの子どもは、低覚醒であることから、最適な覚醒レベルを維持するために体を動かすので、多動や衝動的な行動が見られることがあります。

　支援としては、最適な覚醒レベルを維持できる環境を設定することです。例えば、授業中でも動きがある内容を取り入れるとか、多少体を動かすことは許容してもよいでしょう。ADHDの子どもは忘れ物などが非常に多いですが、メモを活用して忘れ物を防ぐことは難しいでしょう。そもそもメモを取りたがらないですし、何よりメモしたものすらもなくしてしまいます。本人にとってハードルの高いものを設定するのではなく、持ち歩かない、なくしてよいものを持ち歩く、持ち歩くのなら体から離れないようにひもをつけるなどをするとよいでしょう。片づけなどもしようとしないので、最低限共有スペースだけは片づけるというルールを設ける、片づけができないのであれば一緒に手伝ったり、報酬などを使うのも効果的です。何かをしてもらう場合、「片づけないとゲームをしてはいけません」などといった罰を与えることは避けてください。罰はやる気を削ぐだけではなく、誤学習を起こすことがあるためです。

　3）限局性学習症（Specific Learning Disorder, SLD）、学習障害
　　（Learning Disorder, LD）のある子どもへの支援

　限局性学習症（以下、LDと表記）は、知的な遅れがないにもかかわらず、学習や学業的技能の使用に困難があり、その困難を対象とした介入が行われているにもかかわらず、介入支援を行ってもなお同年齢の子どもよりも著しく低く、学業や社会生活における適応上の問題が認められる、発達期に現れる障害です。読み書き障害はディスレクシア（書字障害はディスグラフィア）、算数障害はディスカリキュリアとも呼ぶことがあります。

読字や書字は、短期記憶や視覚認知、聴覚認知などさまざまな基礎的な認知機能に支えられており（北，2019）、音韻障害と視覚的注意（視覚認知）障害（視覚的注意の空間的方向づけの問題や注意の解放の問題のほか、視覚的注意スパンの問題）はLDの中核症状と考えられています（Gu & Bi, 2020; Valdois, Bosse, & Tainturier, 2004）。川﨑（2017）は、とくに読みの正確性と音韻情報処理能力、書きの正確性と視覚情報処理能力、読み書きの流暢性と自動化能力の関連が深く、視覚機能、注意機能、全般的知的発達などの要因も影響を及ぼすことを指摘しています。

　読字では、逐次読みや語句や文節の不適切な区切りといった非流暢さのほか、勝手読みなどの読み誤り、読んでいても内容が頭に入らない、など読みの正確性の問題や遅れ、意味理解の困難さを抱えています。書字では、字のバランスの悪さや字の構成要素の脱落、欠損、不正確な綴り、左右の反転のほか、そもそも想起ができない、字の記憶が難しいといった問題や遅れが見られます。算数障害は、それ単独というよりも、多くは読み書き障害を併存しており、結果的に読み書きが苦手なために数処理や計算の流暢さ、正確さの問題や遅れ、数学的推論の困難さが現れているようです。

　支援では、音韻の問題があるのか、視覚認知の問題なのかをはっきりさせる必要があります。音韻認識の問題があれば、音韻を意識させる指導・支援が必要になります。視覚認知の問題があれば、視覚的に文字をとらえやすいように漢字の構成要素を分解して口で唱える、といった口唱法などが有効な場合があります。いずれにせよ、まずは正確性を重視し、正確に読み書きができるようになった後にスピードなど流暢性の指導・支援をします。知的能力が境界域にある場合やワーキングメモリなどの弱さ、手先の不器用さも読み書きや算数障害でみられる学習面での遅れとして現れる場合があります。指導の際には、どういった点で学習がつまずいているのかを丁寧に評価し、本人に合った指導法・支援を行わないと、結果的に学習そのものに興味をなくすことになり、語彙力や学力の低下を招き、学業不振の要因の一つとなるばかりでなく、自己肯定感を下げてしまったり、不登校や内在化問題、外在化問題（第3章）など二次的な問題を引き起こしてしまったりすることもあるので注意が必要です。

第 13 章　発達の多様性と支援　209

4) 発達性協調運動症（Developmental Coordination Disorder, DCD）のある子どもへの支援

　DCDは、視覚や聴覚、固有覚など身体に取り込まれる感覚情報をまとめ上げ、運動を行なう際の正確さやタイミング、バランスなどが上手く制御・調整できなかったり、同年齢の人と比べてゆっくりになる「協調運動」の障害です。協調運動には大きく分けて体全体を使う運動である「粗大運動」と手先を使う「微細運動」に分かれます。これらのどちらも、もしくはどちらか一方が発達期に現れた際に診断されます。

　支援としては、無理に運動をさせず、得意でなくてもよいので好きな運動を一つ作ってあげると自信につながります。個人的には学校の授業で競うことがない水泳や（北国限定ですが）スキーがお勧めです。少人数指導ですし、子どもがつまずいているところから少しずつ教えてくれるので、時間がかかるかもしれませんが、ある程度は泳げたり滑ることができるようになります。学校の授業ではタイムを計るのではなく、25m泳ぐことができればよいのです。ただし、これらについても本人が嫌がるようであれば無理に勧めたり続けさせてはいけません。手先の不器用さは、指先の筋力や体幹の弱さが原因なのか、目と手の協調運動の弱さが原因なのか、運筆や筆圧の問題なのかを特定した上で、本人に合った指導をする必要があります。場合によってはLDや他の発達障害を併存している場合が多いので、併存している発達障害の指導・支援と並行して（二次的障害も十分配慮しつつ）DCDの指導・支援を行なう必要があります。

5) 知的発達症（Intellectual Developmental Disorder, IDD）、知的障害のある子どもへの支援

　知的障害は、知的機能の発達の遅れのほか日常生活や社会生活の適応が難しく、配慮や支援が必要な状態が発達期に生じる際に診断されます。これまではIQ 70以下が診断をする際の基準の一つでしたが、DSM-5では、**IQだけではなく子どもの様子を総合的に判断し、診断を行う必要性**から、適応行動による重症度評価となりました。もちろん標準化された知能検査で得られた評価もこれまで通り重視しますが、知能だけで評価しないため、生育歴や日常生活で

の様子などの聞き取りや観察も含めて総合的に判断し診断を行うことになります。

　支援としては、他の発達障害の併存がなく知的能力が比較的軽度の場合は、学習の遅れはあるものの、スモールステップで指導をすることによって学習の積み上げは可能ですし、社会的な適応についても良好な場合が多いでしょう。しかし発達障害が1つないし複数併存していると、学習及び日常生活において困難が多く見られる場合があります。ダウン症などの遺伝子疾患があると、知的障害の重症度が増したり、心臓疾患などの身体面での疾患にも十分配慮して支援を行う必要があります。ASDとの併存が認められることがあり、行動障害がある場合は、より支援が難しくなります。こうした場合、本人の居心地の良い環境を設定し、不安を減らすことが重要です。他害やものを壊したり暴れたりする破壊的な行動は、突然の予定変更や自分の予測に反した環境の変化などで高ストレス状態になり、不安が強まるために起こることがあります。反復的行動をとるのは、本人にとって自己刺激行動は見通しがある行動であり、不安の軽減に寄与するためです。ASDのある人のこだわりを利用することで、問題行動を減らすことができます。支援計画を立案する際、応用行動分析の機能的アセスメントが非常に有効です。

3. 特別支援教育における子どもへの支援・配慮

　2006年学校教育法の一部改正により、翌2007年に特別支援教育が開始されました。文部科学省は、特別支援教育を「障害のある幼児児童生徒の自立や社会参加に向けた主体的な取組を支援するという視点に立ち、幼児児童生徒一人一人の教育的ニーズを把握し、その持てる力を高め、生活や学習上の困難を改善又は克服するため、適切な指導及び必要な支援を行う」ものと定義しています（文部科学省, 2003）。重要なポイントとしては、場にとらわれず一人一人の教育的ニーズに応じて支援を行うということと、これまでの特殊教育の「障害の克服」を目指す指導・支援から、「生活や学習上の困難を改善又は克服」する指導・支援となったことです。特別支援教育が開始される以前では、足が

不自由な児童に対して養護学校などで歩行訓練を行い自力で歩けることを目指していたのですが、特別支援教育では、場にとらわれず子どもの生活上の困難に支援ニーズがあるのであれば、その困難を改善、克服するために車椅子の使い方を学ぶ、という機能改善から生活改善へと大きく転換したのです。

発達障害者支援法が 2005 年に施行され、「通常の学級の中にいる特別な教育的ニーズのある子どもたち」が注目されるようになり、発達障害への理解が進んできました。その一方で、発達障害の支援は特別支援学級で実施されるべき、という考えも一部で出てくるようになり、通常の学級にいる教育的ニーズを持つ子どもへの支援が進まない現状もあります。文部科学省が実施した「通常の学級に在籍する特別な教育的支援を必要とする児童生徒に関する調査結果」（文部科学省, 2022）によると、小中学校通常学級における発達の問題のうち、学習面又は行動面で著しい困難を示す児童生徒の割合は 8.8％ です（図 13-2）。学習面だけでは 6.5％、行動面だけでは 4.7％、どちらも該当する児童生徒が 2.3％ であり、不注意・多動－衝動性の問題は 4％、対人関係やこだわり等の問題は 1.7％ の児童生徒に認められています。この調査は、あくまでも通常学級に在籍する児童生徒について学級担任等による回答に基づくアンケートによる結果であり、標準化された尺度や検査を用いたり、専門医の診断を受けたりしたものではありません。したがって、本調査の結果は、発達障害のある児童生徒数の割合を示すものではなく、特別な教育的支援を必要とする児童生徒数の割合を示すものであることに留意する必要があります。加えて、とりわけ学習面で著しい困難を示す割合が学年によってばらつきがあり、小学校 1

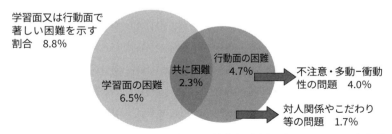

図 13-2　通常の学級に在籍する特別な教育的支援を必要とする児童生徒に関する調査結果

年生をピークに学年が上がるにしたがって減少しているほか、小学生と比べて中学生の方が困難を示す割合が低くなっています。

　いずれにせよ、発達障害をはじめ、特別な教育的ニーズを示す子どもたちは通常学級においても一定数存在し、個別の教育支援計画などを作成するなど適切な支援が通常学級の児童生徒においても求められます。

4. インクルーシブ教育と今後の学校教育

　インクルージョン（包摂）とは、「学習、文化、コミュニティへの参加を促進し、教育そのものからの排除および教育に内在する排除のシステムを減らすことで、学ぶ者すべての多様なニーズに対応し、それに応えるプロセス」とされています（UNESCO, 2005）。この定義には、すべての子どもは等しく教育を受ける基本的人権を有すること、世の中には障害の有無も含めて多様な子どもたちがいること、その多様な子どもたちの中には教育から排除されている人たちがいること、誰もが差別を受けることなく教育を受ける権利を保障するために、通常の学校組織のほか、カリキュラムや教え方、学び方の変更など教育システムそのものを変えたり整備したりすること、が前提として存在します。私たちの社会は、圧倒的多数者に有利な仕組みが数多く存在します。そのため、無自覚に少数者を排除したり差別したりすることが起きえます。まずこうした排除や差別が無自覚に起こりうることを理解し、すべての子どもたちが持つ権利を当たり前のように行使する社会を目指す必要があります。

　障害者の権利に関する条約第24条で、インクルーシブ教育システムとは、「人間の多様性の尊重等の強化、障害者が精神的及び身体的な能力等を可能な最大限度まで発達させ、自由な社会に効果的に参加することを可能とするとの目的の下、障害のある者と障害のない者が共に学ぶ仕組み」と定義されています（平成24年7月 中央教育審議会中等教育分科会報告より）。日本の特別支援教育は、すべての子どもは、障害があることを理由にあらゆる教育のしくみや制度から排除されないこと、子どもが住んでいる地域で教育の機会が等しく与えられること、個人に必要な「合理的配慮」※が提供されることを前提とし

て、特別支援教育を進めています。小中学校においては、通常の学級のほか、通級による指導、特別支援学級、特別支援学校といった連続性のある「多様な学びの場」を用意しています。しかしながら、インクルーシブ教育の観点から考えると、実際には通常の学級に教育的ニーズを持つ子どもが多く在籍しているにもかかわらず一斉指導のスタイルが基本となっており、障害のある子どもも含めて多様な教育的ニーズを持つ子どもたちが同じ場で学ぶための環境整備（上述した教育システムそのものの改変や整備）が十分と言えないのが現状です。

※合理的配慮とは、サービスを受ける側の人から提供者に対して、環境の中にある社会的障壁を取り除くために対応を求められた際、提供者は負担が重すぎない範囲で行う必要かつ適切な変更および調整（necessary and appropriate modification and adjustments）を指します。合理的配慮を受ける際には、医学的診断は必須ではないこと、当人の申し出によって話し合いと調整が行われて実施されるものであり、これらを提供者は十分留意する必要があります。

〈コラム〉エビデンスに基づいた支援（Evidence-based practice, EBP）とは？

　子どもの特性に合った支援を行うには、これまでの研究や実践の蓄積で得られた成果に加え、標準化尺度を用いた検査であるフォーマルアセスメントに基づいた客観的な子どもの評価と、行動観察や保護者への聞き取り、学校のテストやノートなどを用いた評価であるインフォーマルアセスメントに基づく個別の教育的ニーズに合った支援計画の作成が求められます。実際に支援を行うと、当然子どもによってこれまでの研究成果やアセスメントでの見立てが当てはまらない場面が出てくるはずです。EBPは、一定期間ごとに支援目標の達成状況を確認し、適宜子どもにあった目標修正を行いつつ、より本人に適合した支援を行う、一連のプロセスを指します。つまり、これまでの研究や実践の蓄積に基づいて支援を当てはめるのではなく、子どもの実態を丁寧に検討し、エビデンスに基づいた的確な方法論を選択して、子ども一人一人に応じた最良の支援目標と支援方法を検討します。支援を進めていくと、選択した支援方法がはまらなかったり、想定した効果が期待できない場合は再度アセスメントを行い、場合によっては従来の支援方法の枠にこだわらず個々に応じて柔軟に修

正を加えながら支援を実施します。

〈確認問題〉
1. 日本の発達障害者支援法における発達障害を以下からすべて選びなさい
   知的障害　自閉スペクトラム症（自閉症）　発達性協調運動症（協調運動の障害）　学習障害
2. 国際生活機能分類（ICF）のモデルでは、大きく生活機能と生活機能に影響する背景因子で構成されているが、生活機能を以下からすべて選びなさい。
   個人因子　環境因子　心身の機能・身体構造　社会的不利　活動　能力　参加
3. 発達障害に関する以下の説明について、正しいものは○、間違っているものは×で答えなさい。
① 1つないしは複数の領域の発達の相対的な遅れ、すなわち同年齢の子どもの平均的な発達レベルよりも大きく遅延している一連の状態像を示す。
②発達障害は発達期に症状が明確に現れない場合もある。
③発達障害は診断名である。
④発達障害にはしばしば睡眠障害が見られる。
4. 自閉スペクトラム症（ASD）と注意欠如多動症（ADHD）の特性について、以下から選びそれぞれ答えよ。特性によっては、双方に見られる場合もある。
   オウム返し　対人面でのやりとりに困難　実行機能不全　落ち着きがない　他者視点に立つのが難しい　不注意　その場の報酬を選択する　ものや特定のこだわりがある　覚醒水準が低い
5. 以下の用語と対応する語を語群より選びなさい。
   読み書き障害
   書字障害
   算数障害
   語群：ディスグラフィア　ディスカリキュリア　ディスレクシア

6. 発達性協調運動症（DCD）は、協調運動の障害であるが、以下の症状を微細運動と粗大運動に分けなさい。

スプーンや箸の使用　スキップ　ダンスの模倣　自転車に乗る　縄跳び　書字　リコーダーの操作　かけっこ　ボールを投げる

7. インクルージョンとは「学習、文化、コミュニティへの（　①　）を促進し、教育そのものからの（　②　）および教育に内在する（　②　）のシステムを減らすことで、学ぶ者すべての（　③　）に対応し、それに応えるプロセス」と定義されている。空欄に当てはまる言葉を以下から選び答えなさい。

統合　多様なニーズ　排除　参加　要望　個別の指導計画

〈確認問題解答〉

1. 自閉スペクトラム症（自閉症）、発達性協調運動症（協調運動の障害）、学習障害
2. 心身の機能・身体構造、活動、参加
3. ①〇、②〇、③×、④〇
4. オウム返し（ASD）、対人面でのやりとりに困難（ASD）、実行機能不全（ASD　ADHD）、落ち着きがない（ADHD）、他者視点に立つのが難しい（ASD）、不注意（ADHD）、その場の報酬を選択する（ADHD）、ものや特定のこだわりがある（ASD）、覚醒水準が低い（ADHD）
5. 読み書き障害（ディスレクシア）、書字障害（ディスグラフィア）、算数障害（ディスカリキュリア）
6. 微細運動：スプーンや箸の使用、書字、リコーダーの操作

粗大運動：スキップ、ダンスの模倣、自転車に乗る、縄跳び、かけっこ、ボールを投げる

7. ①参加、②排除、③多様なニーズ

引用文献

American Psychiatric Association (2023): Diagnostic and statistical manual of mental disorders, Fifth edition, text revision. Washington, D.C., American Psychiatric Publishing.（日本精神神経学会 日本語版用語監修，髙橋三郎，大野裕監訳(2023): DSM-5-TR 精神疾患の診断・統計マニュアル．東京，医学書院．）

Demetriou, E.A., Lampit, A., Quintana, D.S., Naismith, S.L., Song, Y.J.C., Pye, J.E., Hickie, I., & Guastella, A.J. (2018). Autism spectrum disorders: a meta-analysis of executive function. *Molecular Psychiatry, 23(5)*, 1198-1204.

Gu, C., & Bi, H.-Y. (2020). Auditory processing deficit in individuals with dyslexia: A meta-analysis of mismatch negativity. *Neuroscience & Biobehavioral Reviews, 116*, 396-405.

片桐正敏(2018)．第7章 自閉スペクトラム症のある子どもの自己制御の支援．森口佑介（編著）自己制御の発達と支援．金子書房．pp.78-96.

川﨑聡大(2017)．第8章 ディスレクシア．日本児童研究所（監修）児童心理学の進歩2017年度版．金子書房．pp.157-181.

北洋輔(2019)．第10章 学習障害の心理学研究．北洋輔・平田正吾（編）発達障害の心理学 特別支援教育を支えるエビデンス．福村出版．pp.126-155.

Leonard, H., & Wen, X. (2002). The epidemiology of mental retardation: Challenges and opportunities in the new millennium. *Mental Retardation and Developmental Disabilities Research Reviews, 8(3)*, 117-134.

文部科学省（2003）．今後の特別支援教育の在り方について（最終報告）文部科学省 https://www.mext.go.jp/b_menu/shingi/chousa/shotou/054/shiryo/attach/1361204.htm（2024年10月11日閲覧）

文部科学省(2022)．通常の学級に在籍する特別な教育的支援を必要とする児童生徒に関する調査結果について．文部科学省．https://www.mext.go.jp/content/20230524-mext-tokubetu01-000026255_01.pdf（2024年10月11日閲覧）

森口佑介(2015)．実行機能の初期発達，脳内機構およびその支援．心理学評論，58(1)，77-88．

Rucklidge, J. J. (2010). Gender Differences in Attention-Deficit/Hyperactivity Disorder. *Psychiatric Clinics of North America, 33(2)*, 357-373.

杉山登志郎(2023)．自閉スペクトラム症の診断を再考する．そだちの科学 特集：自閉スペクトラム症のこれから．そだちの科学，41，9-19．

Saito, M., Hirota, T., Sakamoto, Y., Adachi, M., Takahashi, M., Osato-Kaneda, A., Kim, Y. S., Leventhal, B., Shui, A., Kato, S., & Nakamura, K. (2020). Prevalence and cumulative incidence of autism spectrum disorders and the patterns of co-occurring neurodevelopmental disorders in a total population sample of 5-year-old children. *Molecular Autism, 11(1)*, 35. https://doi.org/10.1186/s13229-020-00342-5

Salari, N., Ghasemi, H., Abdoli, N., Rahmani, A., Shiri, M. H., Hashemian, A. H., Akbari, H., & Mohammadi, M. (2023). The global prevalence of ADHD in children and adolescents: A systematic review and meta-analysis. *Italian Journal of Pediatrics, 49(1)*, 48.

Takahashi, N., Nishimura, T., Okumura, A., Harada, T., Iwabuchi, T., Rahman, M. S., Liu, P.-H., Chuang, G.-T., Chang, Y.-C., Nomura, Y., & Tsuchiya, K. J. (2024). Association between genetic risk of melatonin secretion and attention deficit hyperactivity disorder. *Psychiatry Research Communications, 4(3)*, 100188. https://doi.org/10.1016/j.psycom.2024.100188

UNESCO (2005). Guidelines for inclusion: ensuring access to education for all. https://unesdoc.unesco.org/ark:/48223/pf0000140224 p.13. (2024年10月11日閲覧)

Uno, A., Wydell, T. N., Haruhara, N., Kaneko, M., & Shinya, N. (2009). Relationship between reading/writing skills and cognitive abilities among Japanese primary-school children: Normal readers versus poor readers (dyslexics). *Reading and Writing, 22(7)*, 755-789.

Valdois, S., Bosse, M.-L., & Tainturier, M.-J. (2004). The cognitive deficits responsible for developmental dyslexia: Review of evidence for a selective visual attentional disorder. *Dyslexia, 10(4)*, 339-363.

Weintraub, K. (2011). The prevalence puzzle: Autism counts. *Nature, 479*, 22-24.

Yang, L., Li, C., Li, X., Zhai, M., An, Q., Zhang, Y., Zhao, J., & Weng, X. (2022). Prevalence of Developmental Dyslexia in Primary School Children: A Systematic Review and Meta-Analysis. *Brain Sciences, 12(2)*, 240. https://doi.org/10.3390/brainsci12020240

Zeidan, J., Fombonne, E., Scorah, J., Ibrahim, A., Durkin, M. S., Saxena, S., Yusuf, A., Shih, A., & Elsabbagh, M. (2022). Global prevalence of autism: A systematic review update. *Autism Research, 15(5)*, 778-790.

第14章

精神医学による発達支援

黒川駿哉

本章では、子どもの発達や行動に関する精神医学的アプローチについて、アセスメントから心理療法、行動療法、認知行動療法、ソーシャルスキルトレーニング、薬物療法まで、多角的な方法を紹介します。また、家族への心理教育や教師へのコンサルテーション、スクールカウンセラーの役割についても解説し、教育現場と医療の連携の重要性と有用性についてまとめています。

1. アセスメント

精神科的な**アセスメント**は、子どもの発達や行動の特性を理解し、適切な支援を行うために最初のステップとして行われるものです。このプロセスの目的は、神経発達症や精神疾患の症状を正確に把握し、その背景にある生物学的、心理的、社会的要因を明らかにして、病因だけでなく治療や予後について見通しを立てていくことにあります。本稿では詳細を省きますが、発達の特性と決めつける前に、まずは身体診察や検査によって身体的な疾患除外(典型的には視覚障害や聴覚障害、甲状腺機能低下症やてんかんや栄養障害など)することが大切になります。

その後のアセスメントは多角的・包括的に行われる必要があり、主に「詳細な問診」、「行動観察」、「多角的な情報」の3つを組み合わせて実施されます(図14-1)。これにより子どもの言語と意思伝達スキル、相互的対人関係、遊びや想像力、多動性、情動調整、感覚、睡眠リズム、学習、粗大運動や微細運動などを幅広く評価します。

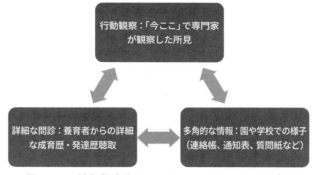

図 14-1　神経発達症のアセスメントトライアングル

　まず、「詳細な問診」では、子ども本人および保護者から主訴（誰がどう困っているか）や発達歴（出産前後の医学的な事象、健診で認められた事項などを含む）、家族歴、現在の生活状況（家族の構成や経済状況などの養育環境を含む）について詳細に聴取します。この中には、**逆境的小児期体験**（Adverse Childhood Experience : ACE）も含みます。ACEとは、小児期や思春期に経験した精神的または身体的なストレス要因（親による暴言、暴力、性的虐待、ネグレクトなど）と、子どもの家族における機能不全（親との別離、母親に対する暴力や暴言の目撃、家族に薬物・アルコール依存やうつ病など精神疾患の罹患があること、家族に自傷行為や自殺企図をする人がいる、または服役中の人がいるなど）の逆境的境遇のことをさし、これらが重なることで歳月の経過によって自然に癒されることができない影響をもたらすことがわかってきています。とくに、子どもを最も近くで見ている保護者はつい主観的な印象で話をしてしまうため、客観的な情報（どんなときに、どれくらいの頻度で、どうなるか、そうならないためには周囲はどれくらいの努力を要するかなど）に落とし込んだ聞き取りが重要になります。

　次に、「行動観察」では、直接医療者が自分自身や保護者や他の子どもとのやりとりの行動を観察します。1対1ではどうか、グループではどうか、会話ではどうか、遊びの場面ではどうかなど、症状の持続性、頻度、特定の状況下での変化を注意深く観察します。これには標準化された心理検査も用いられま

す。知能検査（例：WISC、田中ビネー知能検査；第7章）や発達検査（例：新版K式発達検査）により、認知機能や発達を客観的に評価し、併存する学習障害や認知特性の把握を行います。また、例えば自閉スペクトラム症や注意欠如多動症などの可能性がより疑われる場合は、それに対応した評価尺度（例：ADOS、ADHD-RSなど）、が用いられます。ADOSは自閉スペクトラム症で見られやすい特性を決まったおもちゃなどを使用して遊びながら観察をするものです。ADHD-RSは不注意や多動性の状況を、家庭や学校生活の中でどの程度どんな頻度で見られているかを聞いていくものです。

「多角的な情報」として、園や学校からの情報も重要になります。保護者からどれだけ詳細に問診を行っても限界があるため、保護者以外の園や学校の教師など、複数の情報源からの客観的情報が不可欠になります。他の同年代の子達との集団生活の中で、どんな環境に置いてどんな強みや弱みが見られるか、学習状況や問題行動（本人個人にとって、周囲の子どもたちにとって）があるかなどの情報を収集します。先生方に質問紙を依頼することもあります。これらの情報は、アセスメントにおいて貴重な資料となり、教育と医療の連携が効果的な発達支援には欠かせません。

以上のような情報を統合することで、DSM-5やICD-11などの診断基準に基づいた診断（第16章）を行い、個々の子どもに適した治療や支援計画の立案につなげていきます。アセスメント結果は、医療者のみならず、家族や教育関係者と共有され、家庭や学校での対応方針を明確にするための重要な基礎資料となります。

精神科的アセスメントは単なる診断行為やラベルづけにならないことが重要です。また、本人の成長や周囲の環境変化に応じて変わってくることもあるため、定期的な再評価を行いながら、子どもの成長や状況の変化に応じた柔軟な支援を継続することが重要です。

2. 心理療法

心理療法（いわゆる**カウンセリング**）は、子どもの内面に働きかけ、自己理解を深め、健全な対人関係を築く力を育てるための重要なアプローチです。個人に焦点を当てた心理療法では、子どもが自身の感情や思考を理解し、それを適切に表現するスキルを身につけることを目指します。これにより、自尊心や自己効力感が高まり、全体的な発達を支援します。

心理療法の中でも、関係性を重視するアプローチである来談者中心療法は、治療者と子どもの信頼関係を基盤としています。安全で受容的な環境の中で、子どもは自分の気持ちや悩みを自由に話すことができます。治療者は無条件の肯定的関心、共感的理解と自己一致の姿勢で子どもに接し、感情の整理や問題解決の手助けをします。

その他の心理療法として子どもの発達段階や興味に合わせて、遊戯療法、音楽療法、絵画療法などの創造的な手法が用いられます。遊戯療法では、子どもが遊びを通じて内面的な葛藤や願望を表現し、それを理解・解消することを支援します。音楽療法は、音楽活動を通じて感情表現やコミュニケーション能力を高めます。絵画療法では、絵や造形活動を通じて自己表現を促し、潜在的な感情や思考を引き出します。これらの療法は、子どもが言葉だけでは伝えきれない感情や思考を安全に表現する手段を提供します。治療者は子どもの表現を丁寧に受け止め、自己理解を深めるサポートを行います。トラウマのケアなどにおいて用いられることが多いです。

心理療法は関係性を築く練習の場でもあります。治療者とのやり取りを通じて、子どもは信頼関係の構築や適切なコミュニケーション方法を学びます。これにより、家庭や学校での人間関係を円滑にし、社会的な適応力を高めることが期待されます。

残念ながら、児童精神科医療においてこれらのようなカウンセリング機能を有しているクリニックは多くはありません。診療報酬がつき保険で受けられるようになったのもつい最近であり回数や期間も限定的です。学校ではスクー

ルカウンセラーの存在が非常に重要になりますが、その整備体制も十分とは言えません。

3. 行動療法

行動療法は、観察可能な行動に焦点を当て、それを変容させることで心理的な問題を解決しようとする心理療法の一つです。内面の思考や感情よりも、具体的な行動そのものを対象とし、不適応な行動は学習によって形成されるため、新たな学習によって修正可能であると考えます。この療法は、古典的条件づけやオペラント条件づけなどの学習理論を基盤としており、具体的で測定可能な目標を設定し、結果をデータとして評価するため、効果の検証がしやすい特徴があります。また、子どもの発達段階や個別のニーズに合わせて柔軟に適用できるため、教育現場でも実践しやすい療法といえます。

例えば、何らかの恐怖症や強迫症を持つ子どもに対しては、**系統的脱感作法**（第5章）が用いられます。これは、リラクゼーション技法を身につけた上で、不安を引き起こす刺激に段階的に曝露し、恐怖反応を徐々に減少させる方法です。

また、**トークンエコノミー法**（第5章）は、望ましい行動を強化するための手法として広く用いられています。子どもが目標とする行動をとった際に、トークン（シールやポイントなど）を与え、一定数が集まるとご褒美と交換できる仕組みです。これにより、子どもは積極的に望ましい行動を繰り返すようになります。

応用行動分析（Applied Behavior Analysis: ABA；第5章）は、行動の原因と結果を科学的に分析し、望ましい行動を増やし、問題行動を減らすための具体的な介入策を探ります。ABAでは、まず子どもの行動を詳細に観察し、先行刺激（Antecedent）、行動（Behavior）、後続刺激（結果）（Consequence）の三つの要素に分解します。これをABC分析と呼びます。例えば、行動の結果として子どもが「授業中に立ち歩く」ということがある場合、その行動の前に何が起こり（先行事象：授業中注意散漫で退屈している）、その結果

として何が得られるのか（結果：教師やクラスメートから注意や関心を受ける）を分析します。この分析に基づき、望ましい行動を強化するための**強化子**（Reinforcer；第5章）を適切に設定します。強化子とは、子どもが好む報酬や称賛などで、望ましい行動の頻度を高める効果があります。例えば、「授業中に座って課題に取り組む」行動を増やしたい場合、その行動を行った際に「集中して取り組めているね」と声をかけたり、シールやポイントを与えるなどが強化子となります。これにより、子どもはその行動を繰り返そうとします。一方で、問題行動を減らすためには、その行動に対する強化子を取り除く**消去**（Extinction；第5章）や、望ましくない行動に対して一貫した対応をとることが重要です。例えば、子どもが「授業中に立ち歩く」ことで教師の注意を引こうとしている場合、その行動に対して教師が反応せず無視することで（注意を与えない）、その行動が強化されるのを防ぎます。これが消去の一例です。子どもはやがて、その行動では望む結果が得られないと学習し、立ち歩く行動が減少します。

　このように、行動療法は実践的な手法を通じて子どもの適応行動を促進しますが、注意点として、行動療法の介入を行う際には、倫理的配慮や子どもの尊厳や権利を尊重し、強制的な手法を避けることが求められます。

4. 認知行動療法

　認知行動療法（Cognitive Behavioral Therapy: CBT）は、思考（認知）と行動の両面から心理的な問題にアプローチする治療法です。子どもの発達支援においても、CBTはその有効性が数多くの研究で実証されており、不安症やうつ病、神経発達症などの治療や支援に広く用いられています。

　CBTでは、まず子どもの歪んだ思考パターンや信念を明らかにし、それらが感情や行動にどのような影響を与えているかを理解します。例えば、「自分は何をやっても失敗する」といった否定的な自動思考が、学校での不適応や引きこもりにつながることがあります。治療者は子どもと協力し、これらの非合理的な思考を現実的で適応的なものに修正する方法を探っていきます。

具体的な技法として、認知再構成法や行動活性化、問題解決技法などが用いられます。認知再構成法は、否定的な思考パターンや歪んだ信念を特定し、それらをより現実的で適応的な考え方に置き換える方法です。行動活性化は、活動レベルを増やすことから始め、その反応を見ながら良い行動に注目し積極的に取り組むことで、気分やモチベーションを向上させる技法です。問題解決技法は、直面している問題を明確化し、可能な解決策を洗い出し、最適な行動計画を立てて実行するプロセスを指します。

　また、子どもの理解力や興味に合わせて、ゲームや絵本、ロールプレイなどを活用し、治療への参加意欲を高めます。保護者や教師との連携も重要であり、家庭や学校での支援体制を整えることで、治療効果をより一層高めることができます。

　近年、第三世代の認知行動療法として、**マインドフルネス**（第 15 章）や弁証法的行動療法（Dialectical Behavior Therapy: DBT）、**アクセプタンス＆コミットメント・セラピー**（Acceptance and Commitment Therapy: ACT; 第 15 章）が注目を集めています。マインドフルネスは、現在の瞬間に意識を向け、評価や判断をせずに体験を受け入れる心のあり方を養う方法です。DBTは受容と変化のバランスを取りながら感情調節やストレス対処、対人関係のスキルを向上させる手法です。ACTは、思考や感情をそのまま受け入れ、自分の価値観に沿った行動を促進することを目的としています。これらのアプローチは、情緒的な安定を促す効果があるとされ、境界性パーソナリティ障害などの治療にも効果的であることがわかってきています。

5. ソーシャルスキルトレーニング（ロールプレイ、モデリング）

　ソーシャルスキルトレーニング（Social Skills Training: SST）は、子どもの社会的な相互作用やコミュニケーション能力を向上させるための**心理教育的なアプローチ**です。とくに神経発達症（第 13 章）を持つ子どもたちにとって、対人関係のスキルは学習や生活の質に直結する重要な要素であり、SSTはその支援において不可欠な役割を果たします。

ロールプレイは、実際の社会的状況を模擬して練習する方法で、子どもが安全な環境で新しいスキルを試すことができます。例えば、「友達に話しかける方法」や「意見の違いを乗り越える方法」など、具体的な場面を設定し、治療者や他の子どもと役割を演じながら適切な反応を身につけます。ロールプレイを繰り返すことで、子どもは自信を持って実際の場面に臨むことができます。

　モデリングは、適切な社会的行動を示すモデルを観察し、それを模倣することで学習する方法です。治療者や熟練した同年代の子どもが良いお手本となり、望ましい行動やコミュニケーションの方法を具体的に示します。モデリングは、視覚的な学習が効果的な子どもにとくに有効であり、複雑なスキルを段階的に習得するのに役立ちます。

　近年、エビデンスに基づいたSSTプログラムとしてPEERS（Program for the Education and Enrichment of Relational Skills）が注目されています。PEERSは、社会的スキルの教育と関係性の豊かさを促進するためのプログラムで、主に自閉スペクトラム症やADHDを持つ青年期の子どもを対象としています。このプログラムでは、友人関係の築き方や選び方、グループ会話への入り方・抜け方、からかいへの対処法、スポーツマンシップなど、具体的で実用的なスキルを教えます。

　PEERSの有効性は、多くの研究で実証されています。例えば、Laugesonら（2014）の研究では、PEERSを受けた青年期の自閉スペクトラム症の子どもたちが、社会的な知識やスキルの向上だけでなく、実際の友人関係の増加も報告されています。また、PEERSは保護者の参加も重視しており、家庭でのサポートを強化することで、学んだスキルの一般化と維持を促進します。

　SSTやPEERSを通じて、子どもたちは対人関係を円滑にするための具体的な方法を学び、成功体験を積み重ね、自尊感情の向上や社会的な孤立の軽減が期待できます。教育現場や医療機関でこれらの手法を取り入れることは、子どもの全人的な発達支援にとって重要な意味を持ちます。一方で、本人に社会に適応させるためのスキルを身に付けることをただ頑張らせるばかりにならないような注意も必要で、環境調整と組み合わせることが重要です。

6. 薬物療法

薬物療法は、子どもの精神医学的な問題に対して、薬物を用いて症状の緩和や改善を図る治療法です。主に注意欠如・多動症（ADHD）、自閉スペクトラム症、不安症、うつ病、統合失調症などの症状に対して用いられます。薬物療法は、心理療法や教育的支援と組み合わせることで、相乗的な効果を高めることが期待できます。しかし、とくに神経発達症においては、あくまでも環境調整や心理教育などで十分に改善が得られない場合に検討されるべきであることに留意してください。

注意欠如・多動症（ADHD）に対しては、中枢神経刺激薬（例：メチルフェニデート）やノルアドレナリン再取り込み阻害薬（例：アトモキセチン）、選択的α2Aアドレナリン受容体作動薬（例：グアンファシン）が使用されます。これらの薬剤は、注意力の向上や多動・衝動性の軽減に効果があり、学習や社会的な適応を支援します。ただし、副作用として食欲低下や睡眠障害が生じることがあるため、定期的な観察と適切な用量調整が重要です。

自閉スペクトラム症における興奮や攻撃性などの行動障害に対しては、抗精神病薬（例：リスペリドン、アリピプラゾール）が用いられることがあります。これらの薬剤は、主にドーパミンの神経伝達物質に作用し、行動の安定化を図ります。体重増加や錐体外路症状などの副作用があります。錐体外路症状とは、震えや筋肉のこわばり、無意識の運動など、運動機能に影響を及ぼす症状のことです。

不安症やうつ病に対しては、選択的セロトニン再取り込み阻害薬（SSRI）が使用されます。SSRIは、セロトニンの再取り込みを阻害することで、感情の調節や不安の軽減に効果を示します。子どもの場合、効果が現れるまでに時間がかかることがあり、また一部の薬剤では自殺念慮のリスクが指摘されているため、慎重なモニタリングが必要です。

薬物療法を開始する際には、トレーニングを積んだ医師による正確な診断と適切な薬剤の選択が不可欠です。近年では、シェアド・ディシジョン・メイ

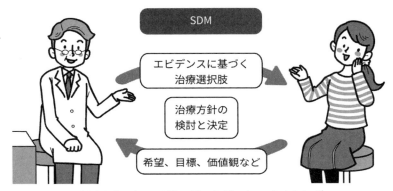

図 14-2　シェアド・ディシジョン・メイキング

キング（共有意思決定）の考え方を取り入れることが重要とされています。これは、医師、子ども、保護者が一緒になって治療方針を決定するプロセスであり、子どもの意思や価値観を尊重し、最適な治療を選択することを目指します。これにより、治療への理解と協力が深まり、効果的な治療が期待できます。薬物療法開始後は、保護者や教師との連携を密にし、子どもの症状や副作用の有無を継続的に観察します。薬物療法を中止する際には、医師の指示のもとで徐々に減量することが推奨されます。急な中止は離脱症状を引き起こす可能性があるため注意が必要です。いずれにせよ薬物療法はあくまで症状の緩和を目的としており、根本的な治療ではないため、心理教育的アプローチと組み合わせて総合的なアプローチを行うことが重要です。

7. 家族への心理教育

　家族への心理教育は、子どもの発達や行動に関する正しい知識を家族に提供し、理解と適切な対応を促すための重要な取り組みです。子どもの神経発達症や精神的な問題に直面した家族は、不安や混乱、時には誤解を抱くことがあります。とくに、長期的な視点で、子どもの将来のことを憂いたり、普通というレールから外れる不安から子どもに過剰な訓練を強いてしまうなどが起こっ

てきます。そのため、専門家が家族に対して情報をわかりやすく伝え、支援の方法を共有することが求められます。

　まず、子どもの症状や特性に対する正確な理解を促すことが重要です。例えば、神経発達症は親の育て方や愛情が不足していたことや家庭環境が悪かったことが原因ではなく、生まれつきの脳機能の特性によるものであることを説明します。これにより、親が過度な自責感を抱くことを防ぎ、建設的な支援に目を向けることができます。

　次に、子どもの行動に対する適切な対応方法を共有します。問題行動が見られる場合、それを単なる「わがまま」や「甘え」と解釈せず、背後にある困難さやニーズを理解することが大切です。例えば、感覚過敏によって特定の音や光に過剰に反応する子どもに対しては、刺激を最小限にする環境調整が有効であることを伝えます。

　また、家族自身の心理的なケアも重要です。子どもの支援に集中するあまり、親自身の人生が止まってしまい疲弊してしまうことがあります。専門家は、家族が適度な休息を取り、必要に応じてカウンセリングを受けたり当事者であるピアのサポートグループなどを利用することを勧めます。これにより、家族全体の心理的な健康を維持し、長期的な支援を可能にします。

　さらに、治療や支援に対する現実的な期待値の設定も重要です。すぐに目に見える効果が出ない場合でも、焦らずに継続することの大切さを強調します。一部の家族は、短期間で劇的な改善を期待することがありますが、発達支援は長期的なプロセスであることを理解してもらいます。

　最後に、誤解や偏見の解消に努めます。相手の理解や価値観を受け止めた上で、例えば、薬物療法に対する抵抗感や副作用への過度な不安がある場合、エビデンスに基づいた情報を提供し、メリットとデメリットを、理解できるような表現で正確に説明します。また、精神的な問題に対する社会的な偏見を軽減するために、オープンな対話を促進します。

　家族への心理教育は、子どもの成長を支えるパートナーシップを築くための鍵となります。専門家は家族の立場や感情に寄り添いながら、ともに最善の支援策を模索していく姿勢が求められます。

8. 教師へのコンサルテーション

教師への**コンサルテーション**は、教育現場における子どもの発達支援を強化するために、精神保健の専門家が教師や教育スタッフに対して専門的な助言や指導を行う活動です。訪問支援や施設支援を通じて、心理士や言語聴覚士、理学療法士などの専門家が園や学校を直接訪れ、子どもの行動や学習状況を観察し、適切な支援策を提案します。

訪問支援では、専門家が実際の教育環境で子どもと教師の相互作用を観察し、その場で具体的なアドバイスを提供します。例えば、特定の子どもが集団活動に参加しづらい場合、その要因を分析し、教師に対して効果的なコミュニケーション方法や環境調整の提案を行います。教職員全体が特性を持つ子どもたちへの理解を深め、組織的な支援体制を強化することを助けます。

TEACCH（Treatment and Education of Autistic and related Communication handicapped CHildren）プログラムを活用した環境調整も重要なアプローチの一つです。TEACCHは、主に自閉スペクトラム症の子どもたちに対する包括的な支援プログラムで、とくに構造化された教育環境の提供を重視しています（図14-3）。具体的には、写真やイラストを用いた視覚的なスケジュールや明確なルール設定、遊びや学習・作業によって分けられたスペースの確保など、子どもが理解しやすく自立して活動できる環境を整えていきます。例えば、教

表 14-1　TEACCH の Philosophy

観察から特性を理解する
保護者との連携を重視
治癒ではなく、自分らしく地域の中で生きていく
個別に正確な評価をする
環境を整える（構造化された資料）
認知理論と行動理論を重視
スキルを伸ばすと同時に弱点を受け入れる
ジェネラリストモデル
生涯にわたる地域社会に基礎をおいたサービス

室内を区分けして学習エリアや休憩エリアを明確にし、子どもが今何をすべきかを視覚的に示すスケジュールボードを導入します。また、課題や指示をピクトグラムや写真、簡潔な文章で示すことで、子どもが指示を理解しやすくします。これにより、子どもの不安を軽減し、学習意欲や集中力の向上が期待できます。

さらに、子どもの状況に応じて、ケース会議を開催することも重要です。医療機関に教師や保護者、関連する専門家が集まり、子どもの診断や治療方針、教育的支援策について情報共有と協議を行い、家庭と学校が一貫した対応を取ることができるようにします。

9. スクールカウンセラー

スクールカウンセラーは、学校における心理的支援の専門家として、子どもたちの心の健康や発達をサポートします。その役割は多岐にわたり、さまざまな直接的・間接的アプローチで学校生活における子どもの支援を行います。

まず、児童との直接的な関わりとして、不登校やいじめなどをはじめとして、思春期における人間関係や自分自身への葛藤など、心の悩みの相談の窓口として機能します。相談室で話をするだけでなく、ときに授業の様子や校内活動の直接観察も行います。また、緊急時には子どもへの緊急支援を行います。例えば、学校内での事故や災害、突発的な事件が起こった際には、被害を受けた子どもや周囲の児童に対して、心理的な初期対応（サイコロジカル・ファーストエイド）を行います。これにより、子どもたちの心的外傷を軽減する手助けをします。

教師との連携においても、スクールカウンセラーは重要な役割を果たします。教師は日々の授業や生活指導を通じて、行動や学習に課題を抱える子どもへの対応に悩むことがあります。教師に対して心理の専門的な視点から助言し、具体的な支援方法や教室での環境調整の提案を行います。また、教師とのケース会議を通じて、情報共有と協力体制を築きます。全体への心理教育として、子どもや教師への心理教育を行うこともあります。具体的には、セルフケ

アや援助要求、メンタルヘルスの予防や対策についての研修などを行います。

　スクールカウンセラーは家族へのサポートも役割としています。子どもの心は家庭環境とも深く関連している場合が多く、また保護者が子どもの学校での不適応について悩んでいる場合も少なくありません。スクールカウンセラーは保護者に対して子どものアセスメントを行い、学校での状況や必要な支援について説明し、家庭での対応方法や心理教育を行います。

　最後に、スクールカウンセラーは医療機関との橋渡しとしても機能します。子どもの状況によっては、専門的な治療が必要となる場合があります。子どもや保護者に必要に応じて適切な医療機関を紹介し、診断や治療が円滑に進むようサポートします。また、医療機関からの情報を学校や教師にフィードバックし、教育現場での支援に反映させます。これにより、医療と教育の連携が強化され、子どもに対する包括的な支援が可能となります。

　このように、教員のスクールカウンセラーとの連携は、子ども一人一人のニーズに応じた柔軟な支援を提供するためには不可欠です。その一方で、現状の問題として、学校に勤める心理職が非常勤であったり有期雇用が中心で、需要に対してリソース不足であることや、子どもからすると心理の支援者がコロコロ変わることによって安心安全のつながりが途切れてしまいやすいということが指摘されています。

〈コラム〉

　精神医学の最新の研究を少し紹介します。私たちの腸内細菌が、私たちの行動や特性を左右している可能性があることが注目されています。ASDやADHDの人の腸内細菌をマウスに移植すると、マウスの社会的コミュニケーションの低下や多動性が再現されることが示されています（Sharon et al., 2019）（Tengeler et al., 2020）。筆者らの研究では、ASD児において、摂取している食事の多様性に関わらず、定型発達児に比べて腸内細菌の多様性が低いという結果が出ています（Kurokawa et al., 2024a）。ASDの子どもに健康な人の腸内細菌を移植したところ症状が改善し、腸内細菌の多様性が増加したという報告もあります（Kang et al., 2019）。こういった腸内環境への

アプローチによる新たな治療法が生まれてくるかもしれません。

またアセスメントにおいてはオンラインツールの利用による可能性が注目されています。ASDやADHD児においてオンラインでも対面と同様に子どもの観察と保護者への問診ができる（Kurokawa et al., 2024b）という報告が増えてくると、児童精神科が少ない地方においても質の高いアセスメントが行われるようになる可能性があります。

〈確認問題〉

(1) アセスメントは多角的・包括的に行われ、「詳細な問診」、「＿＿＿＿＿」、「多角的な情報」の3つを組み合わせて実施される。

(2) ＿＿＿＿＿療法は、治療者と子どもの信頼関係を基盤とし、安全で受容的な環境で子どもが自由に話せるようにするアプローチである。

(3) 応用行動分析（ABA）では、行動を先行事象、行動、＿＿＿＿＿の三つの要素に分解して分析する。

(4) 認知行動療法（CBT）は、＿＿＿＿＿と行動の両面から心理的な問題にアプローチする治療法である。

(5) CBTでは、子どもの歪んだ思考パターンや信念を明らかにし、それらが＿＿＿＿＿や行動にどのような影響を与えているかを理解する。

(6) ＿＿＿＿＿は、実際の社会的状況を模擬して練習する方法で、子どもが安全な環境で新しいスキルを試すことができる。

(7) 薬物療法では、医師、子ども、保護者が一緒になって治療方針を決定する＿＿＿＿＿の考え方を取り入れることが重要である。

(8) 神経発達症は親の育て方や家庭環境が原因ではなく、生まれつきの＿＿＿＿＿の特性によるものである。

(9) TEACCHプログラムは、自閉スペクトラム症の子どもたちに対する包括的な支援プログラムで、とくに＿＿＿＿＿された教育環境の提供を重視している。

(10) スクールカウンセラーは教師に対して、具体的な支援方法や教室での＿＿＿＿＿の提案を行う。

引用文献

Sharon G, Cruz NJ, Kang DW, Gandal MJ, Wang B, Kim YM, Zink EM, Casey CP, Taylor BC, Lane CJ, Bramer LM, Isern NG, Hoyt DW, Noecker C, Sweredoski MJ, Moradian A, Borenstein E, Jansson JK, Knight R, Metz TO, Lois C, Geschwind DH, Krajmalnik-Brown R, Mazmanian SK. Human Gut Microbiota from Autism Spectrum Disorder Promote Behavioral Symptoms in Mice. Cell. 2019 May 30;177(6):1600-1618.e17. doi: 10.1016/j.cell.2019.05.004. PMID: 31150625; PMCID: PMC6993574.

Tengeler AC, Dam SA, Wiesmann M, Naaijen J, van Bodegom M, Belzer C, Dederen PJ, Verweij V, Franke B, Kozicz T, Arias Vasquez A, Kiliaan AJ. Gut microbiota from persons with attention-deficit/hyperactivity disorder affects the brain in mice. Microbiome. 2020 Apr 1;8(1):44. doi: 10.1186/s40168-020-00816-x. PMID: 32238191; PMCID: PMC7114819.

Kurokawa S, Nomura K, Sanada K, Miyaho K, Ishii C, Fukuda S, Iwamoto C, Naraoka M, Yoneda S, Imafuku M, Matsuzaki J, Saito Y, Mimura M, Kishimoto T. A comparative study on dietary diversity and gut microbial diversity in children with autism spectrum disorder, attention-deficit hyperactivity disorder, their neurotypical siblings, and non-related neurotypical volunteers: a cross-sectional study. J Child Psychol Psychiatry. 2024 Sep;65(9):1184-1195. doi: 10.1111/jcpp.13962. Epub 2024 Apr 2. PMID: 38562118.

Kang, DW., Adams, J.B., Coleman, D. et al. Long-term benefit of Microbiota Transfer Therapy on autism symptoms and gut microbiota. Sci Rep 9, 5821 (2019). https://doi.org/10.1038/s41598-019-42183-0

Kurokawa S, Nomura K, Hosogane N, Nagasawa T, Kawade Y, Matsumoto Y, Morinaga S, Kaise Y, Higuchi A, Goto A, Inada N, Kodaira M, Kishimoto T

Reliability of Telepsychiatry Assessments Using the Attention-Deficit/Hyperactivity Disorder Rating Scale-IV for Children With Neurodevelopmental Disorders and Their Caregivers: Randomized Feasibility Study

J Med Internet Res 2024;26:e51749

URL: https://www.jmir.org/2024/1/e51749

DOI: 10.2196/51749

〈確認問題解答〉
（1）行動観察　（2）来談者中心　（3）結果（Consequence）　（4）思考（認知）（5）感情　（6）ロールプレイ　（7）シェアド・ディシジョン・メイキング（共同意思決定）　（8）脳機能　（9）構造化　（10）環境調整

第15章
身体・心理機能の疾患と支援

小関友記

　本章では主に児童期から青年期に見られやすい精神疾患や心身症において、精神疾患についてはDSM-5-TR、心身症については心身症診断・治療ガイドライン2006ならびに小児心身医学会ガイドライン集改定第2版に基づいて紹介します。初めに、精神疾患や心身症がどのように発症するのか、そのメカニズムについて簡潔に説明します。加えてとくに児童期や思春期、青年期において見られやすい精神疾患や心身症を紹介し、そのような疾患を持つ子どもに対しどのような心理的姿勢で支援を行うことが良いかをまとめていきます。

1. 精神疾患と心身症

(1) 精神疾患について

　DSM-5-TRにおいて精神疾患の定義は以下のように述べられています。
　「精神疾患とは、精神機能の基盤となる心理学的、生物学的、または発達過程の機能不全を反映する個人の認知、情動制御、または行動における臨床的に意味のある障害によって特徴づけられる症候群である。精神疾患は通常、社会的、職業的、または他の重要な活動における意味のある苦痛または機能低下と関連する。よくあるストレス因や喪失、例えば、愛する者との死別に対する予測可能な、もしくは文化的に許容された反応は精神疾患ではない。社会的に逸脱した行動（例：政治的、宗教的、性的に）や、主として個人と社会との間の葛藤も、上記のようにその逸脱や葛藤が個人の機能不全の結果でなければ精神疾患ではない。」

重要とされるのは個人の精神機能不全の結果として、個人の思考や感情、社会的行動のコントロールが困難となる状態が精神疾患であるという点です。さまざまな出来事や健康状態の変化などにより、一時的な不安やうつ状態が生じることは誰にでもあることです。しかしその状態から長期間脱することができず、社会的行動にも支障が生じ、その人の人生の損失に関わるようになると医学的治療や心理的対応が必要となります。古くからある概念として、精神機能不全に陥る原因には「外因・内因・心因」があると言われています。外因とは、脳など中枢神経に関わる病気や、がんの転移や代謝異常など身体の疾患による影響、またはアルコールや薬物などの物質使用により神経活動に影響を与える要因です。人間のさまざまな精神心理的活動に神経活動は重要な役割を担っています。内因とは、生まれ持った遺伝的因子と、胎生期から発症までの発達過程に影響する環境要因が相互作用する、その人に生まれながらに備わっている精神疾患への脆弱性(きじゃく)を指します。そして心因は、人間関係や学業、仕事からのストレスなどの影響を指します。実際の精神疾患発症には、外因と内因、心因、それぞれの因子が多次元的に関与し、これらの要因を幅広く考慮しなければなりません（飯高，2018）。

(2) 心身症について

日本心身医学会において、心身症は以下のように規定されています。

「その発症や経過に心理社会的な因子が密接に関与し、器質的ないし機能的障害が認められる病態をいう。ただし、神経症やうつ病など、他の精神障害に伴う身体障害は除外する。（日本心身医学会, 1991）」

この場合の心理社会的因子とは、一般的に「ストレス」と呼ばれるものとほぼ同義であり、ストレスの影響により便秘や下痢、内臓の痛み、皮膚症状などの身体症状が発生するのが心身症です。近年、急激な社会システムの変化や高度情報化、戦争や大規模災害などにより心理社会的ストレスは増大しています。児童はストレス耐性が低く、ストレス・コーピング（ストレス対処法）も未熟であり、その影響が強く現れます。心身症は健康問題だけではなく、いじめや不登校、引きこもりなどさまざまな社会現象の一因となる可能性があり、

表 15-1　心身症の関連疾患

呼吸器系	気管支喘息、過換気症候群、神経性咳嗽など
循環器系	起立性調節障害、冠動脈疾患（狭心症、心筋梗塞）、神経循環無力症、レイノー病など
消化器系	過敏性腸症候群、functional dyspepsia、胃・十二指腸潰瘍、潰瘍性大腸炎、機能性嘔吐、呑気症など
内分泌・代謝系	糖尿病、甲状腺機能亢進症、神経性やせ症、神経性過食症、心因性多飲症など
神経・筋肉系	筋緊張性頭痛、片頭痛、慢性疼痛性障害、チック、痙性斜頸、吃音など
皮膚科領域	アトピー性皮膚炎、慢性蕁麻疹、円形脱毛症、皮膚掻痒症など
整形外科領域	関節リウマチ、腰痛症、外傷性頸部症候群、多発関節痛など
泌尿器領域	過敏性膀胱（神経性頻尿）、夜尿症、遺尿症など
産婦人科領域	更年期障害、月経前症候群など
耳鼻咽喉科領域	メニエール症候群、アレルギー性鼻炎、嗄声、慢性副鼻腔炎、心因性難聴など
眼科領域	視野狭窄、眼瞼痙攣など
歯科・口腔外科領域	口内炎（アフタ性）、顎関節症など

（小牧元・久保千春・福土審（編）(2006). 心身症診断・治療ガイドライン 2006. 協和企画. 2 より一部を引用）

　心身症が発症した時点での対応が不十分な場合、その後の人生にも大きな影響を与えていくことが考えられます。ストレスの影響による発症や重症化する疾患は実に多く、関連疾患をまとめると表 15-1 のようになります。心身症の特徴として、一人一人のストレス耐性やストレス・コーピングは異なるため、同じストレス状況下にあっても症状や重症度がさまざまであるということを考慮する必要があります。

　ストレスが身体症状を引き起こすメカニズムについてはストレス反応系（図 15-1）が注目されています。環境が変化しても生体が構造や生理的状態を一定に保ち生命を維持することをホメオスタシス（恒常性）と呼びます。ヒトは、何らかの危機的状況が生じた時、ホメオスタシスを保つために、主に自律

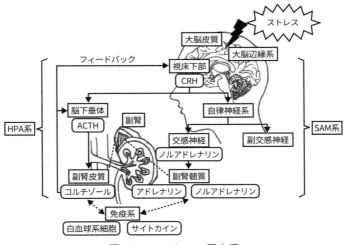

図 15-1　ストレス反応系
出所：田中喜秀，2008.より

神経系による反応である交感神経−副腎髄質系（sympathetic nervous adrenal medullary system, SAM系）や内分泌（ホルモン）系による反応である視床下部−下垂体前葉−副腎皮質系（hypothalamic pituitary adrenal, HPA系）が働き、身体を活性化させストレスに対抗します。しかしストレスが強過ぎたり、慢性的に存在したりする場合や、個人の持つストレスへの脆弱性により、ストレス対抗の副反応によって免疫抑制作用や蛋白異化作用、消化管粘膜保護減少などが生じ、ホメオスタシスが破綻することで、心身症としてさまざまな身体症状を引き起こすと言われています（Lee et al., 2015）。

2. 代表的な精神疾患と心身症

(1) 代表的な精神疾患

1) 不安症群

不安症群は過剰な恐怖および不安と、関連する行動の障害という特徴を持ちます。**パニック症**は予測やコントロールのできない**パニック発作**が反復して

表 15-2　パニック発作時に見られる症状

(1) 動悸、心悸亢進、または心拍数の増加
(2) 発汗
(3) 身震いまたは震え
(4) 息切れ感または息苦しさ
(5) 窒息感
(6) 胸痛または胸部の不快感
(7) 嘔気または腹部の不快感
(8) めまい感、ふらつく感じ、頭が軽くなる感じ、または気が遠くなる感じ
(9) 寒気または熱感
(10) 異常感覚（感覚麻痺またはうずき感）
(11) 現実感消失または離人感
(12) 抑制力を失うまたは「どうにかなってしまう」ことへの恐怖
(13) 死ぬことに対する恐怖

（日本精神神経学会（日本語版用語監修）, 髙橋三郎・大野裕（監訳）, 染矢俊幸・神庭重信・尾崎紀夫（訳）（2023）, DSM-5-TR 精神疾患の診断・統計マニュアル新訂版, 医学書院, 227-228 より一部を引用）

繰り返されます。パニック発作は、突然、激しい恐怖または強烈な不快感の高まりが数分以内でピークに達し、表 15-2 に示す症状のうち 4 つ以上が認められる状態です。パニック発作は重い病気なのでは、という健康状態への懸念と、パニック発作によって他者から否定的に評価されるかも、という社会的な懸念を持つことにより発作を回避する、もしくは発生しないように社会的活動を制限するなどの行動変化も見られやすくなります。

　全般性不安症は、仕事や学業について過剰な不安と心配（予期憂慮）が見られる病態です。その過剰な心配をコントロールすることは難しく、落ち着きがなく、常に神経が高ぶり、疲労しやすく、集中や睡眠が困難となります。一方、**限局性恐怖症**は特定の状況や対象に対する著しい恐怖や不安、回避行動を持ちます。例えば高所、先のとがったモノ、生物や血液などが対象となります。その感情や行動は他者から見れば、その対象や状況から生じる実際の危険性には釣り合わないものです。また不安症群に属し児童においてよく見られる

ものに**分離不安症**があります。これは愛着を持つ家や人物から距離をとることについての、過剰な不安です。登校回避や学業困難、社会的孤立を招くこともあります。また、**社交不安症**は他者に注目される状況や、その状況から他者に否定的に評価されることに関する過剰な不安を持ちます。一方、一般の言語能力を持っているにも関わらず、他者と会話する時だけ話すことができなくなる場合は**場面緘黙（かんもく）**と呼ばれます。これらの不安症を持つ児童では泣く、かんしゃくを起こす、凍りつくように動かなくなる、まとわりつくなどの行動で不安が現わされることがあります。なんらかの外傷的な経験（虐待や大規模災害、友達関係のトラブルなど）の結果としてそれらの行動が現れることもあります。

　2）強迫症及び関連症群

　強迫症は強迫観念や強迫行為の存在で特徴づけられます。**強迫観念**は不安や苦痛をともなう繰り返し生じる不合理な思考や衝動、イメージと言われ、それを抑制しようとすると強い不安が生じます。その観念に対して不安を軽減するために繰り返される行動が**強迫行為**と呼ばれ、その行為を実行しないではいられなくなります。例えば汚染の強迫観念を持つ人は物に触れた場合、汚いものに触れて病気になるという強迫観念が生じ、これを打ち消そうと手を洗い続ける強迫行為を繰り返します。手の洗いすぎで皮膚が傷つこうともその行為は続けられ、その結果、自身の健康状態を損ない、多くの時間を奪われ、社会生活に支障をきたすようになります。

　3）心的外傷後ストレス症（PTSD）

　重犯罪や性的犯罪、戦争、家庭内暴力、児童虐待、交通事故、自然災害、大規模人災などの、生命に関わるような重大な受傷や他者の失命経験、心や記憶に深い影響を与える出来事がきっかけで**心的外傷（トラウマ）**が生じます。心的外傷後ストレス症は心的外傷を受けて時間が経ってから発症します。典型的な症状は、回想や夢で反復して心的外傷を再体験する**フラッシュバック**や、その出来事に関連する対象の**回避**、**覚醒度亢進**による不眠や反応性亢進、恐怖や怒り、罪悪感などの**認知変化**と、抑うつなどの**気分の陰性変化**が見られます。心的外傷は無意識に抑圧され思考や認知、行動に影響を与えます。多くは

過剰に否定的な信念や予想を持ち、自分や他者、世界を非難する考えを持つようになります。そして活動意欲の減退、孤立、自殺念慮が見られるようになります。多くはその心的外傷から6か月以上経過してから症状が現れることが多く、とくに児童では心的外傷が表現される遊びが見られることがあります。このような遊びはその児童が心的外傷を与えた事象に対する防衛機制のひとつと考えられ、短絡的にその行動を戒めたり、非難したりせず、児童の話を聴き、理解を示す必要があります。

4）気分障害

気分障害とは、気分や感情の障害を主症状とする精神障害です。同時に、意思や欲求、思考の障害もみられ、うつ状態だけを持つうつ病と、抑うつ状態と躁状態を繰り返す躁うつ病（双極性障害）に分けられます。

うつ病は悲しく虚ろな、あるいはイライラする気分に支配されてしまい、活動に対する興味や喜びが失われ、体重の減少や増加、不眠や過眠が生じます。他にも思考が極端に遅くなる精神運動制止や無価値観、罪責感を持ち、疲労感の増強や思考力、集中力の減退により社会的活動が困難となります。また死についての反復思考も見られるようになります。小児期のうつは悲しみやふさぎ込んだ気分だけでなく、焦りやイライラ感、頭痛や腹痛、だるさやつかれやすいなどの身体症状がみられやすく、自殺企図も多いといわれています（高橋, 2022）。

双極症（躁うつ病）はうつ病で示した「うつ病エピソード」の時期と、「躁エピソード」と呼ばれる、異常に気分が高揚し、開放的かつ易怒的となり、活動性が亢進する時期が、交互に現れる疾患です。躁状態では自尊心の拡大や誇大、睡眠欲求の減少、多弁、注意の散漫、次々と浮かぶ観念を話すため会話がまとまらない観念奔逸がみられます。そして無意味に動き回るなどの精神運動焦燥や、買いあさりや性的無分別など困った結果につながる活動に熱中する逸脱した行動障害がみられ、無謀で破滅的となることが多くみられます。必然的に顕著な社会的機能の障害（金銭の損失や失業、学業上の失敗など）をきたし、健康状態を悪化させることにつながります。

うつ病や双極症を持つ人は**自殺念慮**を持つことが多く、DSM-5-TRにおい

ても抑うつ性の疾患を持つ人の自殺の危険は健常人よりも17倍高いことや、実際に双極症を持つ人の5〜7％が自殺で死亡することが示されています。

5）統合失調症

統合失調症は妄想や幻覚、まとまりのない（統合不全な）思考や、脈絡のない発話、極端な緊張や外部刺激への過剰反応などの運動行動の特徴、そして感情や意欲が見られなくなる陰性症状が特徴で、これらの症状により社会的活動は困難となります。妄想には、**被害妄想**（他者や団体から危害を加えられる）、**関係妄想**（周囲の出来事は自分に対して行われている）、**誇大妄想**（自分に特別な能力や地位が存在する）、**被愛妄想**（ある人が自分に恋愛感情をもっている）などがあります。その他の特徴的な妄想として**思考奪取**（自分の思考が外部の力で抜き取られる）や、**作為妄想**（自分の体が何者かに操作されている）があります。

幻覚は、外からの刺激がないにも関わらず意識に知覚が生じる体験です。とくに何者かの声としての**幻聴**や壁や天井に生じる**幻視**が多く見られます。

思考や発話は、**連合弛緩**（会話が急に別の話題にそれる）や、**接線思考**（質問に対して関係のない答えを行う）、または**滅裂**（理解不能な言葉となる）が特徴で、対人的なコミュニケーションが損なわれます。行動では幼い行動や予測できない興奮を示すほか、**カタトニア**という状況にそぐわない異常な言動や行動を生じる現象がみられます。例えば、指示への抵抗を示す**拒絶症**や硬直し奇異な姿勢を続ける**常同姿勢**や**蠟屈症**、発話や行動がなくなる**無言症**、無目的ではっきりとした理由のない過度の運動行動を示す**カタトニア性興奮**などがあります。一方、**陰性症状**として**情動表出の減少**と、自発的な目的行動が減少する**意欲低下**がみられ、喜怒哀楽を示さず、閉じこもり部屋から出てこないようになります。

小児で発症した場合は、より重症になりやすく、思考能力も障害される可能性が高いと言われています。小児では、非現実的な不安や幻覚妄想を訴える、突然奇妙な行動や発言が現れる、活動水準が極端に低下するなどの症状が見られます。

6）摂食障害（食行動症及び摂食症群）

摂食障害は食物を食べなくなる（拒食）、食べては吐き戻す（反芻(はんすう)）、たくさん食べ過ぎる（過食）など、摂食または摂食に関連した行動（食行動）の持続的な障害です。身体的健康や心理社会的機能にも障害を与え、時には生命維持にも影響する、児童期から青年期に多く報告される障害です。その種類は多く、土や体毛、氷などを摂取する**異食症**や、摂食または栄養摂取の機会そのものを減少させる**回避・制限性食物摂取症**、持続性の摂食制限とダイエット行動の持続を示す**神経性やせ症**、過食と自己誘発性の嘔吐(おうと)や下剤使用を繰り返す**神経性過食症**、過食を反復する**むちゃ食い症**が挙げられます。発症のきっかけに進学や就職などの社会的ストレスが見られることも多く、心身症の側面もみられます。とくに神経性やせ症は青年期〜成人期早期に多く、女性に有病率が高い特徴があります。やせている自分に強いプライドや理想を持ち、ボディイメージも歪んでいることが多く、治療に抵抗を示すことが見られます。一方で、栄養失調や飢餓状態は生命に重大な危機をもたらし、内臓や運動器官へのさまざまな障害をもたらします。具体的には、無月経やバイタルサイン（脈拍や血圧、呼吸、体温など生命活動を示す兆候）の異常、骨粗しょう症が見られ、精神的にも抑うつ気分や閉じこもり、焦燥感、不眠をもたらし、時には死亡にも至る危険な疾患です。

7）性別違和

精神疾患ではありませんが、時に健康状態の低下や社会的障害をもたらし医学的処置の必要性をもたらすことによりDSM-5-TRの【性の健康に関連する状態】に記載されているため、ここで説明します。日本においては性という言葉で統一されていますが、DSM-5-TRでは生殖能力による生物学的指標は「**セックス**」、公での社会文化的な生きる上での役割としての性は「**ジェンダー**」と表現されています。そして生物学的要因（セックス）は社会的および心理学的要因と相互に関連しながらジェンダーの発達に寄与すると考えられており、一般的に出生時に外見上のセックスに基づいて**出生時に指定されたジェンダー**が作り出されます。一方で成長の中で構築されるジェンダーもあり、それには生物学的な男性、女性の他、両性の間（ジェンダー流動性）、男性また

は女性とも異なる性（ジェンダー中立性）などがあり、自分自身のジェンダーに関する経験に基づいて構成されていきます。これを**自分が成長する中で体験し表出していくジェンダー**といいます。

性別違和とは「その人が成長する中で体験し表出していくジェンダー」と、「出生時のセックスに基づいて指定されたジェンダー」に著しい不一致を抱き、この不一致についての苦痛が存在する状態です。それは反対のジェンダーになりたいという強い欲求や自分は違うジェンダーであるという主張を持ち、反対のジェンダーの服装や役割を望み、自分の性構造を強く憎み、自分の体験するジェンダーに合う第一次性徴や第二次性徴を望むような行動を持ちます。**トランスジェンダー**とは、出生時に指定されたジェンダーとは異なる性同一性を持つ広い範囲の人びとを意味します。一方、生物学的指標と社会的文化的性が一致している場合はシスジェンダーと呼ばれます。

このようなトランスジェンダーを持つ児童では、ジェンダー不調和が人間関係に影響し孤立や苦痛を生むことが考えられます。支援がなく受容的ではない環境ではいじめや嫌がらせ、服装への重圧が生じ、ストレスとなり学業や社会活動を妨げることもあります。またトランスジェンダーでは否定的な自己概念を持つことで、うつ病や自殺傾向、精神疾患併存率の高さ、学校の中途退学と関連しています。未だ社会的な理解が浅いため、対応が難しい一面を持ちます。

(2) 代表的な心身症

続いて、ここからは代表的な心身症について、心身症診断・治療ガイドライン2006ならびに小児心身医学会ガイドライン集に基づいて、とくに児童期・思春期に見られやすい疾患について紹介します。

1) 起立性調節障害

起立性調節障害は自律神経の働きが不十分なため、立ち上がった時など姿勢変化の際に身体や脳への血流が低下してしまい、血圧低下（起立性低血圧）や頻脈、立ちくらみ、めまいが生じ、朝の起床が困難となり、加えて食欲不振や倦怠感、思考力や判断力の低下などの症状が生じ、時には失神にいたる場合

もあります（矢崎ら，2022）。小学生では5％、中学生では10％程度が発症するといわれ、その原因には思春期前後の急速な身体発達や活動増加に自律神経の発達が追いつかないこと、そして第二次性徴を迎えホルモンバランスが変化する影響などが挙げられます。また長期的なストレスが引き金となることも多く、心身症としてもとらえられます。学校生活が困難となることで自分自身を責めたり、周囲からなまけやサボりではと疑われたりすることも多く、抑うつ状態や引きこもりの原因となります。学校生活において度重なる遅刻や、午前中の活気のなさがみられる場合は、まず本症を疑いましょう。起立性調節障害は自律神経の発達とともに影響が少なくなることがほとんどです。それまでの期間の対応として、まず起立性調節障害は身体疾患であり、精神的な原因で発生しているわけではないことを本人や家族、教育機関に十分に説明し理解を促し、ストレスや責める気持ちを緩和させることが重要です。同時に血流を意識したゆっくりとした起居動作や血圧低下を防ぐ姿勢を指導し実践してもらいます。また塩分を多めにした食事をとることや下半身への弾性ストッキングなども効果がみられることがあります。発汗による脱水も影響するため、夏の暑い環境はとくに症状が出現しやすいと言われており、空調設備などの暑さ対策が重要になります（田中，2024）。

2）過敏性腸症候群／機能性ディスペプシア

日本消化器病学会のガイドラインによれば、**過敏性腸症候群**とは慢性的に腹痛と下痢や便秘などの便通異常を主体とする下部消化器症状が持続する疾患です。また**機能性ディスペプシア**は、主に胃や十二指腸の上部消化管に由来する、心窩部痛や灼熱感に代表される腹痛、食後の膨満感や早期満腹感、吐き気、食欲不振、胃もたれの症状が持続する疾患です。両疾患ともに、通常の医学的検査で診断できる原因が見つかりません。そしてストレスによる症状の発症や増悪が見られ、抑うつ症状や不安などの精神的異常を持つことも多く見られます。青年期から成人初期の発症診断が多く見られますが、小児期より何らかの腹部症状を示すことも多い疾患です。このような機能性障害を持つ人にはストレスに対する脆弱性が見られやすく、学校での授業や試験、人間関係のもつれなどの社会的因子で症状が見られることも多いです。医学的診断のもと、

規則正しい生活を送ることや、腹部症状を起こしやすい刺激物の摂取を避ける生活指導、胃腸の働きを助ける薬物療法が行われます。そしてどのようなストレスがその症状の誘因となっているのかを確認し、環境調整を図る必要があります（福土，2007）。

3）過換気症候群（過呼吸）

過換気は多くの病態で見られますが、狭心症や気管支喘息発作などの原因がはっきりしている疾患を除外したうえで、心理的な影響が強く見られる場合に**過換気症候群**と診断されます。何らかの強いストレスや感情の高ぶりによって過剰な呼吸活動（過換気）が生じると、血液がアルカリ性に傾きます。その変化は脳血流や代謝の異常を発生させ呼吸困難、手足のしびれや筋肉の硬直、めまい、失神などが出現します。思春期から20歳代の女性に多く見られ、強い不安や緊張、過度の運動がきっかけとなる場合もあります。対応としては、病態を丁寧に説明し、背景に重篤な病気の可能性は少なく、過剰な呼吸により起きる状態であることや、発作直後に安易に深呼吸をしないことを理解し、不安を和らげます。また実際に発作が生じた場合には気持ちと呼吸を落ち着かせ、とくに息は**ゆっくり吐く**ことが重要と意識させ、吸気は自然に行うように誘導します。紙袋を口に当て呼気を再度吸入するペーパーバック法も知られていますが、そのメカニズムの理解や低酸素血症を引き起こさない呼吸管理が必要となるため、一般的には用いないほうが良いとされています。頻回に繰り返すようであれば、何らかの原疾患（内科的疾患やパニック障害などの精神疾患）が存在する可能性もあるため、医療機関の受診が必要です。

4）アトピー性皮膚炎

アトピー性皮膚炎は増悪・寛解を繰り返す、痒みのある湿疹を主病変とする疾患です。アトピーになりやすい個人が、ダニやハウスダストなどが存在する環境やアレルギーの原因となる食物、発汗、細菌などの外的要因が加わり発症・悪化すると言われています。この原因・悪化因子には**ストレス**も挙げられ、かつアトピー性皮膚炎に罹っていることがまたストレスとなり、心理的苦痛や社会的機能の低下を引き起こします。アトピー性皮膚炎の経過や治療は長期にわたります。また痒みによる睡眠障害や集中力減退、対人関係の障害から

引きこもり、学業や職業におけるパフォーマンスの低下が見られることがあります。適切な医学的診断に基づいた薬物療法が重要ですが、アトピー性皮膚炎を原因とした行動に対する家族や教育機関におけるサポートも同様に重要です。

3. 身体・心理機能への支援

(1) 精神医学的診断の重要性

　これまで紹介してきた精神疾患や心身症を想起させる思考や行動、身体症状が教育場面で見られた場合は、可能な限りその症状に対応できる医療施設の受診を勧め、正確な診断とそれに基づく治療について確認を進めていくことが望ましいでしょう。しかし、精神疾患や心身症は**スティグマ**（古い疾患概念に基づくイメージや誤解、偏見）を抱きやすく（Stephenら，2009）、またそのように診断されることで学生本人や家族が精神的ショックを強く受けてしまうことも考えられます。しかし、原因が不明のまま状況の悪化をきたしていくよりも、病態を明らかにして、そこから適切な治療や支援をチームアプローチで展開していく方が、結果的に状況が良くなります。

　まずは教職員がそのような偏見を持たないように心がけることが重要です。そして学生の異変に気づいた場合には、個人情報に十分に配慮したうえで担当教員間や保健室、スクールカウンセラー、学校医と連携しつつ、教育機関内での対応を調整しましょう。同時に保護者とも情報共有を図り、学内や家庭内での様子を理解するとともに、可能な限り適切な医療機関の受診を勧めましょう。不適当な現象が生じている現実を客観的に見直し、その状況に対する理解を深めることが重要です。同時に保護者も強いショックを受けることや感情的になることが考えられるため、共感、傾聴の姿勢を持ち、支持的に関わる必要があります。加えてその地域における特に学童期や青年期に詳しい精神科や内科を調べ、情報提供できるようにしておくとよいでしょう。

（2）心理療法

　臨床心理士やカウンセラーが行う心理臨床的な援助技法には多種多様なものがあり、さまざまなストレスに対応するための技法を紹介します。ただし、精神科医やカウンセラーと相談し、適切な心理的アセスメントおよびガイドラインに基づいて心理療法を実施することが何よりも重要で、状態によっては心理療法を受ける方の不信感や、症状悪化につながることもあります。とくに希死念慮、自傷行為、重篤なうつ状態、精神病的な幻覚・妄想、進行形の重篤な依存症などの精神疾患や、PTSDや過去のトラウマが強い影響をもたらしている場合、そして双極症や統合失調症の場合は、精神科医の受診のもと、心理療法が適応かどうかを判断する必要があるため、安易に心理療法を行うことはやめましょう。しかし、これらの心理療法の背景にある、自己の客観的理解を促す心理的姿勢の育成や、社会的スキルや感情・行動管理を促進する方法を理解し、ヒトとの関わりに活かしていくことが肝要です。

1）フォーカシング

　フォーカシングとは言葉で表現できない感覚に焦点を当ててイメージしていくことで、自分の身体の状態やそこから生じている心の状態に気づきを得ていく現象や技法を指します（Gendrin, 1981）。精神疾患や心身症を持つヒトは、

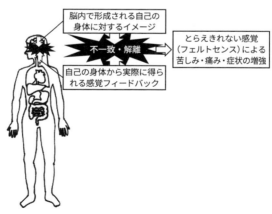

図 15-2　自己の身体イメージと、実際の感覚フィードバックの解離

表15-3　フォーカシングの手順

1.	空間をつくる 自分に生じている、とらえきれない感覚（フェルトセンス）に入り込まないように、感覚との距離（空間）を意識しながら、その感覚に注意を向ける。
2.	フェルトセンス フェルトセンスの中から個人的に気になり焦点を当てたい感覚をひとつ選択する。
3.	ハンドルを得る 焦点をあてたフェルトセンスに、しっくりくるような言葉や言いまわし、隠喩（メタファー）を当てはめてみる。
4.	共鳴させる フェルトセンスに言葉を当てはめたことによる身体の変化や影響をとらえてみる。
5.	尋ねる 「この感覚の何が気になるか」「この感覚からのメッセージは何か」「よりしっくりくる気持ちは何か」などを問いかけ、その問いから返ってくる変化をまたとらえてみる。
6.	受け取る その変化に対する苛立ちや否定などのネガティブな心理的反応が生じることがあるが、空間を意識して、変化とともにあるようにする。

（村山正治・都留春夫・村瀬孝雄（訳），(1982), フォーカシング. 福村出版. より引用）

現実に生じる心や身体の状態を、自分自身が感じる実感として落とし込めておらず、自己の身体に対するイメージ像と、実際に生じる感覚フィードバックに解離があることが苦しみの一端となっていることが考えられます（図15-2）。そのとらえきれない感覚のことを「フェルトセンス」と呼び、それを感じ取ろうとすることで具体的なイメージが作り上げられ、実感を得ることができるようになってきます。その結果、病的な感覚が生じたとしても、心理的な影響を受けにくくなり、適切な感情や行動のコントロールが実施できるようになります。具体的には表15-3に示した手順で行われます。

　2）アサーション・トレーニング
　幼少期と学童期の大きな違いに、これまで家族という狭い範囲で育まれてきた環境に比べ、学校という環境では多様な性格と発育背景を持つクラスメートや、教員という大人との関係の構築を持たなければなりません。このような

急激な変化にさらされる人間関係は非常にストレスと結びつきやすい状況といえます。この時に人間関係の技術が未熟であった場合、他者を優先し自分を後回しにする**非主張的自己表現**か、自分のことを優先し他者を踏みにじる**攻撃的自己表現**のどちらかを取りやすいと言われています。非主張的な自己表現では自己を軽んじ欲求を我慢することで自信を弱め不安を強めてしまい、劣等感やあきらめの気持ちを持ちやすくなります。この気持ちは欲求不満や怒りとなり、「キレる」行動や、より立場が弱い者への八つ当たりや意地悪、いじめなどに結びつきます。一方で、攻撃的自己表現は相手を無視、軽視し、他者を犠牲にした自己主張や自己表現が行われます。暴力的な言動や大声で怒鳴るだけではなく、相手に自分の欲求を巧妙に押しつけ思い通りに動かそうとするなどの行動により、他人から恐れられ、社会的孤立や同じような攻撃的自己表現を持つ仲間関係しか構築できないようになります。加えて本質的な他者理解が不十分で適切な人間関係が構築されないため不安が解消されず、威嚇的態度を崩すことができません。

　両者の自己表現では良好な人間関係を保持することは困難です。そのため自分も相手も大切にする自他尊重を基とした自己主張による人間関係の構築が必要となります。そのための手法が**アサーション・トレーニング**です。そのトレーニングには、①自分の気持ちや考え方の理解、②周囲からの視線や結果への執着に気づくこと、そして③自分も他者も尊重しながら自己表現をするアサーション・スキルの獲得と行動の変化、があります。自分と同時に相手を尊重するためには、どのような言語を用いるべきか（言語的スキル）、どのような表情や態度、行動を取るべきか（非言語的スキル）をトレーニングし、実践します（平木，2021）。

　3）マインドフルネス

　マインドフルネスは「今、この瞬間の体験に意図的に意識を向け、評価をせずに、とらわれのない状態で、ただ観ること」と定義されます（日本マインドフルネス学会，2013）。わかりやすく言えば、「今、ここで何をして何を感じているのか気づいていること」がマインドフルネスです。ネガティブな状況や心理、何らかの症状を持つ場合、そればかりに注意が向いてしまい、本来のパ

フォーマンスが低下し、自己嫌悪やストレスを生じさせていく悪循環に陥ってしまいます。しかし、そこで「今、自分はこの症状に囚われている」「私は自己嫌悪やストレスを抱いている」と客観的に自分を観ることで心理的な距離を取ることができます（Kabat, 1990）。

　マインドフルネスな心理を育てる基礎的なエクササイズとして、呼吸瞑想(めいそう)を紹介します。まず、安楽な姿勢（椅子座位で、適度に姿勢を整えかつリラックスできる姿勢）を取りましょう。普段通りの呼吸を行い、目は閉じていても開いていても大丈夫です。こころの在り方として、瞑想を実施している間は呼吸に集中します。具体的には呼吸の際の空気の流れ、鼻腔(びこう)内の感覚、喉や胸の動きを感じましょう。しかし、それを続けているといつしかその注意は薄れ、何らかの思考や感情、想念が浮かんできます。精神疾患や心身症、ストレスを抱えている状態では、とくにそのことについての想念が生じてくることでしょう。その想念に気づいたら、意図的に、また呼吸から得られる感覚を観ることに戻ります。呼吸を観るという心のあり方に集中すること、そして自分の中に自然と浮かび上がる思考や感情、想念に気づき、しかしそれに囚われず距離を取り、今、ここに生じている感覚を客観的に観る姿勢を保つことをトレーニングしていきます（藤井, 2016）。

　このような心のあり方は、精神症状や心身症を持つ者への治療としても有効ですが、さまざまな問題を抱える学生の対応を担う教職員にも有効です。目の前の苦しんでいる学生や不適応を起こしている学生に対して教職員は先入観や固定観念、その学生に対する感情的反応を抱きがちです。しかしそのような視点や感情的反応から距離を置き、ありのままの人間として関わる心を育む方法としても、マインドフルネスは注目されています。

　4）アクセプタンス＆コミットメント・セラピー

　言葉や状況など環境からの刺激に対して、私たちは反射的に主観的に持つ意味内容を自動的に結びつけて反応してしまいます。とくに心に強く残りやすい状況から得られた刺激と、それに対して発生した反応の結びつきは容易に切り離すことができず、その言葉を聞いただけで何らかの苦痛反応を起こすようになってしまいます。このような状態を「認知的フュージョン」と呼びます。

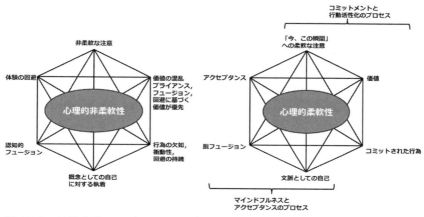

図15-3 精神病理のモデルとしての心理的非柔軟性と、人間の機能と行動変化の
モデルとしての心理的柔軟性
出所：武藤崇ら（監訳）．2014.より

　そして、そのような認知的フュージョンを避ける行動、「体験の回避」が生じます。体験の回避は一時的には心の安定に働きますが、苦痛を避けられない状況での過敏性や、心理的孤独感、行動上の不便さなどが生じ、思考や行動を制約し病的な心理の形成につながり、逆に問題を増悪させます。そこでアクセプタンス&コミットメント・セラピー（Acceptance and Commitment Therapy：ACT）では、そのような状態になっている思考や行動を見直し、別の対処法に心を開くことから始まります。この別の対処法にはアクセプタンス「苦痛を生み出す刺激をそのままにする、受け入れること」と、コミットメント「人生を豊かにする行動を自己決定し行動に移すこと」があります。すなわち、苦痛を生み出す刺激に費やしていた内的エネルギーを、自分の人生においてより価値の高い行動を実行することに向けることで心理的柔軟性を得ていく過程が、アクセプタンス&コミットメント・セラピーです（図15-3）（Stevenら，2016）。

〈コラム〉【運動の重要性】

　近年、運動は精神にも良い効果をもたらすことが注目されてきています。ウォーキングやジョギングなどによる有酸素運動は長期的に実施すること自律神経の働きを改善し、心臓や呼吸の働きを高めます。またストレスを発散し、かつ自分の身体の状態を認識することで、実際に不安や抑うつを軽減することがわかっています。

　自分の身体に意識を向ける心理療法には、本章でも紹介したフォーカシングやマインドフルネスがあります。このような心理のあり方は運動と相互作用して心身症の症状と関連する可能性があります。アンケートを用いて現在の身体活動量とマインドフルネス傾向が過敏性腸症候群の重症度にどのような関係を持つか調査した研究があります。その結果、図15-4に見られるようにマインドフルネス傾向が中程度の場合は身体活動量が大きくなるにしたがい過敏性腸症候群重症度が軽減したのに対して、マインドフルネス傾向が低い場合は身体活動量が大きくなるにしたがって過敏性腸症候群重症度が増悪する交互作用の関係性が見られました。

　心身症に対する運動についてはその対象となる人間がどのような心理状態にあるかによって、運動の効果が逆転する可能性があります。また心理状態を良好にする関わりと同時に運動を行うことで、より心身症の改善が高まるかも

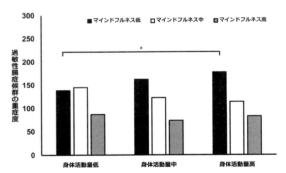

図15-4　身体活動量とマインドフルネス傾向における過敏性腸症候群重症度の変化
出所：Koseki ら，2023. より

しれません（Kosekiら, 2023）。

〈確認問題〉

- 個人の精神機能不全の結果として、思考や感情、社会的行動のコントロールが困難となっている状態を（　①　）という。またストレスが密接に関与し身体症状として現れている病態を（　②　）という。
- 過剰な恐怖及び不安と、関連する行動の障害を示す疾患を（　③　）とよぶ。小児期では愛着を持つ対象から離れられない分離不安症や他者に注目される状況に不安を持つ社交不安症、一般の言語機能を持っているにもかかわらず他者との会話が困難となる（　④　）が見られる。
- 生命に関わるような心的外傷（トラウマ）がきっかけで、6か月以上経ってからトラウマの再体験や覚醒亢進、認知や気分の変化をきたす疾患を（　⑤　）という。
- （　⑥　）は妄想や幻覚、まとまりのない思考や発話、行動が特徴的である。
- その人が表出するジェンダーと、出生時の性別に著しい不一致を抱き、そこに苦痛を感じている状態を（　⑦　）という。
- 内臓にとくに大きな問題が見つからないにも関わらず、ストレスが原因で腹痛や便通異常をきたす疾患を（　⑧　）という。
- 自分のとらえきれない感覚（フェルトセンス）に焦点を当てていく過程から感情や行動のコントロールを図る心理療法を（　⑨　）と言う。また自己と他者の両者を尊重する人間関係の構築から精神の安定を図る方法を（　⑩　）と言う。

〈選択肢〉

性別違和　フォーカシング　不安症　統合失調症　場面緘黙　アサーション・トレーニング　精神疾患　心的外傷後ストレス症　過敏性腸症候群　心身症

参考・引用文献

American Psychiatric Association. (2022). Diagnostic and Statistical Manual of Mental Disorders, 5th ed, Text Revision (DSM-5-TR). American Psychiatric Publishing, Washington DC.

(日本精神神経学会（日本語版用語監修）, 髙橋三郎，・大野裕（監訳）, 染矢俊幸・神庭重信・尾崎紀夫（訳）(2023). DSM-5-TR 精神疾患の診断・統計マニュアル新訂版. 医学書院.)

福土審（著）. (2007). 内臓感覚　－脳と腸の不思議な関係－. 日本放送出版協会.

藤井英雄（著）. 2016. マインドフルネスの教科書. Clover出版.

Gendlin, E, T. (1981). Focusing (second edition). Bantam Books New York.

(村山正治・都留春夫・村瀬孝雄（訳）. (1982). フォーカシング. 福村出版.)

平木典子（著）. (2021). 三訂版　アサーション・トレーニング　さわやかな〈自己実現〉のために. 金子書房.

飯高哲也（編）(2018). メディカルスタッフ専門基礎科目シリーズ精神医学. 理工図書株式会社. 11-13.

Kabat-Zinn, J. (1990). Full catastrophe living: Using the wisdom of your body and mind to face stress, pain, and illness. The Bantam Dell Publishing Group.

(春木豊（訳）. 2007. マインドフルネスストレス低減法. 北大路書房.)

Koseki, T., Muratsubaki, T., Tsushima, H., Morinaga, Y., Oohashi, T., Imafuku, M., Suzuki, Y., Kanazawa, M., & Fukudo, S. (2023). Impact of mindfulness tendency and physical activity on brain-gut interactions. Journal of gastroenterology, 58(2), 158-170.

小牧元・久保千春・福土審（編）(2006). 心身症診断・治療ガイドライン 2006. 協和企画.

Lee, DY., Kim, E., Choi, MH. (2015). Technical and clinical aspects of cortisol as a biochemical marker of chronic stress. BMB Rep. 48(4), 209-216

日本消化器病学会（編）. (2020). 機能性消化管疾患診療ガイドライン 2020 －過敏性腸症候群（IBS）改訂第2版. 南江堂.

日本消化器病学会（編）. (2021). 機能性消化管疾患診療ガイドライン 2021 －機能性ディスペプシア（FD）改訂第2版. 南江堂.

日本小児心身医学会（編）(2015). 小児心身医学会ガイドライン集（改定第2版）－日常診療に活かす5つのガイドライン. 南江堂.

Stephen, P, Hinshaw. (2009). The Mark of Shame: Stigma of Mental Illness and an Agenda for Change: Stigma of Mental Illness and an Agenda for Change. Oxford University Press.

(石垣琢麿（監訳）. 柳沢圭子（訳）. (2017). 恥の烙印－精神的疾病へのスティグマと変化への道標－. 金剛出版.)

Steven, C, H., Kirk, D, S., Kelly, G,W. (2016). Acceptance and Commitment Therapy, The Process and Practice of Mindful Change (second Edition). Guilford Press.

（武藤崇・三田村仰・大月友（監訳）．(2014).アクセプタンス＆コミットメント・セラピー（ＡＣＴ）第 2 版 －マインドフルな変化のためのプロセスと実践－.星和書店.）
高橋秀長（著）(2022).小児期のうつ病・うつ状態.現代医学.69(2).13-17.
田中大介(著).(2024).小児科医が伝えたい起立性調節障害 －症状と治療－.徳間書店.
田中喜秀（著）(2008).唾液ストレス関連成分の迅速分析法.臨床検査.52 巻 4 号 441
矢崎義雄，小室一成(編).(2022).内科学第 12 版．朝倉書店.

〈確認問題解答〉
①精神疾患　②心身症　③不安症　④場面緘黙　⑤心的外傷後ストレス症　⑥統合失調症　⑦性別違和　⑧過敏性腸症候群　⑨フォーカシング　⑩アサーション・トレーニング

第16章

子育てと児童虐待

平岡大樹

　子育てとは「ある種の構成員が同種の未成熟の個体に向けて行うあらゆる行動であり、その行動を受けた個体の生存に寄与するもの」と定義され（Numan, 2020）、時代や文化も含めた多様性を持ちます。本章では、親になること（親性）や児童虐待など、子育てに関連するテーマについて紹介します。

1. 親性

(1) 定義

　親性とは、乳幼児への好意的な感情、養育のための知識・技能など、子どもと関わる上で重要な性質を指します（佐々木 et al., 2011）。伝統的には母親が主たる養育者として役割を担うことが多く**母性**と表現されてきましたが、現代では性別によって育児役割が絶対的に決まるものではなく、親性という表現が望ましいと考えられます。

(2) 親性の獲得

1) 生物学的変化

　妊娠・出産を経験する親は、分娩(ぶんべん)や授乳の前後で複数のホルモンの増減が生じ、未経産のラットにこれらを投与すると養育行動の発現を促すことから（Moltz et al., 1970）、養育行動の発現に関わると考えられています。しかし、妊娠・出産を経験しない個体でも子どもとの継続的な接触によって養育行動が発現します。

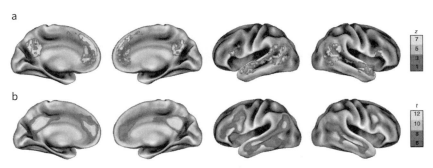

図 16-1　心の理論ネットワーク（a）と妊娠中に灰白質体積が減少する領域（b）の類似性

（Hoekzema et al., 2017）

　養育行動には複数の脳領域が関与しますが、**内側視索前野（MPOA）**はその中核として機能しています。また、ヒトの母親では妊娠前から産後にかけて**心の理論**と関わる領域の灰白質体積が減少することが報告されています（Hoekzema et al., 2017）。この灰白質体積の減少は、不要なシナプスを除去し神経回路の洗練化を促す**シナプスの刈り込み**による可能性があります。別の研究では、妊娠中の腹側線条体の体積減少が大きいほど、産後の乳児刺激に対する腹側線条体の反応が強くなることが示されています（Hoekzema et al., 2020）。つまり、妊娠中の脳灰白質体積の減少は、産後の乳児刺激処理を効果的に処理し、適切な養育行動をとることに寄与すると考えられています。

　2）認知的変化

　親は赤ちゃんの刺激に対してより高い注意バイアスを示し（Lucion et al., 2017）、これが親性を支える認知的基盤となっている可能性があります。

2．産後（周産期）うつ

（1）定義と診断基準

　DSM-5 では、うつ病の診断基準を満たし、出産後 4 週間以内または妊娠中に発症した場合「**周産期発症**」の特定用語を付加します。最近のメタ分析では産後うつの有病率は約 17％と報告されているものの（Wang et al., 2021）、文

化や測定法によるばらつきが大きいことが指摘されています。また、父親の産後うつの有病率は約9％と報告されていますが（Rao et al., 2020）、母親と異なりスクリーニングがされていないことが多く、一般的な認知度も高くありません。

マタニティブルーは産後一時的に情緒不安定になる状態で、通常は自然に改善しますが、産後うつのリスク因子の一つであるため、休息やサポートが望まれます。

(2) 原因

出産にともなうホルモンレベルの変化に加え、心理・社会的要因が絡み合っています。ストレス、社会的支援の欠如、夫婦関係の問題、うつ病の既往、マタニティブルー、社会経済的地位、望まない妊娠などが強い関連を持ちます（Beck, 2001）。

(3) 影響

抑うつ気分の持続、思考力や集中力の減退などの症状が見られます。また、パートナーとの関係性の悪化、子どもの発達の遅れなど、家族全体にも影響します。さらに、自殺や児童虐待といった深刻な結果につながる可能性もあります。

(4) スクリーニングと治療法

エジンバラ産後うつ病質問票（EPDS）がスクリーニングツールとして広く使用されています。文化によって異なりますが、日本では9点がカットオフ値とされ、カットオフ値を超えた場合は追加のアセスメントが行われます。正式な診断や治療には医師の評価が必要で、抗うつ薬の使用は授乳中の安全性と関連するため、十分な相談が必要です。2023年には米国FDAが産後うつ病の経口治療薬Zurzuvaeを承認しました。複数のランダム化比較試験において産後うつ症状の迅速な低減が認められており（Deligiannidis et al., 2021, 2023）、産後うつが家族全体に与える影響を考慮すると、迅速な回復を特徴とするこの

治療薬は、家族全体の健康に寄与する選択肢として注目されています。

3. 児童虐待

(1) 児童虐待とは
　WHOや日本の「児童虐待の防止等に関する法律」および厚生労働省の「子ども虐待の援助に関する基本事項」では、児童虐待を以下の四つに分類しています。
　1）身体的虐待：子どもへの身体的な傷害や暴力。
　　　○具体例：殴る、蹴る、叩く、強く揺さぶる、熱いものをかける、過度に長時間の拘束をするなど。
　2）性的虐待：子どもを性的な行為や状況に巻き込むこと。
　　　○具体例：性的な接触を強要する、わいせつな行為を見せる、ポルノグラフィーの被写体にするなど。
　3）ネグレクト：子どもの基本的なニーズを満たさないこと。
　　　○食事や衣服を適切に与えない、医療を受けさせない、子どもを長時間放置する、不衛生な環境で生活させるなど。
　4）心理的虐待：子どもの精神や情緒に対する有害な言動や無視。
　　　○具体例：言葉による脅しや侮辱、無視や拒絶的な態度、子どもの前での配偶者間の暴力など。

(2) リスク要因
　児童虐待を引き起こす要因は多様で、**親自身の要因**（怒りや過敏性、不安、精神疾患の既往歴、幼少期の被虐待経験）、**親と子の関係性の要因**（子どもを問題視する認知）、子どもの要因（社会的能力の欠如や外在化・内在化行動の問題）、**家族システムの要因**（家族内の対立や家族の凝集性の欠如、低い社会経済的地位）など多層的な要因が含まれます（Stith et al., 2009）。

(3) 児童虐待の影響

児童虐待の影響は多岐にわたり、例として低い学業成績、心身の健康の悪化、犯罪行為の増加、最も悲惨な影響として児童虐待による死亡が挙げられます（Gilbert et al., 2009）。

4. 脳への影響

(1) 脳の発達と環境感受性

幼少期の脳は環境からの刺激に敏感であり、ネガティブな経験が脳の発達に長期的な影響を与える可能性があります。

(2) 脳への影響

児童虐待は脳の前頭葉、側頭葉、大脳辺縁系など広範な領域で灰白質体積の減少に関連することが指摘されています（Lim et al., 2014）。この減少は、周産期の親に見られる成熟した脳における変化とは脳の発達段階で生じている点で異なります。灰白質の発達的増大には、軸索の発芽、樹状突起の分枝、シナプス形成、神経新生などが関与しますが、児童虐待によるストレス反応の変化が、これらの発達に影響を与えると考えられています（Teicher & Samson, 2016）。また、脳構造への影響にはストレスの種類や領域ごとの敏感期があり、例えば性的虐待が海馬に与える影響は幼い年齢ほど大きく、前頭前野への影響は思春期に大きいと示されています（Teicher et al., 2016）。一方、上前頭回および中後頭回では児童虐待による灰白質体積の増加も報告されています（Lim et al., 2014）。MRI信号はその背後にある分子レベルの変化を直接示すことはできず、死後脳やモデル動物を用いた詳細なメカニズムの理解が今後必要とされています。

虐待経験者はネガティブな表情に対して扁桃体の過剰反応を示します（Dannlowski et al., 2013）。また、前頭前野の活動変化や、成人後の扁桃体・海馬・前頭前野間の結合性の増加が示されており、幼少期のストレスが前頭─辺縁系回路の機能に持続的な変化をもたらすと考えられます（Jedd et al.,

2015)。虐待経験者では怒りや恐怖の表情といった脅威に対して扁桃体が強く反応し、それを制御するために、前頭葉も同時に活性化している可能性が考えられています。

　ストレスを受けると、**視床下部－下垂体－副腎（HPA）軸**をホルモンが経由し、最終的にコルチゾールの分泌が増加し、HPA軸の活動を調節します。しかし、慢性的なストレス状態が続くと、HPA軸の機能が乱れ、コルチゾールの分泌異常が生じる可能性があります。

　これらのストレスに対する反応の変容は、虐待という子どもにとって脅威が多い危険な環境に対する適応的反応であるとも考えられています（Teicher & Samson, 2016）。ストレッサーに過敏に反応することは、危険な環境での素早い反応をもたらします。しかし、これらの適応が規範的で安定した環境（学校など）では不適応となり、行動的、情緒的、社会的な困難を増大させる可能性が指摘されています。

5. 世代間連鎖

（1）虐待の世代間連鎖
　親自身が幼少期に虐待を受けた場合、自分の子どもに対しても虐待行為を行う可能性が高まります。研究開始時点の曝露(ばくろ)要因が将来的なアウトカムに与える影響を観察する前向き研究では、被虐待経験と子どもへの虐待行動との間に正の相関関係が認められています（Widom et al., 2015）。メタ分析では、効果量が正方向に中程度で、有意ですが絶対的な効果ではないことが示されています（Assink et al., 2018）。

（2）メカニズム
　世代間連鎖のメカニズムは複雑で、領域横断的な解明が求められています。例えば、実行機能や泣き声への耐性の低下（Bridgett et al., 2017; Kunseler et al., 2016）、非行的な傾向を持つパートナーと関係を築きやすいこと（Adams et al., 2019）などが、虐待を再生産している可能性が指摘されています。また、

HPA軸の機能や脳発達、エピジェネティクス（第1章）等がストレス応答性や情動制御に関与し、児童虐待加害のリスクにつながる可能性があります。

(3) 調整要因

被虐待経験者すべてが虐待加害者になるわけではありません。例えば、集団の少なくとも1%に見られるDNA配列の個人間の差異である遺伝子多型（Beaver & Belsky, 2012）、パートナーからの支援的なコミュニケーション（Conger et al., 2013）などが、世代間連鎖の影響を調整することが示されています。

6. 反応性愛着症、脱抑制型対人交流症

(1) 愛着障害の定義

愛着障害は、適切な養育環境の欠如により生じる障害で、愛着行動が感情的に抑制されたタイプと、無差別に脱抑制されたタイプの2つのパターンを含みます。DSM-Ⅳ-TRまでは反応性愛着障害における2つのサブタイプという分類でしたが、DSM-5からは心的外傷およびストレス因関連障害群における「反応性愛着症（RAD）」と「脱抑制型対人交流症（DSED）」として独立した診断名となりました。

(2) 反応性愛着症（RAD）

RADの子どもは、愛着行動をほとんど示さず、養育者との交流で陽性の情動表出が欠如しています。深刻なネグレクトが診断要件ですが、重度のネグレクトを受けた子どもの中でもRADを発症するのは10%未満です。RADと自閉スペクトラム症（ASD）は、陽性情動の欠如が共通していますが、ASD特有の限定された興味や反復的行動はRADには見られず、またネグレクト歴の有無も鑑別のポイントになります。

(3) 脱抑制型対人交流症 (DSED)

DSEDは、見知らぬ人に対して無差別な親しみやすさを示す行動が特徴です。重度のネグレクトが診断要件ですが、多くの子どもは症状を示さない点に注意が必要です。DSEDの対人的なためらいのなさは注意欠如多動症 (ADHD) と共通しますが、DSEDでは注意困難や多動を示さない点が鑑別のポイントになります。

(4) 影響と支援

RADとDSEDは社会的能力の欠如や精神症状と関連します (Gleason et al., 2011)。家庭への養子縁組などの介入が効果的で、里親ケアに移された子どもたちはRADの症状が有意に減少しました (Smyke et al., 2012)。しかし、DSEDは必ずしも改善されないため、さらなる介入開発が求められています。基本的には、安全な愛着形成につながる、子どものニーズに応える敏感で応答的な養育が重要と考えられています (Zeanah & Gleason, 2015)。

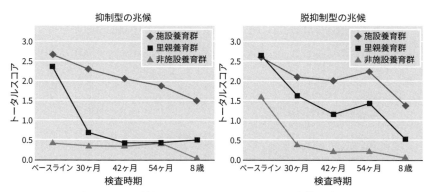

図 16-2　里親ケアによる RAD と DSED 症状の変遷
(Smyke et al., 2012)

コラム

養育者の態度と愛着形成の関連については、現在も議論が続いています。エインズワースらのBaltimore studyでは、育児場面での敏感性と子どもの愛着の相関が非常に高く報告されました。しかし、その後の追試やメタ分析では、より低い相関係数や有意ではない結果が報告されています。近年、多くの分野で再現可能性が問題となっており、愛着研究も例外ではありません。とくに愛着にまつわる研究はキャッチーであるため、一般の育児書や政策決定にまで波及することがあります。そのため、慎重に結果を積み重ね評価する「スローサイエンス」の姿勢が求められています（Van IJzendoorn & Bakermans-Kranenburg, 2021）。

〈確認問題〉

1. 次の記述のうち、正しいものを1つ選びなさい。
    A）養育行動の発現には女性ホルモンの変動が必要である。
    B）脳の発達は思春期までで終わり、それ以降は変化することはない。
    C）内側視索前野は養育に関連する脳領域の中で中核的な役割を持つ。
    D）現代社会において、父親と母親は生物学的に異なった養育上の役割を持つ。
2. 次の記述のうち、誤っているものを1つ選びなさい。
    A）養育行動は生得的であり、経験によっては左右されない。
    B）親は乳児の顔に対する特異的な注意のバイアスがある。
    C）妊娠中から産後にかけて灰白質体積の減少が報告されている。
    D）出産や授乳の前後でホルモンバランスの変動が見られる。
3. 次の記述のうち、正しいものを1つ選びなさい。
    A）産後うつは女性ホルモン変動によるものであり、父親は関連がない。
    B）DSM-5では、妊娠中に見られるうつ病の症状には、特定用語が付加されない。
    C）マタニティブルーは精神疾患ではなく、通常は自然に消失する。
    D）エジンバラ産後うつ病質問票のカットオフ得点を超えると、産後うつ

病と診断される。
4. 次の記述のうち、正しいものを1つ選びなさい。
   A）産後うつは生物学的基盤を持つため、発症率は世界中で一律である。
   B）産後うつの発症率の推定には文化や測定法によるばらつきがある。
   C）産後うつは子育ての援助を得られにくい先進国でのみ発症する。
   D）産後うつの発症にはホルモンバランスの乱れのみが関与している。
5. 次の記述のうち、誤っているものを1つ選びなさい。
   A）脳への影響には敏感期が存在する。
   B）虐待を経験することで多くの部位では体積が減少するが、増加が見られる部位もある。
   C）配偶者間の暴力は、子どもに向けられたものではなく児童虐待に含まれない。
   D）児童虐待によるストレス反応性の変容は、脅威が多い環境への適応という仮説がある。
6. 次の記述のうち、誤っているものを1つ選びなさい。
   A）児童虐待の加害要因は、親自身の資質だけに帰属される。
   B）児童虐待を引き起こす要因は多様である。
   C）家族システムの要因も児童虐待のリスク要因となる。
   D）親と子の関係性の要因が児童虐待に影響を与える。
7. 次の記述のうち、正しいものを2つ選びなさい。
   A）幼少期に虐待を経験した親は、虐待を経験していない親と比べると、虐待を行う可能性が相対的に高まる。
   B）幼少期の経験は、一部遺伝的要因によって調整される。
   C）虐待された経験を持つ親は必ず次の世代に不適切な養育を行う。
   D）児童虐待連鎖の理解には単一領域からのアプローチが有用である。
8. 次の記述のうち、正しいものを1つ選びなさい。
   A）児童虐待の経験者が示す社会的不適合な行動は、個人の弱さによるものである。
   B）児童虐待の経験者は、ストレス環境への過度な適応によって社会的不

適合な行動を示す可能性がある。
   C）児童虐待の経験者は一過性であり、成人後の対人関係には影響しない。
   D）児童虐待の経験者の社会的不適合な行動は、ストレス環境への適応とは無関係である。
9. 次の記述のうち、正しいものを1つ選びなさい。
   A）愛着障害は先天的な生物学的基盤を持つ。
   B）治療がなくても、発達とともに自然に症状は改善する。
   C）重度のネグレクトを受けると、ほとんどの場合愛着障害を発症する。
   D）RADのケアには、里親による安定した愛着形成が有用である。
10. 脱抑制型対人交流症の特徴として正しいものを1つ選びなさい。
    A）見知らぬ人に対して固まる行動を示す。
    B）見知らぬ人に対して無差別な親しみやすさを示す。
    C）子どもに対して愛着行動をほとんど示さない。
    D）家庭環境にネグレクトがない場合にのみ発症する。

引用文献

Adams, T. R., Handley, E. D., Manly, J. T., Cicchetti, D., & Toth, S. L. (2019). Intimate partner violence as a mechanism underlying the intergenerational transmission of maltreatment among economically disadvantaged mothers and their adolescent daughters. *Development and Psychopathology, 31*, 83-93.

Assink, M., Spruit, A., Schuts, M., Lindauer, R., van der Put, C. E., & Stams, G. J. J. M. (2018). The intergenerational transmission of child maltreatment: A three-level meta-analysis. *Child Abuse & Neglect, 84*(vember 2017), 131-145.

Beaver, K. M., & Belsky, J. (2012). Gene-environment interaction and the intergenerational transmission of parenting: Testing the differential-susceptibility hypothesis. *The Psychiatric Quarterly, 83*(1), 29-40.

Beck, C. T. (2001). Predictors of postpartum depression: an update. *Nursing Research, 50*(5), 275-285.

Bridgett, D. J., Kanya, M. J., Rutherford, H. J. V., & Mayes, L. C. (2017). Maternal executive functioning as a mechanism in the intergenerational transmission of parenting: Preliminary evidence. Journal of Family Psychology: JFP: *Journal of the Division of Family Psychology of the American Psychological Association , 31*(1), 19-29.

Conger, R. D., Schofield, T. J., Neppl, T. K., & Merrick, M. T. (2013). Disrupting intergenerational continuity in harsh and abusive parenting: The importance of a nurturing relationship with a romantic partner. *Journal of Adolescent Health Care: Official Publication of the Society for Adolescent Medicine, 53*(4 SUPPL), 11-17.

Dannlowski, U., Kugel, H., Huber, F., Stuhrmann, A., Redlich, R., Grotegerd, D., Dohm, K., Sehlmeyer, C., Konrad, C., Baune, B. T., Arolt, V., Heindel, W., Zwitserlood, P., & Suslow, T. (2013). Childhood maltreatment is associated with an automatic negative emotion processing bias in the amygdala. *Human Brain Mapping, 34*(11), 2899-2909.

Deligiannidis, K. M., Meltzer-Brody, S., Gunduz-Bruce, H., Doherty, J., Jonas, J., Li, S., Sankoh, A. J., Silber, C., Campbell, A. D., Werneburg, B., Kanes, S. J., & Lasser, R. (2021). Effect of zuranolone vs placebo in postpartum depression: A randomized clinical trial: A randomized clinical trial. *JAMA Psychiatry (Chicago, Ill.), 78*(9), 951-959.

Deligiannidis, K. M., Meltzer-Brody, S., Maximos, B., Peeper, E. Q., Freeman, M., Lasser, R., Bullock, A., Kotecha, M., Li, S., Forrestal, F., Rana, N., Garcia, M., Leclair, B., & Doherty, J. (2023). Zuranolone for the treatment of postpartum depression. *The American Journal of Psychiatry, 180*(9), 668-675.

Gilbert, R., Kemp, A., Thoburn, J., Sidebotham, P., Radford, L., Glaser, D., & Macmillan, H. L. (2009). Recognising and responding to child maltreatment. *The Lancet, 373*(9658), 167-180.

Gleason, M. M., Fox, N. A., Drury, S., Smyke, A., Egger, H. L., Nelson, C. A., 3rd, Gregas, M. C., & Zeanah, C. H. (2011). Validity of evidence-derived criteria for reactive attachment disorder: indiscriminately social/disinhibited and emotionally withdrawn/inhibited types. *Journal of the American Academy of Child and Adolescent Psychiatry, 50*(3), 216-231.e3.

Hoekzema, E., Barba-Müller, E., Pozzobon, C., Picado, M., Lucco, F., García-García, D., Soliva, J. C., Tobeña, A., Desco, M., Crone, E. A., Ballesteros, A., Carmona, S., & Vilarroya, O. (2017). Pregnancy leads to long-lasting changes in human brain structure. *Nature Neuroscience, 20*(2), 287-296.

Hoekzema, E., Tamnes, C. K., Berns, P., Barba-Müller, E., Pozzobon, C., Picado, M., Lucco, F., Martínez-García, M., Desco, M., Ballesteros, A., Crone, E. A., Vilarroya, O., & Carmona, S. (2020). Becoming a mother entails anatomical changes in the ventral striatum of the human brain that facilitate its responsiveness to offspring cues. *Psychoneuroendocrinology, 112*(October 2019), 104507.

Jedd, K., Hunt, R. H., Cicchetti, D., Hunt, E., Cowell, R. A., Rogosch, F. A., Toth, S. L., & Thomas, K. M. (2015). Long-term consequences of childhood maltreatment: Altered amygdala functional connectivity. *Development and Psychopathology, 27*(4 Pt 2),

1577-1589.

Kunseler, F. C., Oosterman, M., De Moor, M. H. M., Verhage, M. L., & Schuengel, C. (2016). Weakened resilience in parenting self-efficacy in pregnant women who were abused in childhood: An experimental test. *PloS One, 11*(2), 1-14.

Lim, L., Radua, J., & Rubia, K. (2014). Gray matter abnormalities in childhood maltreatment: a voxel-wise meta-analysis. *The American Journal of Psychiatry, 171*(8), 854-863.

Lucion, M. K., Oliveira, V., Bizarro, L., Bischoff, A. R., Silveira, P. P., & Kauer-Sant'Anna, M. (2017). Attentional bias toward infant faces - Review of the adaptive and clinical relevance. *International Journal of Psychophysiology: Official Journal of the International Organization of Psychophysiology, 114*(February), 1-8.

Moltz, H., Lubin, M., Leon, M., & Numan, M. (1970). Hormonal induction of maternal behavior in the ovariectomized nulliparous rat. *Physiology & Behavior, 5*(12), 1373-1377.

Numan, M. (2020). Parental Behavior: Descriptions, Terms, and Definitions. In M. Numan (Ed.), *The Parental Brain: Mechanisms, Development, and Evolution*.

Rao, W.-W., Zhu, X.-M., Zong, Q.-Q., Zhang, Q., Hall, B. J., Ungvari, G. S., & Xiang, Y.-T. (2020). Prevalence of prenatal and postpartum depression in fathers: A comprehensive meta-analysis of observational surveys. *Journal of Affective Disorders, 263*, 491-499.

佐々木綾子, 小坂浩隆, 末原紀美代, 町浦美智子, 定藤規弘, & 岡沢秀彦. (2011). 親性育成のための基礎研究(3)青年期男女における乳幼児との継続接触体験の 知性準備性尺度・fMRIによる評価一. 母性衛生, 51(4), 655-665.

Smyke, A. T., Zeanah, C. H., Gleason, M. M., Drury, S. S., Fox, N. A., Nelson, C. A., & Guthrie, D. (2012). A randomized controlled trial comparing foster care and institutional care for children with signs of reactive attachment disorder. *The American Journal of Psychiatry, 169*(5), 508-514.

Stith, S. M., Liu, T., Davies, L. C., Boykin, E. L., Alder, M. C., Harris, J. M., Som, A., McPherson, M., & Dees, J. E. M. E. G. (2009). Risk factors in child maltreatment: A meta-analytic review of the literature. *Aggression and Violent Behavior, 14*(1), 13-29.

Teicher, M. H., & Samson, J. A. (2016). Annual Research Review : Enduring neurobiological effects of childhood abuse and neglect. *Journal of Child Psychology and Psychiatry, and Allied Disciplines, 57*(3), 241-266.

Teicher, M. H., Samson, J. A., Anderson, C. M., & Ohashi, K. (2016). The effects of childhood maltreatment on brain structure, function and connectivity. *Nature Reviews. Neuroscience, 17*(10), 652-666.

Van IJzendoorn, M. H., & Bakermans-Kranenburg, M. J. (2021). Replication crisis lost in translation? On translational caution and premature applications of attachment theory.

Attachment & Human Development, 23(4), 422-437.

Wang, Z., Liu, J., Shuai, H., Cai, Z., Fu, X., Liu, Y., Xiao, X., Zhang, W., Krabbendam, E., Liu, S., Liu, Z., Li, Z., & Yang, B. X. (2021). Mapping global prevalence of depression among postpartum women. *Translational Psychiatry, 11*(1), 543.

Widom, C. S., Czaja, S. J., & DuMont, K. A. (2015). Intergenerational transmission of child abuse and neglect: Real or detection bias? *Science, 347*(6229), 1480-1485.

Zeanah, C. H., & Gleason, M. M. (2015). Annual research review: Attachment disorders in early childhood--clinical presentation, causes, correlates, and treatment. *Journal of Child Psychology and Psychiatry, and Allied Disciplines, 56*(3), 207-222.

〈確認問題解答〉
1. C 2. A 3. C 4. B 5. C 6. A 7. A-B 8. B 9. D 10. B

執筆者紹介

麻生良太(あそう　りょうた)
大分大学 教育学部附属教育実践総合センター 教授
担当章：第6章

今福理博(いまふく　まさひろ)
武蔵野大学 教育学部 准教授
担当章：序章

太田　絵梨子(おおた　えりこ)
東京学芸大学総合教育科学系教育心理学講座 特任講師
担当章：第10章

片桐正敏(かたぎり　まさとし)
北海道教育大学旭川校 教授
担当章：第13章

鹿子木康弘(かなこぎ　やすひろ)
大阪大学大学院人間科学研究科 教授
担当章：序章

久保田(河本)愛子(くぼた(こうもと)あいこ)
宇都宮大学 共同教育学部 准教授
担当章：第9章

黒川駿哉(くろかわ　しゅんや)
慶應義塾大学医学部　精神・神経科学教室 特任助教
担当章：第14章

小関友記(こせき　とものり)
仙台青葉学院短期大学 リハビリテーション学科 講師
担当章：第15章

後藤崇志(ごとう　たかゆき)
大阪大学大学院人間科学研究科 准教授
担当章：第8章

執筆者紹介

新屋裕太（しんや　ゆうた）
東京大学大学院教育学研究科附属発達保育実践政策学センター 特任助教
担当章：第 1 章

芝崎文子（しばさき　あやこ）
東京大学大学院教育学研究科博士課程
担当章：第 4 章

鈴木修斗（すずき　しゅうと）
北海道大学大学院教育学院　博士後期課程
担当章：第 3 章

竹橋洋毅（たけはし　ひろき）
奈良女子大学大学院人間文化総合科学研究科 准教授
担当章：第 12 章

中道圭人（なかみち　けいと）
千葉大学 教育学部 教授
担当章：第 2 章

野崎優樹（のざき　ゆうき）
甲南大学 文学部人間科学科 准教授
担当章：第 11 章

平岡大樹（ひらおか　だいき）
名古屋市立大学大学院医学研究科環境労働衛生学 特任講師
担当章：第 16 章

松崎敦子（まつざき　あつこ）
三育学院大学 看護学部 特任准教授
担当章：第 5 章

水野君平（みずの　くんぺい）
北海道教育大学旭川校 准教授
担当章：第 3 章

柳岡開地（やなおか　かいち）
大阪教育大学 総合教育系 特任講師
担当章：第 7 章

エッセンシャル 教育心理学

2025 年 3 月 31 日　初版第 1 刷発行

- ■編 著 者　　今福理博、鹿子木康弘
- ■発 行 者　　佐藤　守
- ■発 行 所　　株式会社 大学教育出版
  〒700-0953　岡山市南区西市 855-4
  電話 (086) 244-1268 (代)　FAX (086) 246-0294
- ■印刷製本　　モリモト印刷㈱
- ■Ｄ Ｔ Ｐ　　林　雅子

© 2025, Printed in Japan
検印省略　　落丁・乱丁本はお取り替えいたします。
本書のコピー・スキャン・デジタル化等の無断複製は、著作権法上での例外を除き禁じられています。本書を代行業者等の第三者に依頼してスキャンやデジタル化することは、たとえ個人や家庭内での利用でも著作権法違反です。
本書に関するご意見・ご感想を右記（ＱＲコード）サイトまでお寄せください。

ISBN978-4-86692-347-5